DELIUS KLASING

STEFAN BOGNER • JAN KARL BAEDEKER

PORSCHE Drive

— 15 PÄSSE IN 4 TAGEN • 15 PASSES IN 4 DAYS —

SCHWEIZ, ITALIEN, ÖSTERREICH • SWITZERLAND, ITALY, AUSTRIA

DELIUS KLASING VERLAG

Für manche Dinge wird es wohl niemals eine App geben. ***Wie wunderbar.***

Some things will never have an App. ***Wonderful.***

A.H.

PORSCHE
75
INTERNATIONALE SIEGE
1952
81
LIEGE ROME LIEGE
1211
3. Rallye Sestriere
XIX. Mille Miglia
Rallye Lisboa
Les 24 heures du Mans
Bridgehampton Race
Liège–Rome–Liège
Tour de France Automobile
Carrera Panamericana Mexico
Druck: Ernst Klett, Abt. Plakate, Stuttgart

Editorial

Dem Ruf der Berge gefolgt: Schon Ferdinand Porsche testete seine ersten Kreationen am liebsten an seinem »Hausberg«, dem Großglockner. Auch später fühlten sich die Sport- und Rennwagen von Porsche am Berg, und zwar an jedem, wie zu Hause. Unvergessen sind etwa die eigens für die Alpen konstruierten »Bergspyder«. Doch auch der Porsche 911 war schon immer ein echter Serpentinenkönig – man denke nur an Vic Elfords und Björn Waldegårds legendäre Siege bei der Rallye Monte Carlo. Alle Bilder Editorial: Porsche-Archiv, Stuttgart-Zuffenhausen

The call of the mountains: Ferdinand Porsche himself preferred testing his early creations on his "home mountain", the Grossglockner. And even later, the sports- and race cars from Porsche were in their element at Alpine altitudes – no matter which mountain. Unforgettable are the "Bergspyders", purpose-built for hill climbing. But the Porsche 911, too, was always regarded as a true king of the hairpins – one need only think of Vic Elford's and Björn Waldegård's legendary victories at the Monte Carlo Rally. All editorial pictures: Porsche-Archiv, Stuttgart-Zuffenhausen

»Seid's ihr wahnsinnig?«, ist noch eine der freundlicheren Kommentare zu unserem Plan, in vier Tagen alle wichtigen Pässe der Alpen abzufahren. Doch was soll man tun, wenn man den Bergen hoffnungslos verfallen und die Zeit knapp bemessen ist? Seit fünf Jahren dokumentiert Stefan Bogner nun schon die schönsten Serpentinen der Alpen zwischen Südfrankreich und Slowenien mit der Kamera. Sein Magazin »Curves« gilt als Neues Testament für Kurvenjünger aus aller Welt. Nun ist es Zeit, aus den zahllosen Straßen, Pässen und Traversen die ultimative Tour zusammenzustellen, die man in nur einem langen Wochenende nachfahren kann. Außerdem soll man sich ja Ziele setzen im Leben, damit es nicht langweilig wird. Und während es bei Reinhold Messner bloß Seven Summits waren, die erklettert werden mussten, machen wir in unserem spätjugendlichen Übermut gleich 14 Alpentraversen plus eine Stichstraße daraus. Die Mille Miglia der Alpen sozusagen. Mit sehr vielen Kurven. Und eher wenig Schlaf. Doch warum zieht es einen Designer und Fotografen wie Stefan Bogner und einen Journalisten wie mich überhaupt immer wieder in die Berge? Was glauben wir dort oben, jenseits der Baumgrenze, zwischen kargen Felsen und Gletschern, Bergseen und Almen zu finden?

Die Geschichte beginnt mit einer großartigen, erdgeschichtlichen Massenkarambolage. Keine 30 Millionen Jahre ist es her, dass die Kontinentalplatten Europas – und Afrikas »in voller Fahrt« zusammenprallen. Gewaltige Massen Gestein werden vom Meeresgrund in die Höhe geschoben, mancherorts ragen sie Tausende Meter in den Himmel. Die Alpen sind geboren. Bis heute sind die Spuren

"Are you completely mad?" is one of the kinder comments in response to our plan to traverse all major Alpine passes in four days. But what else can you do when you're hopelessly smitten with the mountains and time is limited? For the last five years, Stefan Bogner has captured with his camera the most beautiful serpentines in the Alps between southern France and Slovenia. His magazine "Curves" is considered the New Testament for cornering devotees around the world. Now it's time to compile the ultimate tour of countless roads, passes and traverses that drivers can undertake on just one long weekend. After all, life can become boring if you don't have new goals. And while Reinhold Messner conquered merely "Seven Summits", in our post-adolescent exuberance, we decide to tackle 14 Alpine passes plus one dead-end. The Mille Miglia of the Alps, so to speak. With a lot of corners. And not a lot of sleep. What is it exactly that keeps luring a designer and photographer like Stefan Bogner and a journalist like me to the mountains? What do we think we might discover up there above the tree line, between barren rocks and glaciers, mountain lakes and Alpine meadows?

The story begins with a massive, geological pile-up. It wasn't even 30 million years ago that the continental plates of Europe and Africa collided, as it were, at full speed. Enormous masses of rock were heaved from the ocean floor into the air, in some places stretching thousands of metres skywards. The Alps were born. Even today, evidence of this mighty crash is still evident – although the forces of water, wind and sun endeavour everyday to wear away the peaks and restore geological order.

STEFAN BOGNER ist Autor, Fotograf und Mitbegründer der Münchener Designagentur fpm – und ein leidenschaftlicher Porschefahrer. Mit seinen eindrücklichen Fotografien von Kurven, Kehren und Serpentinen hat er die Schönheit der Alpenpässe sichtbar gemacht. Sein Magazin »Curves« und sein Bildband »Escapes« gelten unter sportlichen Automobilisten als perfekte Anleitungen zum Glücklichsein.

Stefan Bogner is a writer, photographer, the co-founder of the Munich Design Agency fpm – and a passionate Porsche driver. With his stunning photos of curves, hairpins and serpentines, he has captured the magnificence of the Alpine passes. Sporty drivers consider his magazine "Curves" and his coffee-table book "Escapes" as the ultimate guides to happiness.

JAN KARL BAEDEKER ist Reisender aus Leidenschaft – und zudem Autor, Fotograf sowie Chefredakteur des Magazins Classic Driver. Sozusagen genetisch vorbelastet ist er als Urenkel von Karl Baedeker, der ab 1828 das Reisen zu einer Kulturform erhob und mit seinen roten Reisehandbüchern viele Generationen von Fernwehgetriebenen auf die richtige Spur brachte. Jan Karl Baedeker hat Medienwissenschaften und Europäische Ethnologie in Hamburg studiert, lebt heute in Zürich – und ist immer auf dem Sprung zur nächsten Tour.

Jan Karl Baedeker is an avid traveller – as well as author, photographer and editor-in-chief of the magazine Classic Driver. One could say he is genetically predisposed: he is, after all, the great-grandson of Karl Baedeker, who from 1828 turned travelling into a form of culture and, with his red travel guides, opened the way for many generations of adventurers to whet their wanderlust. Jan Karl Baedeker learned Media Studies and European Ethnology in Hamburg, he now lives in Zurich – and is always set to take off on his next adventure.

des Crashs nicht beseitigt – obwohl sich Wasser, Wind und Sonne nach Kräften bemühen, die Gipfel abzutragen und die geologische Ordnung wieder herzustellen. Auch für die Menschen sind die Alpen lange Zeit vor allem ein Hindernis, das es zu überwinden gilt. Egal ob prähistorische Jäger, römische Soldaten oder mittelalterliche Säumer mit ihren Handelswaren – sie alle sind froh, wenn sie die gefährliche Bergwelt einmal mehr unbeschadet hinter sich gelassen haben. Doch im Laufe der Jahrhunderte wird es den Menschen langweilig in ihren Tälern, sie suchen nach neuen Herausforderungen – und sehen die Alpen plötzlich mit ganz neuen Augen.

Ab Mitte des 19. Jahrhunderts strömen die Reisenden in die Berge. Zunächst sind es beherzte Kletterer und Kurgäste, die sich von der Höhenluft Linderung ihrer zivilisatorischen Leiden versprechen. Doch mit dem Siegeszug des Automobils in den Städten werden auch die Alpenpässe für die neuen Besucher ausgebaut. Es sind geniale Baumeister und Ingenieure, die allen Widrigkeiten trotzen und über gähnenden Schluchten und steilen Abhängen kunstvolle Straßen errichten. Die neuen Verkehrswege verbinden nicht nur Täler, Kantone, Länder und Kulturkreise miteinander – mit ihren abenteurlichen Kurven locken sie auch einen ganz neuen Typus des Reisenden an: den Sportfahrer. Bei alpinen Wettfahrten wie dem Klausenpass-Rennen messen sich die todesmutigen Gentlemen fortan mit ihren rasanten Maschinen und geben sich ganz dem Rausch der Beschleunigung am Rande des Abgrunds hin.

Auch das Kino entdeckt die Alpenpässe bald als monumentale Kulisse: Filme wie »Goldfinger« oder »The Italian Job« machen die Serpentinen des Hochgebirges endgültig zum Sehnsuchtsort aller ambitionierten Automobilisten. Denn mit ihrer Topografie bereiten die Passstraßen auch jenen, die sie befahren, ein wahrhaft filmisches Erlebnis: Das schnelle Auf und Ab macht sie zu Wahrnehmungsbeschleunigern, die Serpentinen provozieren harte Schnitte, Perspetiven wechseln im Sekundentakt – und wenn sich nach einer engen Kurvenkombination oder einem dunklen Tunnel plötzlich der Blick öffnet und am Horizont die

For a long time, the Alps posed a hurdle for mankind, an obstacle that had to be overcome. Whether it was prehistoric hunters, Roman soldiers, or medieval traders with their wares – they were all relieved to have survived the dangerous mountain crossing once again. But over the centuries, the folk in the valleys become bored, they yearn for new adventures – and they suddenly see the mountains in a different light.

From the mid-19th century, travellers flock to the mountains. At first it is just brave climbers and spa guests hoping that the high altitude air would help alleviate their ailments from the rigors of civilisation. But with the advent of the automobile in the cities, the Alpine passes are upgraded for the new visitors. Ingenious constructors and engineers defy all odds to build elaborate roads over yawning gorges and steep slopes. The new roads not only link valleys, cantons, countries and cultures – with their adventurous curves, they also attract a completely new kind of traveller: the sporty driver. At Alpine competitions, like the Klausen Pass race, death-defying gentlemen in their hurtling machines surrender completely to the thrill of acceleration, literally pushing themselves to the edge of the abyss.

Moviemakers quickly discover the Alpine passes as a monumental backdrop: The high mountain switchbacks in films like "Goldfinger" and "The Italian Job" entice ambitious motorists. With their topography, the pass roads offer a truly cinematic experience to those who tackle them: The fast ups and downs seem to accelerate perception, the serpentines provoke hard cuts, perspectives change at lightning speed – and when the vista suddenly opens up after negotiating several tight corner combinations or exiting a dark tunnel, and the sun sparkles on the snow-capped peaks of the three-thousanders on the horizon, then even the best Hollywood movie is no match. The fact that the driver in this road movie not only shoots the images, but is also the conductor of centrifugal forces under steering, braking and accelerating, ultimately makes the Alpine tour one mighty spectacle.

PORSCHE

168
168

das erfrischt richtig
Coca-Cola
Coca-Cola
das erfrischt richtig
Coca-Cola
Coca-Cola

schneebedeckten Gipfel der Dreitausender in der Sonne funkeln, dann kann auch der beste Hollywoodfilm nicht mehr mithalten. Dass der Fahrer in diesem Road Movie nicht nur Regie über die Bilder führt, sondern beim Lenken, Bremsen und Beschleunigen auch noch zum Dirigenten der Fliehkräfte wird, macht die Alpenfahrt endgültig zu einem großartigen Spektakel.

Es ist die Leidenschaft für diese wilde Achterbahnfahrt – über Meisterwerke der Straßenbaukunst und durch manche der eindrücklichsten Landschaften der Welt –, die Stefan Bogner und mich verbindet. Auch für dieses Buch hat sie uns zusammengebracht. Und so sitzen wir über Karten und Reiseführern, studieren Höhenprofile und Kurvenradien, stöbern in Bibliotheken und Archiven, lassen uns einmal mehr mitreißen von der Begeisterung Berg, der vor uns schon so viele Menschen verfallen sind – und arbeiten schließlich unsere ultimative Route heraus. 15 Pässe, vier Tage, dringend zur Nachahmung empfohlen. Man kann diese Tour durch die Alpen natürlich mit fast jedem Automobil bestreiten, ebenso mit dem Motorrad. Oder, wenn man ganz abgebrüht ist und über Wadeln wie Zwiebeltürme verfügt, auch mit dem Rennrad. Das perfekte Interface zwischen Mensch und Serpentine ist für uns allerdings – da sind wir uns beide einig – ein gut abgestimmter, nicht allzu schwerer Sportwagen von Porsche.

Es kann kein Zufall sein, dass der Erfinder des Porsche aus den österreichischen Alpen stammt und nicht aus der Lüneburger Heide. Die Erfahrungen und Erfolge bei den zahlreichen Bergrennen – etwa auf der Großglockner Hochalpenstraße, der »Hausstrecke« der Familie Porsche – prägen den sportlichen Charakter der Autos bis heute. Auch während seiner Fahrten für »Curves« hat Stefan Bogner, der den Alpenpässen einst am Steuer seines ersten klassischen Porsche 911 verfallen ist, zahlreiche begeisterte Porschefahrer kennengelernt. Mit ihnen zusammen hat er einige seiner liebsten Serpentinen mit Porsche-Modellen unterschiedlichster Baujahre durchfahren. Wie unterschiedlich sich ein-und-dieselbe Kurvenkombination anfühlen kann und wie groß doch trotz allem technischen Fortschritt die Gemeinsamkeiten sind, wenn es um die Fahrfreude geht – auch das ist Thema in diesem Buch.

Übrigens sind die Alpen – wie auch der Himalaya – die Teenager unter den Deckengebirgen. Würde man die letzten Jahrmillionen im Zeitraffer betrachten, die Alpengipfel vom Mont Blanc bis zu den Dolomiten würden sich gerade erst wie Wellenkämme bei rauer See in den Himmel erheben. Und so dürfen Sie sich, wenn Sie – vielleicht inspiriert von diesem Buch – früh morgens im Tal ihren Zündschlüssel drehen und den Motor auf Temperatur bringen, auch ein wenig fühlen wie ein »Big Wave Surfer«, der sich zum todesmutigen Ritt auf einer geologischen Riesenwelle aufmacht, kurz bevor sie bricht. Enjoy your ride!

It is the passion for this wild rollercoaster ride – on masterpieces of road construction and through some of the most stunning scenery in the world – that links Stefan Bogner and me. And this is precisely what brought us together for this book. It's why we pore over maps and travel guides, study altitude profiles and corner radii, we browse though libraries and archives, letting ourselves once again get carried away by our love of the mountains, a devotion that many before us have succumbed to – until we eventually work out our final route. 15 passes, four days, a tour we highly recommend to replicate. One can undertake this Alpine journey, of course, in any vehicle, or on motorbike. Or even, if you're extremely intrepid and have thighs of steel, on a bicycle. However, the perfect interface between man and serpentine – and we are both in agreement on this – is at the wheel of a well setup, not too heavy sports car from Porsche.

It is probably no coincidence that the inventor of the Porsche comes from the Austrian Alps and not from the Lüneburg Heath. The experiences and successes at many hill-climb races – such as the Grossglockner High Alpine Road, "home turf" for the Porsche family – continues to influence the sporting quality of the cars today. Stefan Bogner became addicted to the Alpine passes at the wheel of his very first classic Porsche 911, and during his journeys for "Curves" he met many other enthusiastic Porsche drivers. With them, he has traversed some of his favourite switchbacks with a wide range of different Porsche models. How different one corner combination can feel, and how great the similarities are, despite all technical progress, when it comes to driving pleasure, is yet another topic in this book.

Incidentally, the Alps – like the Himalayas – are the teenagers of the mountain ranges. If one were to witness the last millions of years in fast motion, the Alps from Mont Blanc to the Dolomites would be just whitecaps in a rough sea jutting towards the sky. And so, when you – perhaps inspired by this book – turn the ignition key and warm up your engine down in the valley one early morning, you might like to imagine yourself as a kind of big wave surfer about to head out for a death-defying ride on a geological giant wave just before it breaks. Enjoy your ride!

OFFIZIELLE STRASSENKARTE
1:850 000
ALPEN
ÖSTERREICH · SCHWEIZ
OBERITALIEN
Die »SPRECHENDE KARTE« hebt hervor:
schönste Paßstraßen
Steigungsangaben der 429 Pässe
landschaftlich schöne Strecken
kulturelle Sehenswürdigkeiten
schnellste Verbindungen
Campingplätze
MAIR
MAIRS GEOGRAPHISCHER VERLAG · STUTTGART

9 — PORDOIJOCH 239
10 — SELLAJOCH 265
11 — GRÖDNER JOCH 291
12 — FALZAREGO 321
13 — PASSO DI GIAU 351
14 — DREI ZINNEN 377
15 — GROSSGLOCKNER HOCHALPENSTRASSE 395

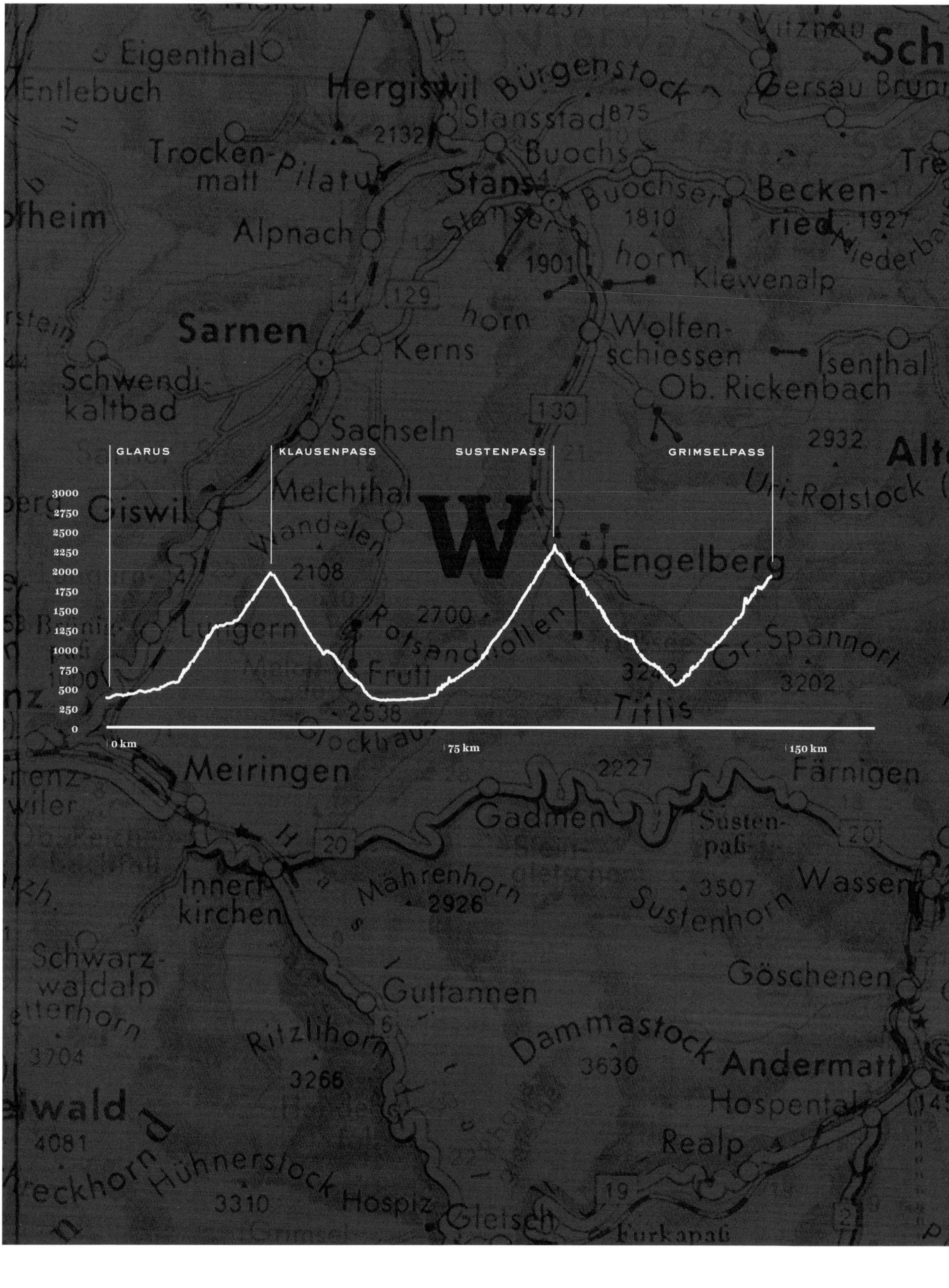
GLARUS
KLAUSENPASS
SUSTENPASS
GRIMSELPASS
3000
2750
2500
2250
2000
1750
1500
1250
1000
750
500
250
0
0 km
75 km
150 km
Eigenthal
Entlebuch
Hergiswil
Bürgenstock
Gersau
Stansstad
Buochs
Trocken-
matt
Pilatus
2132
Stans
Becken-
ried
Alpnach
Buochserhorn
1901
Klewenalp
Sarnen
Kerns
Wolfen-
schiessen
Isenthal
Schwendi-
kaltbad
Ob. Rickenbach
Sachseln
2932
Melchthal
Uri-Rotstock
Giswil
Engelberg
2108
2700
Rotsandnollen
Gr. Spannort
Frutt
3202
Titlis
Meiringen
2227
Färnigen
Gadmen
Susten-
paß
Innert-
kirchen
Mährenhorn
2926
3507
Sustenhorn
Wassen
Göschenen
Guttannen
Ritzlihorn
3266
Dammastock
3630
Andermatt
Hospental
Realp
4081
Hühnerstock
3310
Hospiz
Gletsch
Furkapaß

1

Glarus
Grimsel Hospiz

Klausenpass (1948 M)
Sustenpass (2264 M)
Grimselpass (2165 M)

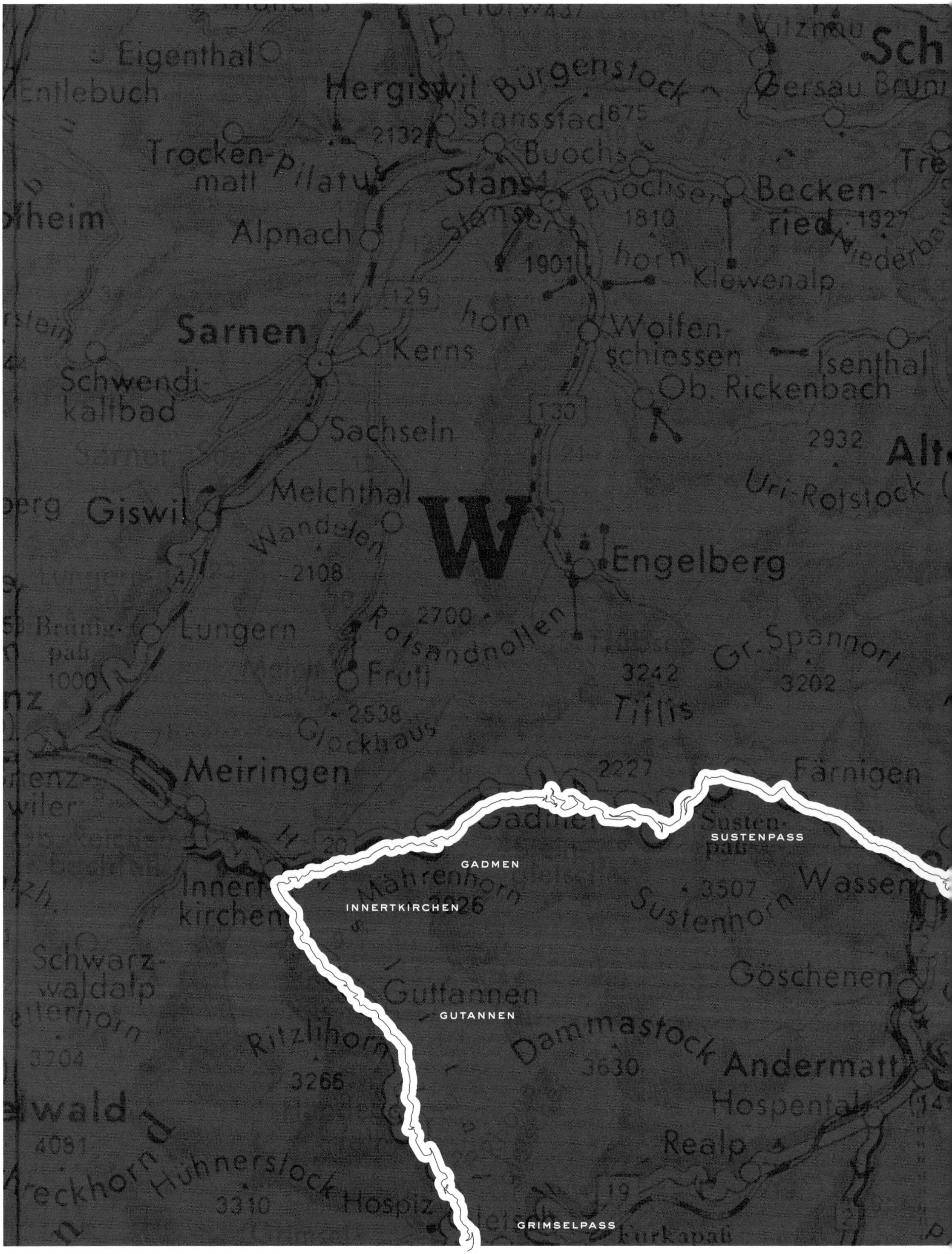
SUSTENPASS
GADMEN
INNERTKIRCHEN
GUTANNEN
GRIMSELPASS

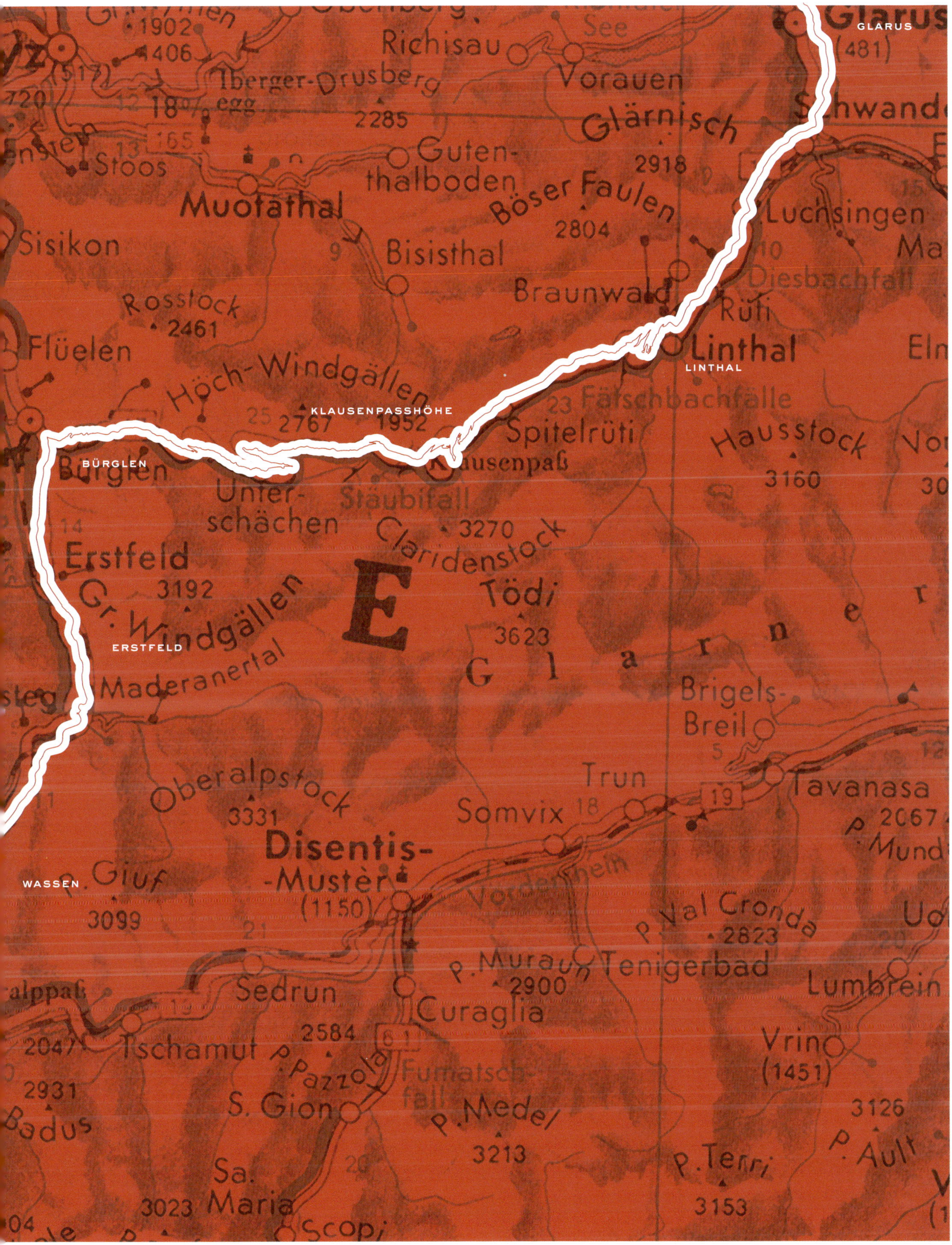
GLARUS
LINTHAL
KLAUSENPASSHÖHE
BÜRGLEN
ERSTFELD
WASSEN
Glarus
(481)
Richisau
Vorauen
Glärnisch
2918
Iberger-Drusberg
2285
Guten-
thalboden
Stoos
Muotathal
Böser Faulen
2804
Luchsingen
Sisikon
Bisisthal
Braunwald
Diesbachfall
Rüti
Rosstock
2461
Flüelen
Linthal
Höch-Windgällen
2767
1952
Fätschbachfälle
Spitelrüti
Hausstock
3160
Bürglen
Klausenpaß
Unter-
schächen
Stäubifall
Claridenstock
3270
Erstfeld
3192
Gr. Windgällen
Tödi
3623
E
G l a r n e r
Maderanertal
Brigels-
Breil
Oberalpstock
3331
Trun
Somvix
Tavanasa
2067
P. Mundaun
Disentis-
-Mustèr
(1150)
P. Giuf
3099
P. Val Cronda
2823
Sedrun
P. Muraun
2900
Tenigerbad
Lumbrein
Curaglia
Tschamut
2584
2047
Vrin
(1451)
2931
P. Pazzola
S. Gion
P. Medel
3213
3126
P. Ault
Badus
Sa.
Maria
3023
P. Terri
3153
Scopi

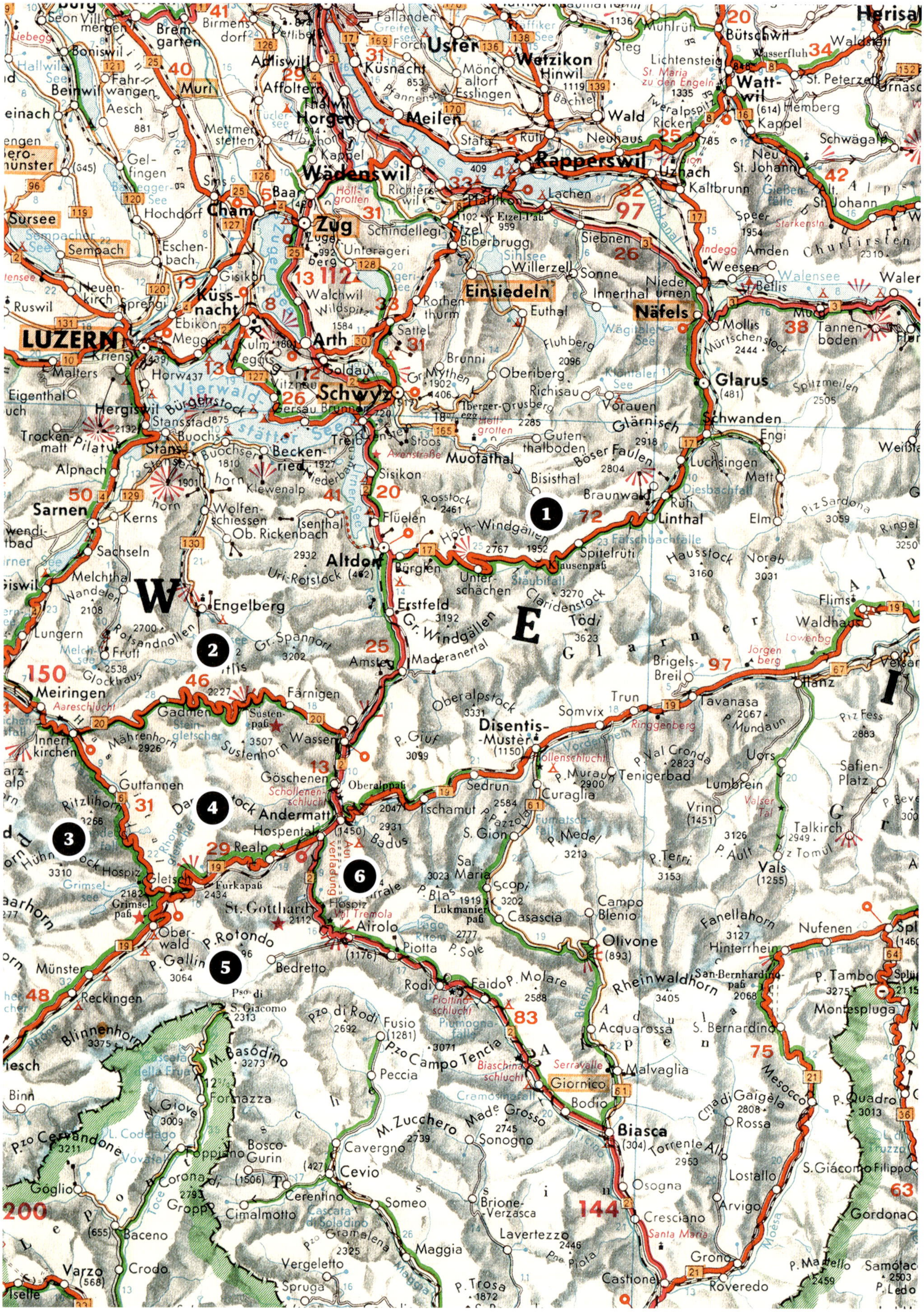

LUZERN
Sursee
Sempach
Beinwil
Muri
Affoltern
Horgen
Uster
Wetzikon
Meilen
Wald
Rapperswil
Uznach
Wattwil
Herisau
Wädenswil
Zug
Cham
Küssnacht
Einsiedeln
Näfels
Glarus
Arth
Schwyz
Vierwaldstätter See
Stans
Sarnen
Muotathal
Linthal
Altdorf
Flüelen
Klausenpaß
Engelberg
Meiringen
Erstfeld
Amsteg
Wassen
Sustenpaß
Göschenen
Andermatt
Oberalppaß
Disentis-Muster
Ilanz
Innertkirchen
Guttannen
Realp
Furkapaß
Gletsch
St. Gotthard
Airolo
Lukmanierpaß
Olivone
Faido
Biasca
Giornico
Münster
Reckingen
Bedretto
Cevio
Vals
Nufenen
San-Bernardino-paß
Mesocco
Roveredo
Castione
Tödi
W
E
1
2
3
4
5
6

Klausenpass

KARTE: Offizielle Strassenkarte des ADAC im Massstab 1 : 850 000. Alpen mit Österreich, Schweiz und Oberitalien. Mairs Geographischer Verlag Stuttgart

MAP: Official ADAC road map, scale 1:850,000. Alps with Austria, Switzerland and Northern Italy. Mairs Geographischer Verlag, Stuttgart

1 — KLAUSENPASS
2 — SUSTENPASS
3 — GRIMSELPASS
4 — FURKAPASS
5 — NUFENENPASS
6 — GOTTHARDPASS

Gleich zu Beginn unserer Tour also der Klausenpass. 21,5 Kilometer lang, sich in 136 Kurven über 1237 Höhenmeter windend, lehrte er einst sogar legendären Rennfahrern wie Rudolf Caracciola, Hans Stuck und Tazio Nuvolari das Fürchten. Dabei war die Straße zunächst gar nicht für Automobile zugelassen. Im Sommer des Jahres 1900 verkehrte zwischen Linthal im Kanton Glarus und Altdorf im Uri nur eine Pferdekutsche. Erst 1922 tuckerte das erste Postauto den Berg hinauf, kurz darauf starteten dann die Herrenfahrer mit ihren Automobilen und Motorrädern zum internationalen Klausenrennen. Die abenteuerliche Schotterpiste über den Urnerboden hinauf zur Passhöhe faszinierte nicht nur Rennfahrer aus ganz Europa. Bald reisten auch Tausende Zuschauer in den Glarus, um die tollkühnen Kerle in ihren rasenden Gefährten aus nächster Nähe zu erleben. »Maschinen donnern, Kompressoren singen, die Spannung wächst mit jedem Hornsignal, denn immer stärkere Wagen rücken an, in voller Wucht, kilometersteigend und kurventressend«, tönte im August 1930 die sonst eher nüchterne Neue Zürcher Zeitung – und fügte begeistert hinzu: »Die letzten Kurven bieten hie und da Sensationen; einer bleibt hängen, ein anderer dreht sich in allzu vielem Schwung um seine eigene Achse, ein Wagen holt knapp vor dem Ziel den andern ein und donnert stolz an ihm vorbei. Unheimlich ist es, wie die Fahrer jeweilen den Auslauf absolvieren; wie aus der Pistole geschossen sausen sie hinein, doch gleich nachher wirken die Bremsen und das Ungetüm steht zitternd still und auf sicherm Boden, daneben der Abgrund,

We begin our tour with the Klausen Pass, winding its way over 21.5 kilometres and 136 corners to an altitude of 1,237 metres. This stretch of blacktop taught even legendary racing drivers like Rudolf Caracciola, Hans Stuck and Tazio Nuvolari the meaning of fear. Back then, the road wasn't even open to automobiles. In the summer of 1900, horse-drawn carriages were the only means of transport between Linthal in the Glarus canton and Altdorf in the canton of Uri. It was only in 1922 that the first post bus chugged up the mountain, followed shortly afterwards by gentlemen drivers contesting the International Klausenrennen hill-climb in cars and on motorbikes.

This adventurous gravel track, stretching beyond the beautiful Urnerboden Alp to the top of the pass, didn't just lure racing drivers from all Europe. Soon, thousands of spectators flocked to the Glarus too, to marvel at these daredevils in their roaring machines: "Thundering engines, howling compressors, the tension grows with every horn blast, ever more powerful vehicles in hot pursuit, full of fury, clawing up the mountain, devouring the corners," proclaimed the otherwise somewhat conservative Neue Zürcher Zeitung in August 1930, adding enthusiastically: "Spectators were treated to some sensational action in the final corners; one car is ditched, another takes the corner too fast and spins, the next comes out of nowhere shortly before the finish and thunders proudly past. The way the drivers shoot over the finish line is breathtaking; how they hurtle headlong then slam on

»Maschinen donnern, Kompressoren singen, die Spannung wächst mit jedem Hornsignal, denn immer stärkere Wagen rücken an, in voller Wucht, kilometersteigend und kurvenfressend.«

“Thundering engines, howling compressors, the tension grows with every horn blast, ever more powerful vehicles in hot pursuit, full of fury, clawing up the mountain, devouring the corners.”

darin ängstliche Gemüter schon Fahrer und Maschine verschwinden sahen.« Es muss ein beeindruckendes Schauspiel gewesen sein: Schon von Weitem hörte man das Dröhnen der Motoren oder jenen lauten Knall, wenn wieder einmal ein Pneu geplatzt war und der Fahrer, ohne den Fuß vom Gas zu nehmen, auf der Felge mit flatterndem Schlauch dem Ziel auf der Klausenpasshöhe entgegenjagte. Zu den todesmutigen Manövern der Piloten kam das unberechenbare Bergwetter, das mit Nebelschwaden und Gewitterregen überraschen oder ein Rennen selbst im August in ein wintersportliches Abenteuer verwandeln konnte. »Wer an einem regenfeuchten Wintertag bei Schneetreiben und eisiger Kälte auf durchnässter Strasse seinen Motor in weniger als 20 Minuten auf den Klausen jagt, dessen sportliche Ausdauer und Disziplin gebietet alle Anerkennung, auch wenn man rein der Temperatur wegen der Sache kühl bis ans Herz hinan gegenübersteht« – so fasste es 1926 nach einem plötzlichen Schneefall ein durchfrorener Beobachter der NZZ zusammen.

Auch die Zuschauer – in den frühen 1930er-Jahren sind es mehrere Zehntausend, die am Rande der Strecke kampieren und mit ihren Automobilen und Motorrädern jeden freien Flecken einnehmen – waren laut dem rasenden Reporter recht hart im Nehmen: »Die Frühaufsteher, die die Nacht hindurch die Wiesen längs der Rennstrecke als Bettstatt benützten, sind bereits an der Morgentoilette und bei Kaffee, andere liegen noch in den hier oben etwas feuchten Armen Morpheus', standhaft auf dicker Decke, allen hinter Fels und in den Wiesen versteckten Rheumatismusbazillen Trotz bietend.« Die Freude an der Geschwindigkeit und Beschleunigung, aber auch

the brakes and the beast stands panting on safe ground, next to the abyss where the fainthearted bystanders fear the men and machines might disappear.”

It must have been a hair-raising spectacle: from afar, bystanders could already hear the wailing engines or a loud bang when yet another tyre burst. The driver, keeping his foot flat to the floor, relentlessly charged ahead on a bare rim with inner tube flapping, to finally reach the Klausen Pass summit. Unpredictable mountain weather added to the thrillseekers' death-defying manoeuvres, with fog and thunderstorms taking them unaware, or a mid-summer event turning into an icy adventure. “Those with the sporting stamina and discipline to conquer the Klausen in less than 20 minutes on a rainy winter's day on ice-cold slushy roads deserve the highest respect, even while remaining cool to their core not least due to the icy conditions,” wrote a frozen NZZ reporter in 1926 after an unexpected snowfall. And according to the roving reporter, the spectators – in their tens of thousands in the early 1930s, camping along the route, with their cars and motorcycles taking up every last spot –

1 — Schweiz - Das Bergrennen Europas - IX. Internationales Klausenrennen 6.–7. August 1932. Gestaltung: Ernst Friedrich Schönholzer. AuftraggeberIn: Automobil Club der Schweiz, ACS, Bern, CH Druckerei: Gebrüder Fretz AG, Zürich, CH. Zürcher Hochschule der Künste/Museum für Gestaltung Zürich/ Plakatsammlung

Switzerland – The European Hill Climb Race . IX International Klausen Race – 6–7 August 1932.
Design: Ernst Friedrich Schönholzer
Commissioned by: Automobile Club of Switzerland, ACS, Bern, CH
Printer: Gebrüder Fretz AG, Zürich, CH
Zürcher Hochschule der Künste/Museum für Gestaltung Zürich/Plakatsammlung

3
Das Bergrennen Europas
IX. INTERNATIONALES
KLAUSENRENNEN
6./7. AUGUST 1932
A.C.S. Automobile / U.M.S. Motorräder / S.R.B. Fahrräder

die Lust an der Gefahr waren für die Zuschauer des noch jungen Motorsports einfach größer als die Unannehmlichkeiten des schlimmsten Hundewetters. Zehn Mal wurde das Klausenpassrennen zwischen 1922 und 1934 ausgetragen – und kaum ein Held des damaligen Motorsports ließ sich die Herausforderung entgehen. Bei der letzten Ausgabe des legendären Bergrennens raste Rudolf Caracciola die unbefestigte Schotterstraße in seinem Mercedes-Grand-Prix-Rennwagen mit einer unglaublichen Durchschnittsgeschwindigkeit von 83,9 Stundenkilometer hinauf – und brach damit alle Rekorde!

Selbst heute, da sich die Klausenstraße in wunderbar asphaltierten Serpentinen zum Pass emporwindet, ist dieses Tempo kaum auszudenken. Und doch kann man sich, die Aussicht von der Terrasse des Klausenpasshotels bei einem Café Crème genießend, nur zu gut vorstellen, welche Wirkung dieser raue, Ehrfurcht gebietende Ort einst auf Rennfahrer und Zuschauer gehabt haben muss. Wie fremd allerdings mag der Rennzirkus derweil den Menschen erschienen sein, die hier oben seit Generationen lebten und ihrer Arbeit nachgingen? »Ein letzter Blick zurück in die Berge – bald wird am Klausen droben wieder Ruhe herrschen, und Sennen und Älpler werden ungestört ihr Vieh dorthin treiben, wohin sie wollen«, so tippte es der Reporter wohl auf der Eisenbahnfahrt zurück nach Zürich auf seiner Reiseschreibmaschine. »Vorbei der heisse, laue Kampf, vorbei aber auch die Zeit, da das armseligste Stücklein Boden als Parkierungsort für eine Nacht und einen Tag rentabel wurde. Wie wird das Jahr heissen, das im Hundertkilometertempo die flinksten Autos über den Klausen rattern sieht? Beim Strich 80 ist der Zeiger am Rennpegel ja bereits angelangt.« Auch wenn der Zeiger heute locker bis Tempo 300 ausschlagen kann – es gehört zur Faszination der Alpenwelt, dass sie sich dem Fortschritt, wenn überhaupt, nur widerwillig hingibt. Denn während die modernen Automobile drunten im Tal mit wahnwitzigem Tempo über die Autobahnen donnern, hat sich die maximale Geschwindigkeit, mit der man eine Serpentinenkurve noch unbeschadet durchfahren kann, seit den Tagen Caracciolas nicht wirklich erhöht.

were no less hardy: “The early risers who used the grassy patches along the race track as their mattress at night, are up and about already dressed and breakfasted. Others still slumber in the damp arms of Morpheus, lying unconcerned on thick blankets, oblivious to the rheumatic fever bacillus hidden behind rocks and in the meadows.” For the spectators at this fledgling motorsport event, the joy of speed and acceleration and the pleasure of peril were simply far greater than the discomfort from abominable weather. The Klausen Pass race was contested ten times between 1922 and 1934 – and very few motor racing heroes of the day turned down the challenge. At the last running of this legendary hill climb, Rudolf Caracciola rocketed up the unpaved gravel road in his Mercedes Grand Prix racer averaging a staggering 83.9 kilometres per hour – and promptly smashed every record!

Even today, with the snaking Klausen road now paved to the pass with smooth tarmac, this pace is simply mind-boggling. Yet, while enjoying a café crème on the terrace of the Klausen Pass Hotel, one can imagine all too well the impact that this harsh, breathtaking corner of Switzerland must once have had on racing drivers and spectators of that time. How strange must this racing circuit have seemed to the generations of people who had lived and worked up here? “A last glimpse back at the mountains – soon peace will return, and shepherds and alpine farmers can herd their animals undisturbed wherever they want,” types the reporter on his portable machine during the train trip back to Zurich. “The loud, heated fight is over, but so too are the profits from renting every miserable piece of dirt as a parking spot for a night and a day. In what year will we witness the swiftest cars clattering over the Klausen at one hundred kilometres an hour? Already now, the needle has reached the 80 kilometre per hour mark.” Although the needle today could easily pass the 300 mark, it is part of the fascination of the alpine world to resign itself, if only reluctantly, to progress. While modern day cars hurtle at an outrageous pace along the autobahns down on the valley floor, up here in the mountains, the top speed in the hairpin bends has not changed much since Caracciola's time.

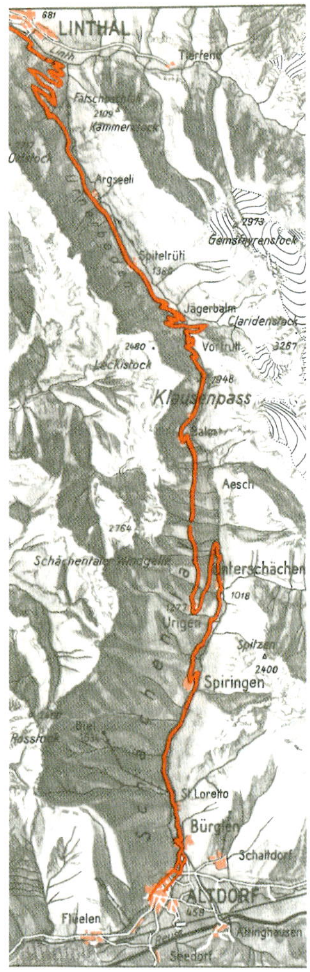

1

1 — *Karte: Baedekers Autoreiseführer Schweiz. Siebente Auflage. 1968/1969*
Map: Baedekers car travel guide Switzerland. 7th edition. 1968/1969

2 — *Postkarte: Klausenstrasse Hotel Klaussen-Passhöhe. Edition Photoglos Zürich - Postcard: Klausenstrasse Hotel Klaussen Pass summit. Edition Photoglos Zürich*

3 — *Doppelseite aus: Baedekers Schweiz. Handbuch für Reisende von Karl Baedeker. 1913 - Double spread from: Baedekers Switzerland. Handbook for Travellers by Karl Baedeker. 1913*

2

94

23. Von Linthal nach Altdorf über den Klausen. Schächental.

49,$_7$km. POST (8plätziger Coupé-Landauer) im Sommer 2mal tägl. (12 fr. 45, Coupé 14 fr. 95 c.), 1mal direkt in 9 St. mit 55 Min. Aufenthalt in Urnerboden und $^1/_4$ St. in Urigen (von Altdorf her umgekehrt), 1mal mit Übernachten in Urigen. Einspänner bis Urnerboden 13, Zweisp. 22 fr., bis Altdorf oder umgekehrt 45 bzw. 75 fr. u. 10$^0/_0$ Trkg. Automobile erlaubt (Gebühr 2 fr.). — Die *KLAUSENSTRASSE, eine der schönsten Gebirgsstraßen, 1893-99 mit einem Kostenaufwand von 4140000 fr. erbaut, verbindet den obern Teil des Kantons Glarus mit der Gotthardbahn und dem Vierwaldstätter See. Sehr lohnende Fahrt; zu Fuß (bes. von Urnerboden bis Urigen lohnend) 10-11 St.: Bergli 1, Urnerboden 2$^1/_4$, Paßhöhe 2, Urigen 1$^3/_4$, Spiringen $^3/_4$, Bürglen 1$^1/_4$, Altdorf $^1/_2$ St. Die Kilometersteine zählen von der Post Linthal (1,$_1$km weniger als vom Bahnhof). Fußgänger gehen besser von Linthal in $^1/_2$ St. zum untern Fätschbachfall und steigen dann in 8 Min. hinauf zur Klausenstraße und weiter in 7 Min. zur Wirtsch. zur Rämis (vgl. S. 91).

Linthal (651m) s. S. 91; die Post fährt vom Bahnhof ab und hält beim (1,$_1$km) Postbureau im Dorf. Die Straße führt über die Linth nach *Ennetlinth* (S. 91) und steigt in einer Kehre an der Bergwand, mit schönem Blick in den Talgrund, durch zwei mit Lichtöffnungen versehene Galerien (hinter der zweiten Galerie führt ein Fußweg hinab zum *untern Fätschbachfall*, S. 91). Nun in großen Kehren (Fußwege kürzen) am *Fruttberg* hinan, an der ($^3/_4$ St.) *Wirtschaft zum Rämis* (873m) und der ($^1/_4$ St.) *Wirtsch. zum Bergli* vorbei (l. Wegweiser zum schönen **mittlern Fätschbachfall* oder *Bergli stüber*, 3 Min., S. 91; r. steiler Abkürzungsweg zum Fruttlauiboden, s. unten) zur (7km) Postablage *Fruttberg* (1032m; *Kurhaus Fruttberg, 14 B. zu 1$^1/_2$-2, F. 1, P. 4$^1/_2$-5 fr.) am Fuß des *Riedstöckli* (1850m), mit schönem Rückblick auf Rüchi, Scheidstöckli und Hausstock; l. in der Schlucht der *obere Fätschbachfall (Hellstüber)*. Weiter über den *Fruttlauiboden* am Abhang der *Frittern*, zum Teil durch Wald, in Kehren hinan (bei der obersten r. Fußweg nach Braunwald, 1$^1/_2$ St., s. S. 91) zum (9,$_8$km) Urner Grenzstein bei dem r. herabkommenden *Scheidbächli* (1313m). Hier beginnt der **Urner Boden**, ein 1$^1/_2$ St. langes, vom Fätschbach durchflossenes Wiesental mit einzelnen Hüttengruppen, hin und wieder Sumpfboden; n. die lange Zackenmauer der vom *Ortstock* (2720m) auslaufenden *Jägernstöcke* und *Märenberge*, südl. die Gletscher und Schneefelder der *Clariden* (3270m). Im Sommer bringen die Hirten von Uri, besonders aus dem Schächental, ihr Vieh zur Weide hierher. Am (r.) *Gasth. zur Sonne* und dem (l.) Gasth. zum Klausen vorbei zur (14,$_7$km) Poststation **Urnerboden** (1389m; H.-P. Tell u. Post, 1. Mai-30. Nov., 45 B., Z. 2$^1/_2$-3, F. 1.20, M. 3, P. 5-8 fr.; Alpenrösli, Urnerboden, beide bescheiden), bei den Hütten von *Spitelrüti*, mit Kapelle. PT.

AUSFLÜGE. **Gemsfayrenstock** (2974m), über *Fisitenpaß* und *Gemsfayrenjoch* in 6-6$^1/_2$ St. (F. 22-25 fr.), beschwerlich (vgl. S. 92). — **Leckistock** (SW.-Gipfel der *Märenberge*, 2483m), über das *Firnenloch* in 3$^1/_2$-4 St. (F. 15 fr.), mühsam; Abstieg event. durch die *Brühlkehle* zum *Glattensee* (S. 97). — Über das **Firnenloch** (2242m) nach (7 St.) *Muotatal* (S. 97), beschwerlich (F. 15 fr.); Abstieg zur *Gwalpeten-A.* im *Bisital* sehr steil, nur für Schwindelfreie.

KLAUSENPASS. *K. S. 90. — I. R. 23.* 95

Die Straße zieht sich noch 20 Min. auf der Alp weiter bis zum *Waldhüttli* und steigt dann in kühnen Serpentinen, die man auf dem alten Paßwege abschneiden kann, durch den wilden Felsenkessel der *Klus*, mit seinen Wasserfällen am Fuß der Teufelsstöcke und Clariden, an den Hütten von *Vorfrutt* (1812m; Erfr.) vorbei zum (23,$_5$km) **Klausenpaß** (1952m), am Fuß des seltsam geformten *Märcherstöckli* (2382m). Jenseits zweigt für Fußgänger l. ab ein näherer Weg ins Schächental über die Balmwand und Aesch (s. unten), doch bleibt man besser auf der aussichtreichen Straße bis Urigen und benutzt von da den Abkürzungsweg nach Spiringen (s. unten). Die Straße führt von der Paßhöhe allmählich bergab über die herrlich gelegene *Bödmeralp* zum (24,$_7$km) **H. Klausenpaßhöhe* (1838m; nur im Sommer, 50 B. zu 2-3, F. 1$^1/_2$, M. 3$^1/_2$, A. 2$^1/_2$, P. 7-10 fr.), mit prächtiger Aussicht auf Clariden, Kammlistock, Scheerhorn, Griesstock, Windgällen, Urirotstock.

AUSFLÜGE. **Schächentaler Windgälle** (2772m), vom H. Klausenpaßhöhe über den *Ruosalper Kulm* (S. 96) 4 St., von Unterschächen (s. unten) über die *Mettlen-A.* 5$^1/_2$ St. (F. 20 fr.), interessante Kletterpartie für schwindelfreie Bergsteiger. — **Griesstock** (2666m), über die *Kammli-A.* 4 St. (F. 12 fr.), unschwierig und lohnend. — **Gr. Scheerhorn** (3296m), über die *Kammlilücke* (2848m) 5-6 St. (F. 25 fr.), beschwerlich aber sehr lohnend; großartige Aussicht. — **Kammlistock** (3228m), über die Kammlilücke 5 St. (F. 25 fr.), mühsam. — **Claridenstock** (3270m), über die Kammlilücke 6$^1/_2$-7 St. (F. 25 fr), oder für Schwindelfreie direkt über die nördl. Eiswand (15m h. eiserne Leiter) in 4-4$^1/_2$ St. (F. 40 fr.), sehr lohnend, prachtvolle Aussicht. Vgl. auch S. 147, Hüfihütte.

Vom H. Klausenpaßhöhe senkt sich die Straße nach rechts ausbiegend zur (20 Min.) *Obern Balmalp* (1767m).

Fußgänger nach Unterschächen kürzen $^1/_2$ St., wenn sie vom Klausenpaß l. abwärts zur ($^1/_2$ St.) *Untern Balm* (1732m) gehen, dann die steile *Balmwand* hinab zur ($^1/_2$ St.) *Alp Aesch* (1238m; H. Stäubi, einf. gut), mit schönem Blick auf den prächtigen, 93m hohen **Stäubifall*, und am l. Ufer des ungestümen *Schächenbachs*, bei *Schwanden* aufs r. Ufer nach (1 St.) *Unterschächen*.

Weiter hoch an der N.-Seite des **Schächentals**, mit herrlichen Blicken auf den Claridengletscher, Claridenstock, Griesgletscher, Scheerhörner, Stäubifall, Kammlistock, und weiterhin in das Brunnital (S. 96) mit dem Gr. Ruchen und der Gr. Windgälle, durch den 115m langen *Seelitaltunnel* und zur (32,$_3$km) Poststation **Urigen** (1280m; *H.-P. Post, 1. Juni-1. Okt., 70 B. zu 1$^1/_2$-3, F. 1.20, M. 3, A. 2$^1/_2$, P. 6-8 fr.), in freier aussichtreicher Lage.

Fußgänger gehen w. an der (10 Min.) alten Kapelle von *Götschwiler* (1242m), mit Altarbild von Denys Calvaert († 1619), vorbei direkt nach ($^1/_2$ St.) *Spiringen;* hier unterhalb der Kirche nochmals r. und zwischen *Weiterschwanden* und *Trudelingen* (S. 96) zur (25 Min.) Straße.

Von hier in einer langen Kehre s.ö. hinab nach

36km **Unterschächen** (994m; *H.-P. Klausen, mit Park, 70 B., Z. 1$^1/_2$-3, F. 1$^1/_4$, M. 3, A. 2$^1/_2$, P. 6$^1/_2$-8 fr.; Alpenrose, 20 B. zu

3

Andreas Mierswa

Porsche 993 Targa
Baujahr / Built 1992

Ich fahre einen 1997er Targa 993 mit Tiptronic. Ich mag diese Ausführung, weil man damit auch super cruisen kann und der Motor besonders schön blubbert. Gleichzeitig muss ich aber auch gestehen, dass mir manchmal zwischen erstem und zweitem Gang ein Ritzel fehlt, vor allem kurz nach der Kehre. Trotzdem, ich würde ihn genau so wieder kaufen.

Was war dein erster Porsche? – Mein erster Porsche? Das war ein Boxster S – hat wahnsinnig Spaß gemacht, den zu fahren, gerade auch in den Bergen.

Wann fährst du am liebsten in die Berge? – Immer.

Welche Passfahrt ist dir besonders im Gedächtnis geblieben? – Zwei Pässe sind mir tatsächlich besonders in Erinnerung geblieben: Der eine war wohl mein erster Pass im Boxster. Zugleich war es mein erster Curves-Ausflug 2010 oder 2011. Ich bin der Gruppe hinterhergereist, Treffpunkt war, glaube ich, Barcelonette. Ich war spät dran und bin bei Sonnenuntergang von Vinadio aus hoch Richtung Isola 2000. Ich war völlig allein auf der Straße. Etwa an der italienisch-französischen Grenze sieht man hinab auf die letzten Schleifen vor Isola 2000, eigentlich um zu prüfen, ob die Straße frei ist. Mir jedoch blitzte eine wirklich unglaubliche Kombination aus Licht, Einsamkeit und Kurven entgegen. Der zweite Pass, an den ich mich gut erinnern kann, war auch ein erster Pass: der erste Pass, auf den ich meine Freundin mitgenommen habe. Von Zürich wollten wir zurück nach München, ein kleiner Umweg über den Albulapass Anfang Mai ... oben lagen noch 3 Meter Schnee ...

Was macht mehr Spaß – bergauf oder bergab? – Bergab mit Skiern, im Porsche lieber bergauf.

Mit welchem Porsche würdest du gern einmal die Alpen überqueren? – In einem 356 wäre es wohl am abenteuerlichsten.

I drive a 1997 Targa 993 with Tiptronic. I like the transmission – it's perfect for just cruising and the engine has a particularly beautiful rumble. But I also must confess that I sometimes wish I had an extra gear between first and second, especially exiting the hairpins. Still, I would buy it again just the way it is.

What was your first Porsche? – My first Porsche? A Boxster S. I had such fun driving it, especially in the mountains.

When do you prefer driving in the mountains? – Always.

Which mountain pass is the most memorable for you? – I still vividly remember two passes: One was actually my first mountain pass in the Boxster. And it was also my first Curves trip in 2010 or 2011. I travelled behind the group and, if I recall correctly, the meeting point was Barcelonette. I was running late and still on the road at sunset coming from Vinadio up towards Isola 2000. I was completely alone on the road. Somewhere around the Italian-French border I looked down to the last bends before Isola 2000 to check if the road was clear. At that moment, a truly incredible combination of light, emptiness and curves suddenly appeared before me. The second pass that sticks in my memory was also a first: The first pass that I drove with my girlfriend. On our way home from Zurich to Munich we decided to take a little detour over the Albula Pass in early May... and encountered three metres of snow...

What's more fun – uphill or downhill? – Downhill on skis, uphill in the Porsche.

With which Porsche would you like to cross the Alps one day? – The 356 would probably be the most adventurous.

KLAUSEN-PASSHÖHE
KLAUSEN-PASSHÖHE
HOTEL

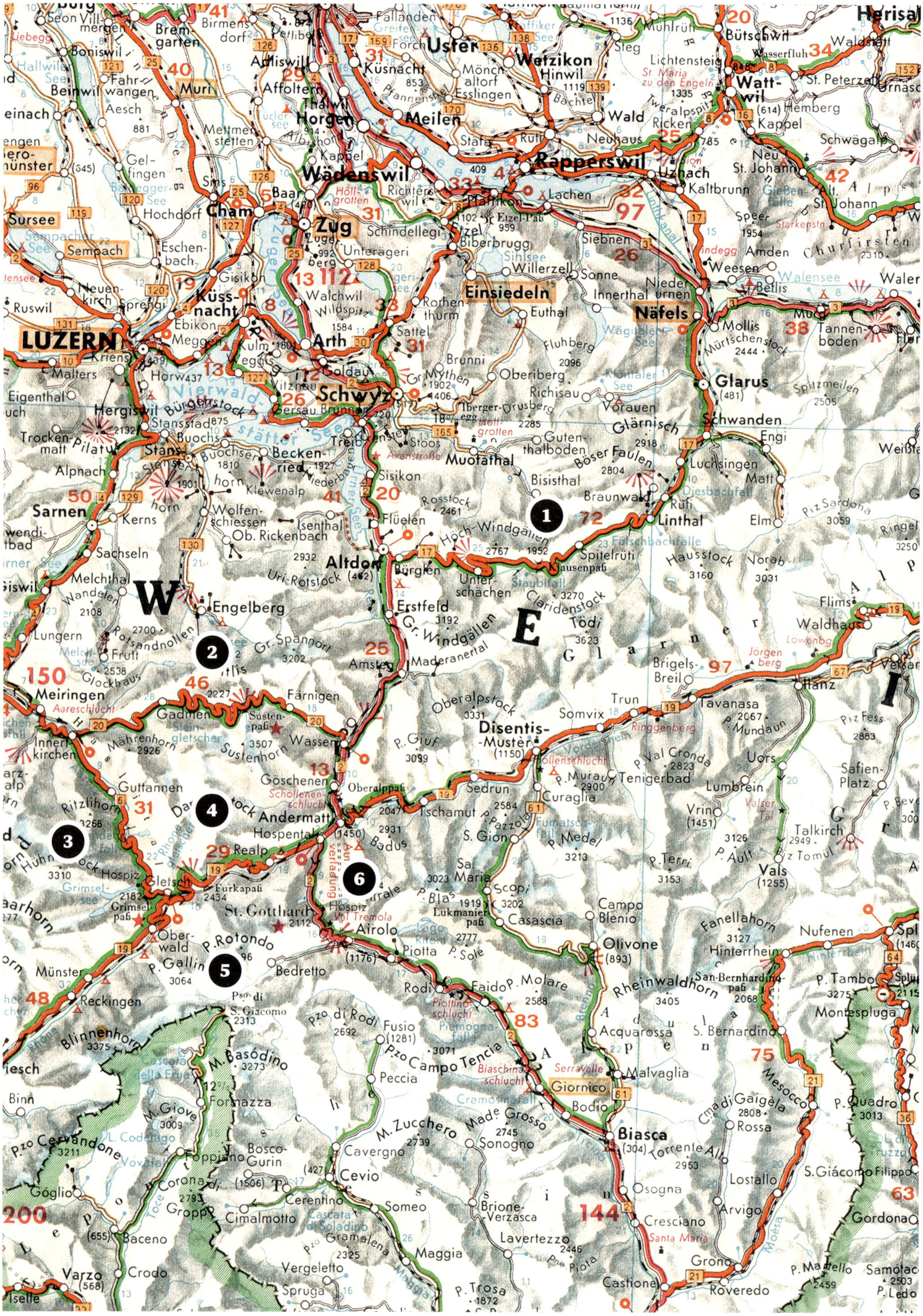
LUZERN
Zug
Wädenswil
Rapperswil
Uster
Wetzikon
Meilen
Horgen
Einsiedeln
Schwyz
Arth
Küssnacht
Cham
Näfels
Glarus
Schwanden
Linthal
Altdorf
Flüelen
Erstfeld
Amsteg
Wassen
Göschenen
Andermatt
Hospental
Realp
Gletsch
Furkapaß
Grimselpaß
Oberwald
Münster
Reckingen
Airolo
Bedretto
St. Gotthard
Sustenpaß
Gadmen
Innertkirchen
Meiringen
Guttannen
Engelberg
Sarnen
Stans
Hergiswil
Disentis-Muster
Sedrun
Oberalppaß
Lukmanierpaß
Olivone
Biasca
Faido
Giornico
Cevio
Nufenen
Hinterrhein
Vals
Ilanz
Trun
Elm
Walensee
Vierwaldstätter See
Klausenpaß
Tödi
Clariden stock
Glärnisch
Muotathal
W
E
1
2
3
4
5
6

Sustenpass

KARTE: Offizielle Strassenkarte des ADAC im Massstab 1 : 850 000. Alpen mit Österreich, Schweiz und Oberitalien. Mairs Geographischer Verlag Stuttgart

MAP: Official ADAC road map at a scale 1:850,000. Alps with Austria, Switzerland and Northern Italy. Mairs Geographischer Verlag, Stuttgart

1 — KLAUSENPASS
2 — SUSTENPASS
3 — GRIMSELPASS
4 — FURKAPASS
5 — NUFENENPASS
6 — GOTTHARDPASS

Angelangt in Altdorf, am südöstlichsten Zipfel des Vierwaldstättersees, führt die Route uns zunächst in Richtung Gotthard, bevor es bei Wassen im Reußtal rechts abgeht – hinauf zum Sustenpass. Im 17. und 18. Jahrhundert primär von militärischer Bedeutung, wurde der einstige Saumpfad ab 1811 zu einer halbwegs befahrbaren Straße ausgebaut. Seine heutige Form, die ihm in der Schweiz durchaus den Ruf eines nationalen Kunstwerks einbrachte, fand der Sustenpass jedoch erst in den 30er-Jahren des 20. Jahrhunderts. Inspiriert vom Internationalen Klausenstraßen-Bergrennen und beflügelt von einer automobilbegeisterten Mittelschicht, die am Wochenende plötzlich zum Skifahren in die Berge oder zum Baden ins Tessin fahren mochte, wurde damals an zahlreichen Ausbauplänen für die touristische Erschließung der Alpen gearbeitet. Doch oft fehlten finanzielle Mittel sowie beherzte Ingenieure – und auch die Ressentiments der Heimat- und Naturschützer verhinderten viele Projekte noch in der Konzeptionsphase.

Dennoch entschieden sich die Behörden des Bundes und der Kantone Uri und Bern im Jahr 1938 für den Bau einer modernen, 45 Kilometer langen Passstraße über den Susten, die – angesichts der prekären politischen Lage in Europa – auch militärischen Nutzen versprach. Fertiggestellt wurde die Straße aufgrund der bald einsetzenden Krisenwirtschaft jedoch erst nach Ende des Zweiten Weltkrieges. Sie führt von Wassen im Uri in großzügigen Serpentinen und parallel zum alten Saumpfad durchs Maiental, hinauf zur Passhöhe auf 2224 Meter über dem Meeresspiegel und wieder hinab, durch Geröllfelder und Felsen, dann Alpweiden und schließlich dichte Ahorn- und Arvenwälder, nach Innertkirchen im Berner

Arriving in Altdorf at the southeastern corner of Lake Lucerne, the route first takes us in the direction of Gotthard before turning right at Wassen into the Reuss Valley – and up to the Susten Pass. Used primarily by the military in the 17th and 18th centuries, the former mule track became halfway fit for traffic from 1811. Its present layout, which now enjoys a reputation in Switzerland as an artwork of national importance, only came about in the 1930s. At that time, many expansion plans were proposed for developing the Alps as a tourist destination, inspired by the International Klausen hill climb, and buoyed by a car-mad middle class keen to go skiing in the mountains or swimming in the Ticino canton on a whim. However, lack of the financial resources and courageous engineers – and strong resentment from heritage and nature conservationists – stymied many of these projects even before they got off the ground.

Nevertheless, in 1938, the federal authorities and the cantons of Uri and Berne decided to construct a modern, 45-kilometre pass road over the Susten – which, given the precarious situation in Europe at the time, also promised military advantages. Conceived on the eve of an economic downturn, however, the road was only completed after the end of the Second World War.

In great sweeping curves, it runs parallel to the old mule track from Wassen in Uri through the Maggia Valley, up to the top of the pass at 2,224 metres above sea level, and back down through scree slopes and rocks, alpine meadows and finally dense maple and pinewood forests to Innertkirchen in the Bernese Oberland. When the Susten Pass finally

Wie ungebrochen die Begeisterung der wohlhabenden Bevölkerung für die neuen Alpenstraßen war, zeigte sich am Eröffnungstag des Sustenpasses im September 1946: Rund 15 000 Automobile schoben sich in einer schier endlosen Blechkarawane über den Berg – etwa zwölf Prozent der damals in der Schweiz registrierten Fahrzeuge.

Oberland. Wie ungebrochen die Begeisterung der wohlhabenden Bevölkerung für die neuen Alpenstraßen war, zeigte sich am Eröffnungstag des Sustenpasses im September 1946: Rund 15 000 Automobile schoben sich in einer schier endlosen Blechkarawane über den Berg – etwa zwölf Prozent der damals in der Schweiz registrierten Fahrzeuge. Glücklicherweise war und ist es nicht immer so voll am Berg, denn der erste für den Autoverkehr neu konzipierte Pass im Alpenraum gilt bis heute als Meisterstück der Straßenbaukunst und bietet – wenn man sich den Wecker stellt und Sonntags- oder Schulferienverkehr vermeidet – eine für ambitionierte Fahrer höchst spannende und abwechslungsreiche Streckenführung.

Im Osten überwindet man zunächst die wild zerklüftete Schlucht der Meienreuss, um dann mit Blick auf den Fünffingerstock das Meiental zu durchqueren und sich schließlich in einigen engen Kurven bis zum Scheiteltunnel hinaufzuarbeiten. Auf der Westseite bietet sich als Belohnung für den Aufstieg ein einzigartiges Bergpanorama, mit überwältigenden Blicken auf das Sustenhorn und das Gwächtenhorn, den mächtigen Steingletscher, der je nach Jahreszeit, Wetter und Beleuchtung in unterschiedlichsten Farben erstrahlt, und den darunter liegenden Steinsee. Hat man die felsige Bergwelt mit ihren steilen Abhängen hinter sich gelassen, folgt eine Kombination sportlicher Kehren und lässig geschwungener Kurven, die zum beherzten Spiel mit Gas und Bremse einladen. Sogar eine ganze Reihe von Tunnels haben die Ingenieure den Fahrern in weiser Voraussicht spendiert – ein natürlicher Verstärker für heiser knisternde Boxermotoren. Man muss jedoch nicht unbedingt einen

opened in September 1946, the wealthy turned out in droves: some 15,000 cars – representing around 12 percent of vehicles registered in Switzerland at that time – snaked their way up over the mountain pass in a bumper-to-bumper convoy. Luckily, it was not always this crowded on the mountain.

Even today, the first Alpine pass to be purpose-built for vehicular traffic is still regarded as a masterpiece of road construction, and, for those who set the alarm early and avoid Sundays and school holidays, the Susten Pass offers a captivating and diverse journey for ambitious drivers.

On the eastern side, travellers first face the wild, rugged gorge of the Meienreuss River. With a view of the majestic Fünffingerstock, they then cross the Maggia Valley and finally negotiate several tight switchbacks before climbing to the Scheitel tunnel. The drive down the western side rewards the driver with a stunning mountain panorama, with sweeping views to the Sustenhorn and the Gwächtenhorn, and the mighty Stein Glacier which, depending on the season, weather and light, glows in an array of colours, and on to the Steinsee below. After leaving behind the jagged mountainous realm with its sheer cliffs, a combination of exhilarating sweeping corners is perfect for a spirited game with throttle and brake. With clever foresight, the engineers even added a series of tunnels – a natural amplifier for the throaty growl of the engine. But you don't need to own a sports car to discover the thrill of speed on the Susten Pass. The last mountain leg of the Susten Pass is cycled as part of the Alpenbre-

1 — ***Postkarte: Sustenpasshöhe, Autoparkplatz. Photo: Arthut Baur*** - *Postcard: Susten Pass summit car park. Photo: Arthur Baur*

2 — ***Postkarte: Sustenstrasse. Himmelrank mit Sustenhörner. Photoglob Wherli Zürich*** - *Postcard: Sustenstrasse. Himmelrank with the Sustenhörner. Photoglob Wherli Zürich*

Sustenpasshöhe

1

Sustenstrasse. Himmelrank mit Sustenhörner

2

When the Susten Pass finally opened in September 1946, the wealthy turned out in droves: some 15,000 cars – representing around 12 percent of vehicles registered in Switzerland at that time – snaked their way up over the mountain pass in a bumper-to-bumper convoy.

Sportwagen besitzen, um dem Rausch der Geschwindigkeit am Sustenpass zu verfallen: Auch der Alpenbrevet, ein seit 2003 ausgetragener Extremfahrradmarathon über fünf Pässe, 276 Kilometer und 7031 Höhenmeter, führt in seiner letzten Bergetappe über den Sustenpass. Der Spitzenzeitwert von Wassen über die Passhöhe und hinab nach Innertkirchen liegt bei einer Stunde und 50 Minuten!

Doch nicht nur Rennradler mit eisernen Oberschenkeln und wohlmotorisierte Sportfahrer, auch ausgewiesene Architekturkenner schätzen den vorrangig von Hand und ohne große Baumaschinen errichteten Sustenpass. Der Bauhistoriker Walter Zschokke hat dem Sustenpass sogar ein umfangreiches Buch gewidmet, in dem er der Ästhetik des Zweckbaus nachspürt und die Linienführung der Straße im Kontext der alpinen Landschaft analysiert. »Beim Straßenbau im Gebirge häufen sich die ingenieurstechnischen Problemstellungen in dichter Folge und abrupten Wechseln«, schreibt Zschokke und folgert weiter in analytisch-kühlem Ton: »Daraus resultiert eine hohe Ereignisdichte entlang der Straße. Wesentlichen Anteil daran hat die in die dritte Dimension entwickelte Topographie, die zahlreiche Hindernisse bildet. Auch auf die Intensität der visuellen Eindrücke wirkt sie sich aus. In ständigem Wechsel bieten sich Durchblicke, Tiefblicke, Hochblicke, Überblicke, Voraus- und Rückblicke.« Es ist diese Ereignisdichte, diese Vielfalt dieser Impressionen in schneller Folge, die unsere Wahrnehmung herausfordert und den Sustenpass, ähnlich wie viele andere Alpenstraßen unserer Tour, bis heute so beeindruckend macht.

vet, a 2003-inaugurated road cycle marathon contested by extreme cyclists over five passes, 276 kilometres and an altitude difference of 7,031 metres. The fastest time from Wassen over the pass and down into Innertkirchen was just 1 hour and 50 minutes!

Road racing cyclists with iron thighs, and well-heeled sports car drivers are not the only ones who appreciate the Susten Pass. Architecture connoisseurs also applaud the fact that the pass was mostly built by hand with little help from machinery. The Swiss architectural historian Walter Zschokke even dedicated an entire book to the Susten Pass, in which he traced the aesthetics of purpose-built construction and analysed the route contour in the context of the Alpine landscape. “When building roads in the mountains, the engineering challenges accumulate in quick succession and change abruptly,” writes Zschokke. He concludes in typical engineer-speak: “The result is a high density of events along the route. This primarily reflects the topography which has developed into a third dimension, hence creating many obstacles. And the intensity of the visual impressions is effective. The eyes constantly register changing views, downward views, mountain views, panoramic views, and views to the front and back.”

It is this very density of events, the diversity of these impressions in quick succession that challenge our perception and make the Susten Pass, like many other Alpine roads on our journey, so impressive even today.

1 — *Postkarte: Sustenstrasse. Himmelrank mit Wendenstöcke. Photoglob Wherli Zürich - Postcard: Sustenstrasse. Himmelrank with Wendenstöcke. Photoglob Wherli Zürich*

2 — *Doppelseite aus: Baedekers Schweiz. Handbuch für Reisende von Karl Baedeker. 1913 - Double spread from: Baedekers Switzerland. Handbook for Travellers by Karl Baedeker. 1913*

zum ($1^1/_2$ St.) **Jochpaß** (2215m), zwischen r. Reißend Nollen, l. Schafberg (S. 161); Aussicht beschränkt. Hinab r. in vielen Windungen (der weißgrüne *Trübsee* bleibt l.), dann durch den flachen sumpfigen Talboden über den von den Titlisgletschern abfließenden Bach zum ($^3/_4$ St.) *Trübseehotel* auf der Pfaffenwand (1790m). Von hier nach ($1^1/_2$ St.) *Engelberg* s. S. 154, 153.

39. Von Meiringen nach Wassen. Sustenpaß.

12 St.: Innertkirchen $1^1/_4$, Gadmen 3, Steinalp $2^1/_4$, Sustenpaß $1^1/_4$, Meien $2^3/_4$, Wassen 1 St. Wagen bis Mühletal einsp. 10, zweisp. 18, bis Gadmen 20 u. 30 fr. Pferd bis Wassen 35, mit Übernachten 40 fr.; Führer 18 fr., unnötig.

Von Meiringen bis ($1^1/_4$ St.) *Innertkirchen* (*Im-Hof;* 631m) s. S. 223. Die 1811 erbaute Sustenstraße (bis zum Stein fahrbar, aber nicht für Automobile; neue Straße geplant) steigt über Matten bis (25 Min.) *Wiler* (740m; Tännlers Gasth., P. von 4 fr. an); 10 Min. weiter über den *Gadmenbach* (am l. Ufer gute Quelle) und bei der ($^1/_4$ St.) Säge von *Mühletal* (837m) über das *Gentalwasser* (l. zur Engstlenalp, S. 160). Dann am r. Ufer des Gadmenbachs durch das waldreiche **Nessental** nach ($^3/_4$ St.) *Nessental* oder *Mühlestalden* (930m; Salzgeber, gelobt). R. öffnet sich das *Trifttal*, im Hintergrund der *Triftgletscher*.

Trifttal (vgl. Karte S. 140, bis zur Trifthütte 6 St., nur mit Führer: Andr. v. Weißenfluh in Nessental, Andreas, Johann und Melchior Kehrli in Gadmen). Am l. Ufer des *Triftwassers* zur *Triftalp* (1350m) und auf der l. Seite des Gletscherabsturzes hinan zur ($3^1/_2$ St.) *Windegghütte* des S.A.C. (1901m), dann über den *Triftgletscher* zum Fuß des *Thältistocks* und an Felsen steil hinan zur ($2^1/_2$-3 St.) *Trifthütte* des S.A.C. (2515m), mit trefflichem Blick auf den obern Triftkessel. Von hier auf den **Dammastock** (3633m) 5 St., für Geübte nicht schwierig (F. ab Meiringen 40 fr.; Abstieg über den Rhonegletscher zur Furka in 4 St.). *Maasplankstock* (3403m; 4 St.), *Eggstock* (3556m; $4^1/_2$ St.), *Schneestock* (3608m; 5 St.), *Rhonestock* (3603m; 5 St.), *Diechterhorn* (3389m; 4 St.) und *Gwächtenhorn* (3218m, 4 St.) sind gleichfalls von der Trifthütte zu ersteigen. — Von der Trifthütte über die ($2^1/_2$ St.) **Triftlimmi** (3100m) und den *Rhonegletscher* zur ($2^1/_2$ St.) *Furka* (S. 149) oder zur (3 St.) *Grimsel* (S. 226), unschwierige Gletschertour (F. ab Hof 30 fr.). Von der Triftlimmi ist der *Tieralplistock* (3400m), mit großartiger Aussicht, in 1 St. leicht zu ersteigen. — Über den **Dammapaß** (ca. 3580 m) zur *Göscheneralp* (S. 140), 8 St., schwierig, namentlich der Abstieg über den steilen Dammafirn, s. S. 141 (F. 45 fr.); über den **Tiefensattel** (ca. 3300m) und den *Tiefengletscher* zur *Furkastraße* (S. 149), 9 St., bei festem Schnee nicht schwierig, lohnend. — Über den **Furtwangsattel** (2558m) nach *Guttannen*, von der Windegghütte (s. oben) $3^1/_2$ St. (F. 20 fr.); steiler Anstieg s.w. durch das *Schattig-Trifttäli* in 2 St. zum Joch, s.ö. vom Furtwang und Weiß-Schien; Abstieg über die *Steinhausalp* (1950m) nach ($1^1/_2$ St.) Guttannen (S. 224). — Von der Windegghütte (s. oben) über die (5 St.) *Gwächtenlimmi* (ca. 3100m) in das wilde *Diechtertal* zum *Gelmer See* und zur (4 St.) *Handeck* (S. 225). — Über die **Steinlimmi** (2734m) nach der *Steinalp* $4^1/_2$-5 St. (F. 15 fr.): von der Windegghütte über den Triftgletscher und im *Drosital* hinan zur ($2^1/_2$ St.) Paßhöhe zwischen *Giglistock* (2900m) und *Vorder-Tierberg* (3091m); hinab über den *Steinlimmigletscher* und um die Abhänge des *Thalegglis* herum zum (2 St.) *H. Steingletscher* (S. 163).

Die Straße überschreitet den *Gadmenbach* und steigt in Windungen über *Schaftelen*, vor (1 St.) *Unterfuren* (1134m) wieder auf das r. Ufer, nach dem Dorf (20 Min.) **Gadmen** (1207m; Bär, 18 B. zu 2-3, F. $1^1/_4$, M. 3, P. 5-8 fr., gelobt), aus den Häusergruppen *Bühl*, *Mühleschlucht* und *Obermatt* (Gasth.) bestehend, in malerischem Tal (über das *Sätteli* zur *Engstlenalp*, $4^1/_2$-5 St., s. S. 161; für Ungeübte F. ratsam). N. die steilen Abstürze der *Gadmer Flühe* (S. 160); ö. wird am Abhang der *Uratstöcke* (2909m) der *Wendengletscher* sichtbar.

Die Straße führt eine Strecke eben fort und steigt dann in Windungen durch Wald zu den Hütten von *Feldmoos* (1504m); weiter durch wilde Felsgegend („Hölle") zum ($2^1/_4$ St.) ***H.-P. Steingletscher** („*Stein*", 1866m; nur im Sommer, 70 B. zu $2^1/_2$-5, F. $1^1/_2$, G. 3, M. 4, P. 8-12 fr.), am Fuß des mächtigen *Steinengletschers*.

Vom Gasth. führt ein Fußpfad in 25 Min. zum *Steinengletscher*, über dessen Zunge man r. über die Moräne zur Sustenstraße gelangen kann.

Ausflüge. ***Sustenhorn** (3512m), von Steinalp 6-7 St., für Geübte nicht schwierig (F. 30 fr.); Abstieg über die *Sustenlimmi* zur *Göscheneralp* (S. 141). — **Gwächtenhorn** (*Steinberg*, 3428m), über den Steinengletscher in 5 St. (F. 25 fr.), gleichfalls unschwierig und lohnend.

Über die Sustenlimmi zur Göschenenalp 8 St., beschwerlich (F. 35 fr.). Längs der l. Moräne des Steinengletschers auf den *Steinlimmigletscher*, an der Westseite des *Tierbergli* hinan zum Firn des Steinengletschers und l. hinüber zur (5 St.) **Sustenlimmi** (3103m), wo sich der Blick auf die Gotthardberge öffnet. Hinab über den *Sustenlimmifirn* zur *Kehlenalphütte* (2340m) und (3 St.) *Göscheneralp* (S. 141). — Schwieriger ist die **Tierberglimmi** (*Kehlenjoch*, ca. 3900m): über den Steinengletscher zur Jochhöhe zwischen *Gwächtenhorn* und *Hinter-Tierberg*, hinab sehr steil und schwierig zum *Kehlegletscher* und zur (9-10 St.) Göscheneralp.

Über die *Steinlimmi* zum *Triftgletscher* (5 St. bis zur Windegghütte) s. S. 162. — Über den Sattel *Zwischen-Tierbergen* (ca. 2980m) zur (6-7 St.) *Trifthütte* (S. 162), nicht schwierig, aber Vorsicht wegen der Gletscherspalten. — Nach *Engelberg* über das *Wendenjoch* s. S. 155.

Nun Saumweg, oberhalb der Moräne weit nach r. ausbiegend am Abhang hinan (Fußpfad kürzt), dann in vielen Kehren, mit prächtigen Blicken auf den gewaltigen Steinengletscher, an einer Bronzetafel mit den Reliefporträts des Dr. Mönnichs und Dr. Ehlert vorbei (1899 unterhalb des Passes verunglückt), zum ($1^1/_4$ St.) **Sustenpaß** (2262m), zwischen l. *Heuberg* (2594m; 1 St., lohnend), r. *Sustenspitz* (2931m). Nach O. öffnet sich der Blick auf die imposante, in den *Spannörtern* (S. 155) gipfelnde Bergkette zwischen dem Meiental und Engelberger Tal.

Der von hier ab einförmige Weg senkt sich in zahlreichen Windungen in das **Meiental** und tritt an den *Meienbach*, der dem *Kalchtal* entströmt, einem jähen Schlund r., in den der *Stücklistock* (3309m) und das *Hintere Sustenhorn* (3320m) ihre Lawinen hinabschütten (über das *Sustenjoch* zur *Voralphütte* s. S. 141). R. unterhalb des Weges die *Sustenalp* (1757m), dann (1 St.) l. die *Guferplattenalp* (1745m). Nun allmählich bergab durch den geröllbedeckten Talboden, zweimal über die Meienreuß, dann ($^3/_4$ St.) über die tiefe Klamm des *Gorezmettlenbachs* (1565m).

Floyd Stringer

Porsche 964 RS Cup
Baujahr / Built 1992

Der 964 RS Cup ist Baujahr Januar 1992 und wurde ab der Saison 1992 vom Team Mühlbauer Motorsport unter verschiedenen Fahrern im Carrera Cup eingesetzt. In der Saison 1994 fuhr Danny Pfeil das Auto mit der bekannten BERU Livery.

Was war dein erster Porsche? – Ein 69er 911E, für den ich 1987 meine Ersparnisse plus meine Giulia getauscht habe. Ein Texasimport in Orange. In der Werkstatt kam angeblich eine Vogelspinne aus dem Motorraum gekrabbelt. Jedenfalls hat sich der Mechaniker eine Woche nicht mehr an das Auto getraut …

Wann fährst du am liebsten in die Berge? – Zu Zeiten, wo nicht so viel los ist: Früh- oder Spätsommer.

Welche Passfahrt ist dir besonders im Gedächtnis geblieben? – Schwer zu sagen, es sind ganz viele. Am liebsten sind mir Kurztrips mit Freunden und verschiedenen Fahrzeugen. Dabei geht es weniger um schnelles Fahren, sondern um die Mischung aus Kurvenfreude, Landschaft und Wir-Gefühl. Mir fällt dabei auf, dass der Spaß oft mit der Einfachheit der Autos wächst.

Was macht mehr Spaß – bergauf oder bergab? – Obwohl der 964 Cup sich am wohlsten auf der Rundstrecke fühlt, fahre ich ihn gerne auch durch die Alpen. Weil er so schön am Gas hängt macht rauf natürlich mehr Spaß als runter.

Mit welchem Porsche würdest du gern einmal die Alpen überqueren? – Mit einem 550 Spyder. Aber es könnte wohl noch etwas dauern, bis das passiert.

The 964 RS Cup is from January 1992 and was campaigned in the Carrera Cup for Mühlbauer Motorsport by various drivers during the 1992 season. For the 1994 season, Danny Pfeil raced the car sporting the familiar BERU livery.

What was your first Porsche? – A 1969 911E, an orange import from Texas, which I swapped for my savings and my Giulia in 1987. Apparently while it was in the workshop a tarantula came crawling out of the engine bay. In any case, the mechanic didn't go near the car for a week…

When do you prefer driving in the mountains? – At times when very little is happening: spring or late summer.

Which mountain pass is the most memorable for you? – It's hard to say, there are so many. Preferably short trips with friends and different vehicles. It's less about driving fast than the mix of cornering fun, landscape and team spirit. And I've noticed: the simpler the car, the more fun I have.

What's more fun – uphill or downhill? – Although the 964 Cup performs the best on the race circuit, I also like taking it for a spin through the Alps. Because the throttle response is so spontaneous it's more fun going up than down.

With which Porsche would you like to cross the Alps one day? –With a 550 Spyder. But I might have to wait a while for that to happen.

URI
BERU
Zündtechnik

BERU

BERU
Zündtechnik

BERU

T.C.S.-PANORAMA
SUSTEN

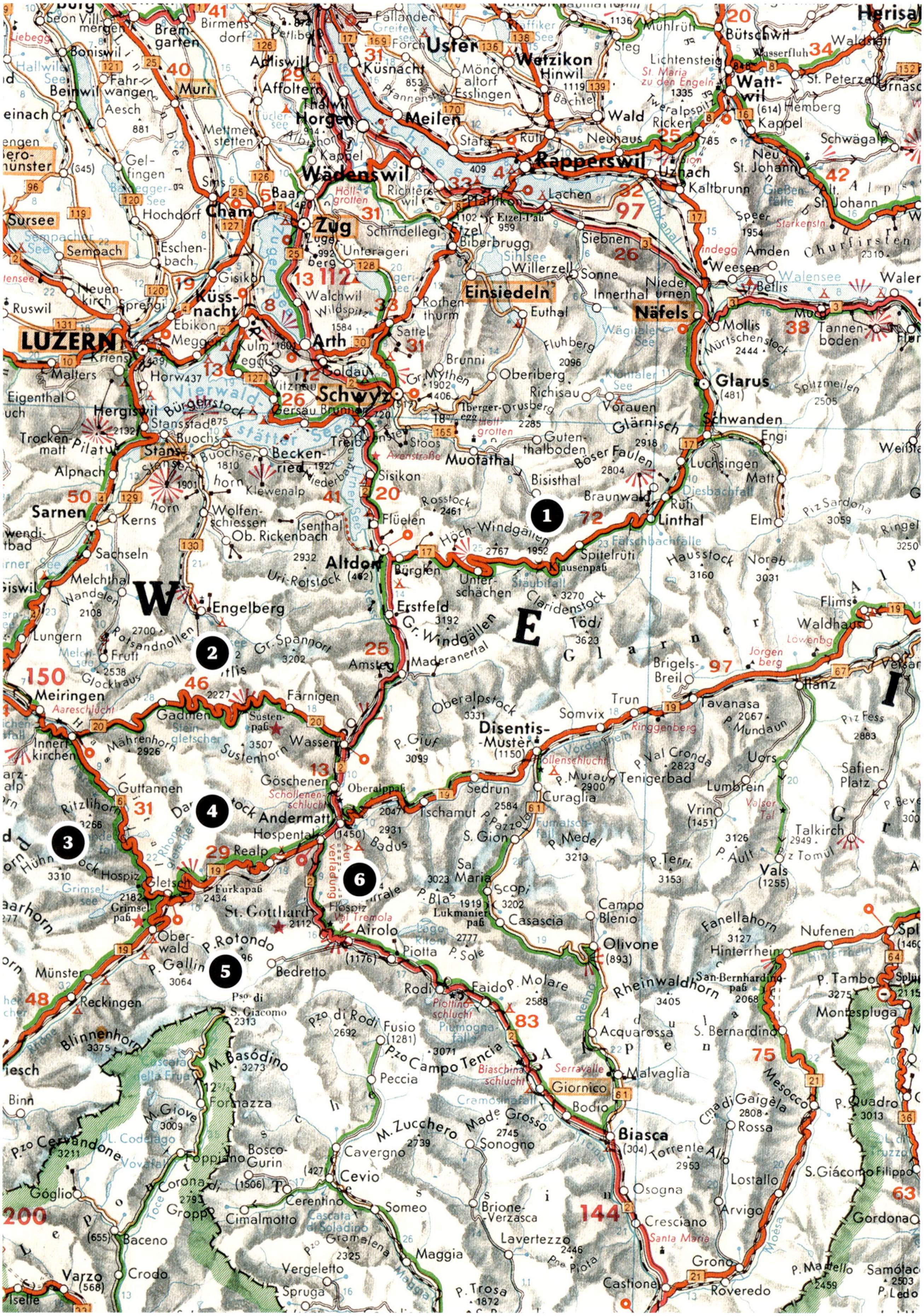

LUZERN
Zug
Schwyz
Altdorf
Uster
Wetzikon
Horgen
Meilen
Wädenswil
Rapperswil
Einsiedeln
Näfels
Glarus
Schwanden
Linthal
Herisau
Watt-wil
Cham
Küss-nacht
Arth
Brunnen
Sarnen
Stans
Engelberg
Meiringen
Erstfeld
Amsteg
Wassen
Göschenen
Andermatt
Hospental
Realp
Airolo
Disentis-Mustèr
Biasca
Olivone
Giornico
Cevio
Ilanz
Flims
Vals
Obergesteln
Münster
Reckingen
Gletsch
Grimselpaß
Furkapaß
Sustenpaß
Oberalppaß
St. Gotthard
Klausenpaß
Vierwaldstätter See
Zürichsee
Walensee
Tödi
Pilatus
Titlis
Dammastock
Finsteraarhorn
W
E
I
1
2
3
4
5
6

Grimselpass

KARTE: Offizielle Strassenkarte des ADAC im Massstab 1 : 850 000. Alpen mit Österreich, Schweiz und Oberitalien. Mairs Geographischer Verlag Stuttgart

MAP: Official ADAC road map at a scale 1:850,000. Alps with Austria, Switzerland and Northern Italy. Mairs Geographischer Verlag, Stuttgart

1 — KLAUSENPASS
2 — SUSTENPASS
3 — GRIMSELPASS
4 — FURKAPASS
5 — NUFENENPASS
6 — GOTTHARDPASS

Für Reisende mit großzügiger Agenda empfiehlt sich von Innertkirchen aus ein Abstecher in die dramatische Aareschlucht – oder zu den Reichenbachfällen, wo sich einst Sherlock Holmes seinen letzten Kampf mit Erzfeind Professor Moriarty geliefert haben soll. Doch unsere Zeit ist knapp bemessen, und wir wollen vor Einbruch der Dunkelheit und dem Erkalten der Kochtöpfe unser Nachtquartier erreichen. So führt uns die Route in großen Kehren durch das waldige Haslital ins rund acht Kilometer südlich gelegene Dorf Guttannen am Fuße des Ritzlihorns, von wo aus die berühmte Grimselpassstraße das Berner Oberland mit dem Oberwallis verbindet. Es ist eine eindrückliche Fahrt: Durch immer enger werdende Schluchten, über wilde Gebirgsflüsse und an kahlen, schwarzen Felsen entlang windet sich die Straße in scharfen S-Kurven und durch zahlreiche Tunnels hinauf zum Räterichsbodensee und weiter zum Grimselsee.

Erst 1986 wurde die Straße in ihrer heutigen, gut ausgebauten Form fertiggestellt – doch die Geschichte der Alpentraverse über den Grimsel ist viel, viel älter. Schon in der Römerzeit war die Passage bekannt, und ab dem 14. Jahrhundert ist die Bedeutung des Grimselpasses als wichtige Handelsroute zwischen Luzern und Mailand auch historisch belegt. Die Säumer – jene frühen Transportunternehmer, die Waren auf schwindelerregenden Pfaden und mithilfe von Pferden, Maultieren und Ochsen über die Alpen beförderten – brachten Käse, Leder und Eisenwaren aus dem Norden ins Piemont, während aus dem Süden Wein und Reis ihren Weg über die Alpen fanden. Aus der Zeit des Saumhandels stammen auch die in der Schweiz und in Südtirol so verbreiteten Hospize, die als Schutzhütten bei Unwet-

For travellers with plenty of time, it's worthwhile making the detour from Innertkirchen into the dramatic Aares Gorge or to the Reichenbach Falls, where Sherlock Holmes and his nemesis Professor Moriarty were allegedly locked in mortal combat. Unfortunately our time is limited, and we are eager to reach our night's lodging before the sun sets and the cooking pots grow cold. In great sweeping esses, the route leads through the forested Hasli region to the village of Guttannen about eight kilometres south at the foot of the Ritzlihorn, where the famous Grimsel Pass road links the Bernese Oberland with the Upper Valais. It's a stunning trip: in tight S-curves, the crossing takes us through dramatic, narrow ravines, over raging mountain rivers, with barren dark rocks left and right, climbing slowly through many tunnels to the Räterichsbodensee and Lake Grimsel further on.

The road in its present, well-finished form was only completed in 1986 – but the history of the Swiss Alpine Traverse over the Grimsel is much, much older. The route was already used in Roman times, and there is historic evidence that the Grimsel Pass was an important trading route between Lucerne and Milan from the 14th century. The mule trains – which the early hauliers used to transport goods over the precariously narrow paths of the Alps with the help of horses, mules and oxen – delivered cheese, leather and iron products from the north to Piedmont, with wine and rice winding their way over the Alps from the south.

Stemming from the time of the hauling trade are the hospices spread throughout Switzerland and South Tyrol. Often run by monks, these hospices served as refuges during storms. The original Grimsel

ter dienten und oft von Mönchen betrieben wurden. Das ursprüngliche Grimsel Hospiz soll Händlern und Hirten bereits ab 1142 Schutz gespendet haben.

Mit dem beginnenden Ausbau der Alpenpässe im 19. Jahrhundert ging die Zeit der Säumer auch am Grimsel zu Ende. Doch die Wege blieben nicht ungenutzt, denn auf die Händler folgten die ersten abenteuerlustigen Touristen. Auch der amerikanische Autor Mark Twain las 1878 während seines satirisch dokumentierten Bummel durch Europa im Reisehandbuch, dass Grimsel und Furka zum touristischen Pflichtprogramm gehörten – und schickte umgehend seinen Agenten H. Harris los, um die Gegend zu erkunden. Harris berichtete begeistert vom Hospiz und dem Hochtal: »Dieses Grimsel ist certainement ein wunderbarer Ort; es liegt im Grunde einer Art gewaltigen Kraters, dessen Wände ein äußerst wildes Gebirge bilden, aus kahlen Felsen bestehend, die nicht einem einzigen Kiefernarbre Nahrung geben können.« Auch zur kalten Jahreszeit sollte die Landschaft laut dem Agenten kaum weniger beeindruckend sein: »In jedem Frühjahr stürzen ungeheure Lawinen dagegen und decken manchmal alles dreißig oder vierzig Fuß hoch zu; und die Männer, die hierbleiben, wenn die voyageurs gemütlich in der Ferne zu Hause sitzen, können einem erzählen, daß der Schnee manchmal trotz vier Fuß dicker Mauern und eiserner Fensterläden das Haus bis auf seine Grundfesten erschüttert.«

Doch nicht den Lawinen fiel das historische Grimselhospiz letztlich zum Opfer – sondern dem Fortschritt. Ab 1925 wurde am Grimsel das erste Wasserkraftwerk gebaut und das Hochtal dann 1932 mitsamt dem bis auf die Grundmauern abgebrochenen Hospiz geflutet. Der Wasserspiegel des einst kleinen Grimselsees stieg um 36 Meter, ein gewaltiger Stausee entstand. Auch die 1894 zunächst für Pferdeposten gebaute Passstraße musste

Hospice is reputed to have provided traders and herdsmen with shelter as early as 1142.

When expansion began on the Alpine Passes in the 19th century, it heralded the end of the mule train era at Grimsel. However, when the traders left, the paths were not abandoned but were explored by the first intrepid tourists. While writing his satirical travel book A Tramp Abroad, American author Mark Twain read in an 1878 travel journal that Grimsel and Furka were a must for tourists, and promptly dispatched his agent, H. Harris, on a reconnaissance trip to the area. In his report back, Harris talked excitedly about the hospices and the high mountain valleys: "The Grimsel is certainement a wonderful place; located at the bottom of a sort of huge crater, the sides of which are utterly savage gebirge, composed of barren rocks which cannot even support a single pine arbre." Even in the cold months of the year, the hospice seemed no less delightful to the agent: "Enormous avalanches fall against it every spring, sometimes covering everything to the depth of thirty or forty feet; and in spite of four-feet-thick walls and furnished with outdoor shutters, the men who stay here when the voyageurs are snugly quartered in their distant homes can tell you that the snow sometimes shakes the house to its foundations."

But it wasn't the avalanches that ultimately heralded the end of the historic Grimsel Hospice – it was progress. From 1925, the first hydro-electric plant was built at Grimsel, and in 1932 the high valley was submerged along with the totally derelict hospice. The water level of the once small Grimsel lake rose by 36 metres, creating a massive artificial lake. The pass road, built in 1894 for the horse-drawn postal service, had to be relocated to make way for the power station. A new inn was erected at the same time on a higher granite rock jutting out from

1 — ***Karte:* Baedekers Autoreiseführer Schweiz. Siebente Auflage. 1968/1969**
Map: Baedekers car travel guide Switzerland 7th edition. 1968/1969

2 — ***Postkarte:* Grimsel Hospiz (1960m) Blick auf Finsteraarhorn. Photoglob - Wehrli A.G. Zürich**
Postcard: Grimsel - Hospice (1960m) View to Finsteraarhorn. Photoglob - Wehrli A.G. Zürich

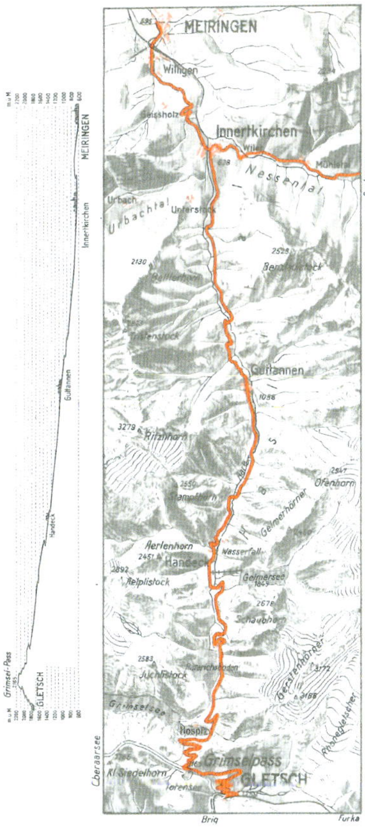

1

»Dieses Grimsel ist ein wunderbarer Ort; es liegt im Grunde einer Art gewaltigen Kraters, dessen Wände ein äußerst wildes Gebirge bilden, aus kahlen Felsen bestehend, die nicht einem einzigen Kiefernarbre Nahrung geben können.«

2

“The Grimsel is certainment a wonderful place; located at the bottom of a sort of huge crater, the sides of which are utterly savage gebirge, composed of barren rocks which cannot even support a single pine arbre.”

1932 zugunsten des Kraftwerksbaus verlegt werden. Gleichzeitig eröffnete auf dem Nollen, einem Granitfelsen am Rande der 42 Meter hohen Sperrmauer, das neue Grimsel Hospiz – ein alpines Viersternehotel auf fast 2000 Metern Höhe mit wunderbarem Blick auf den Zinkenstock, das Finsteraarhorn und den See, das seine Gäste heute mit regionalen Spezialitäten und einem so tiefen wie exzellent bestückten Felsenweinkeller lockt.

Im Winter thront das Haus über einer menschenverlassenen Schneelandschaft, während im Spätfrühjahr, wenn der Wasserstand des Grimselsees seinen tiefsten Punkt erreicht, die »versunkene Welt« zumindest teilweise wieder sichtbar wird. Derzeit plant der Kraftwerkbetreiber jedoch, die Staumauer um weitere 23 Meter zu erhöhen, um die Wassermassen besser speichern und nutzen zu können. Die Grimselstraße würde dann auf 700 Metern Länge geflutet und durch eine Hängebrücke ersetzt. Heute führt die Straße jedoch noch von der Seeufereggsperre um das Ostende des Grimselsees herum und steigt schließlich in steilen Serpentinen hinauf zum Grimselpass auf 2165 Metern Höhe mit seiner beeindruckenden Aussicht auf die Waliser Alpen. Vorbei am Totensee, dessen morbider Name an die blutigen Kämpfe der napoleonischen Kriege erinnert, geht es schließlich in engen Kehren und mit prächtigem Blick auf den Rhonegletscher und die Windungen der Furkastraße hinab nach Gletsch im Obergoms. Wer kein Zimmer im Grimsel Hospiz ergattern konnte, kann hier im Grand Hotel Glacier du Rhone Gletsch logieren – einem großzügigen Bau, in dem die Zeit seit der goldenen Ära der Alpenpässe im 19. Jahrhundert förmlich stillzustehen scheint.

the 42-metre high dam wall: The Grimsel Hospice, a four-star Alpine hotel at an elevation of almost 2,000 metres, offers spectacular views of the Zinkenstock, the Finsteraarhorn and the lake, and pampers its guests with regional specialities and a rustic well-stocked wine cellar hewn into the rocks.

In winter, the hotel perches above a deserted snowscape, while in late spring, when the water level of Lake Grimsel is at its lowest, at least part of the “lost world” remerges from the waters. The power plant authorities are currently at the planning stage of raising the dam by another 23 metres for better storage and use of the water. Seven hundred metres of the Grimsel Pass road would then be flooded and replaced by a suspension bridge. Today, the road still runs from the dam wall to hug the shore of the artificial lake to the east end of Lake Grimsel, before writhing steeply upwards to the top of the Grimsel Pass at 2,165 metres, opening up expansive views of the Valais Alps. Then past the Totensee (dead lake), whose morbid name recalls the bloody battles of the Napoleonic wars, to finally snake down in tight curves and with magnificent views to the Rhone Glacier and the twisting Furka road to Gletsch in Upper Goms. Those who miss out on a room in the Grimsel Hospice can lodge here at the Grand Hotel Glacier du Rhone Gletsch – a spacious building where time seems to have frozen in the 19th century golden era of the Alpine passes.

3 — *Postkarte: der Grimselpass. Edition Photoglob, Zürich*
Postcard: The Grimsel Pass Edition Photoglob, Zürich

GUTTANNEN
3406
TIERÄLPLI-STOCK
3700
Gelmerhörner
Aare
ÄLPLISTOCK 2805
GELMERSEE
HANDEGGFALL
BRUNBERG 2484
JUCHLISTOCK 2851
3186
GERSTEN-Hörner
UNT. AAREGLETSCHER
GRIMSEL-
HOSPIZ
KL. SIEDELHORN 2766
GRIMSELPASS-HÖHE 2164
TOTEN-SEE
NÄGELISGRÄTLI 2068
Grimsel-Strasse
Rhonetal
v. Brig
GLETSCH
Rhone-Gletscher
GRIMSEL-PASS.
BELVEDERE
FURKA-

3

Louis Rousseau

Porsche 356 Speedster Baujahr / Built 1958

Mein 356 Speedster 1600 S hat die Baunummer 84732. Zugelassen wurde er am 27.03.1958, Halter war ein Düsseldorfer Student. 2003 nahm ihn die renommierte Werkstatt Ruf unter die Fittiche und restaurierte ihn. Zwei Jahre später hab ich ihn gekauft. Und war und bin selig! Ehrlich gesagt war ich schon immer heiß auf einen Speedster, der ist einfach eine Ikone.

Was war dein erster Porsche? – Nach schwerer Überzeugungsarbeit bei den Eltern wegen der Finanzierung ein SC Targa, 1976. Karositze, innen hellbraunes Kunstleder in Grün, außen war er weiß.

Wann fährst du am liebsten in die Berge? – Wenn wenig los ist … aber generell viel zu selten, das ist das Problem.

Welche Passfahrt ist dir besonders im Gedächtnis geblieben? – Die Fahrt zum Lago Maggiore über den San Bernardino, zusammen mit anderen Oldtimerfreunden. Der Speedster war damals auch dabei – aber er gehörte mir noch nicht.

Was macht mehr Spaß – bergauf oder bergab? – Bergauf natürlich – was für eine Frage. Beim Radfahren aber bergab.

Mit welchem Porsche würdest du gern einmal die Alpen überqueren?
1. 550 Spyder
2. 993 GT2 Evo

My 356 Speedster 1600 S features the vehicle identification number 84732. It was registered on March 27, 1958. The owner was a Düsseldorf student. In 2003, the renowned workshop RUF took it under their wing and restored it. I bought the Porsche two years later. I was overjoyed and I still am! To be honest, I was always keen on a Speedster, it's simply an icon.

What was your first Porsche? – A 1976 SC Targa, but only after hefty discussions with my parents about the financing. "Pasha" checkerboard seats, light brown interior, green imitation leather, white body paint.

When do you prefer driving in the mountains? – When nothing much is going on – but generally far too seldom, and that's the problem.

Which mountain pass is the most memorable for you? – The drive to Lake Maggiore over the San Bernardino, joined by other classic car friends. My Speedster was amongst the cars on this trip – but it didn't belong to me at that stage.

What's more fun – uphill or downhill? – Uphill of course – what a question. But downhill on a bicycle.

With which Porsche would you like to cross the Alps one day?
1. 550 Spyder
2. 993 GT2 Evo

HOTEL
GRIMSEL HOSPIZ
BUS

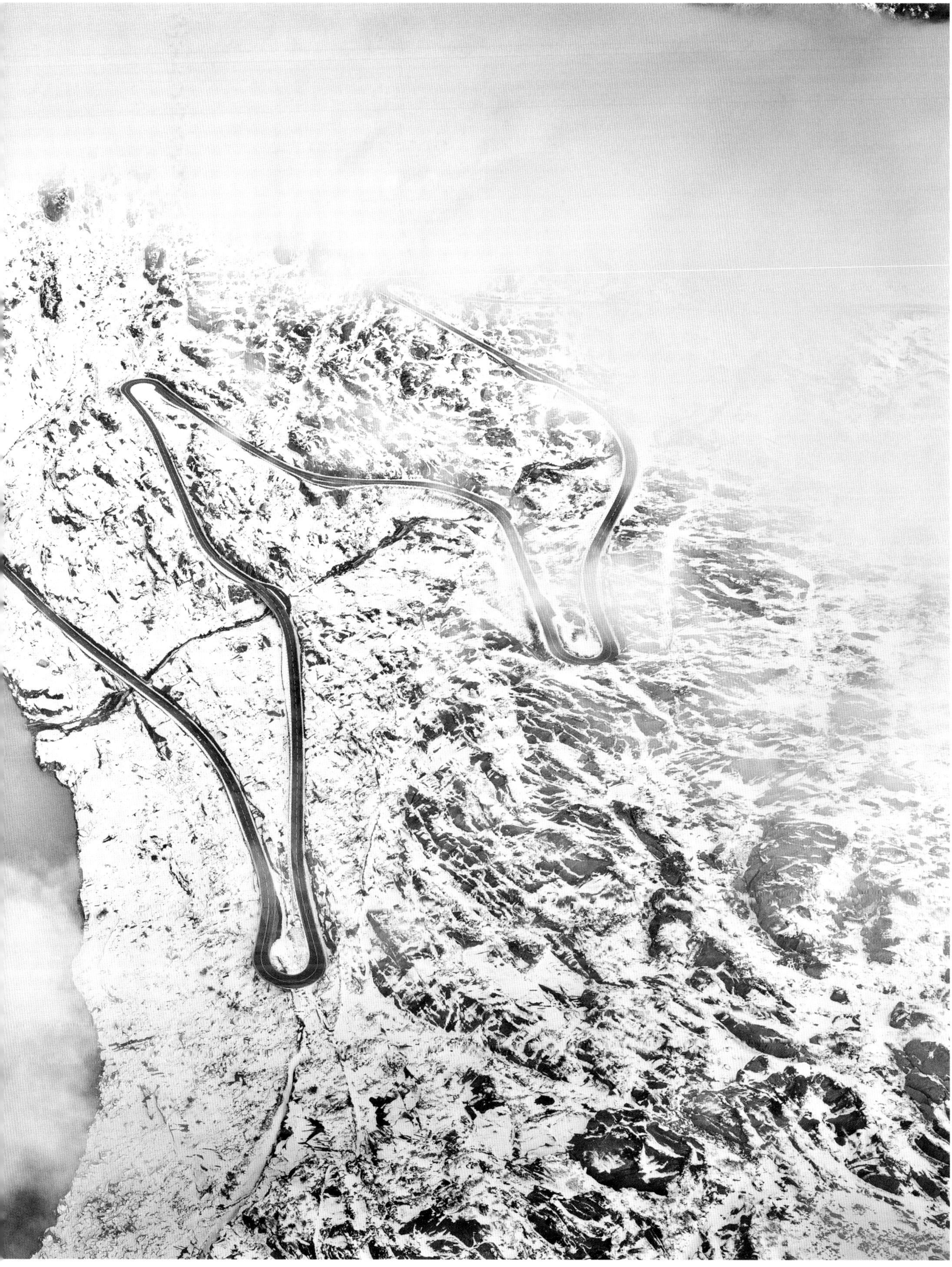

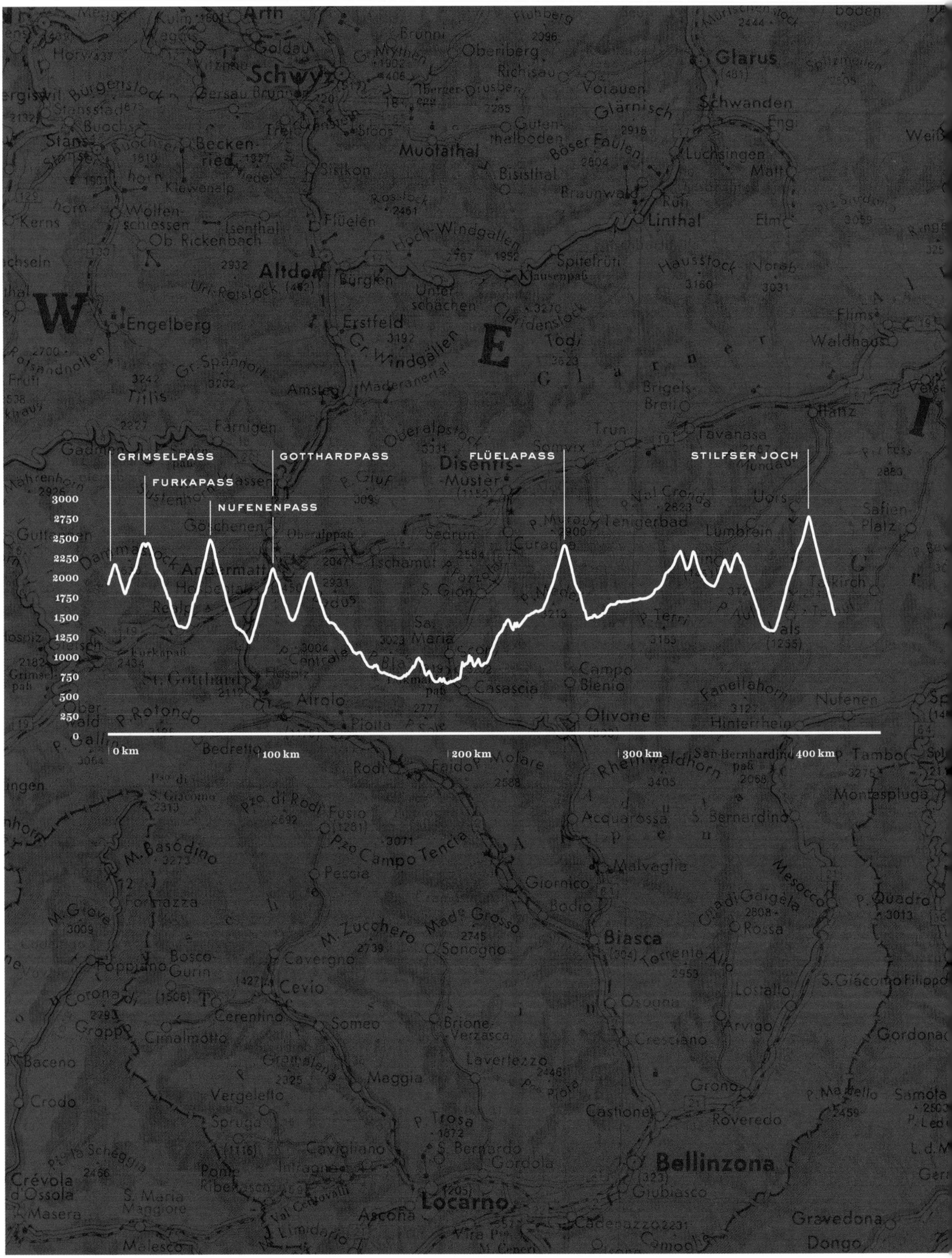
GRIMSELPASS
FURKAPASS
NUFENENPASS
GOTTHARDPASS
FLÜELAPASS
STILFSER JOCH
3000
2750
2500
2250
2000
1750
1500
1250
1000
750
500
250
0
0 km
100 km
200 km
300 km
400 km

2

Grimsel Hospiz Stilfser Joch

Furkapass (2436 M)

Nufenenpass (2478 M)

Gotthardpass (2106 M)

Flüelapass (2383 M)

Stilfser Joch (2757 M)

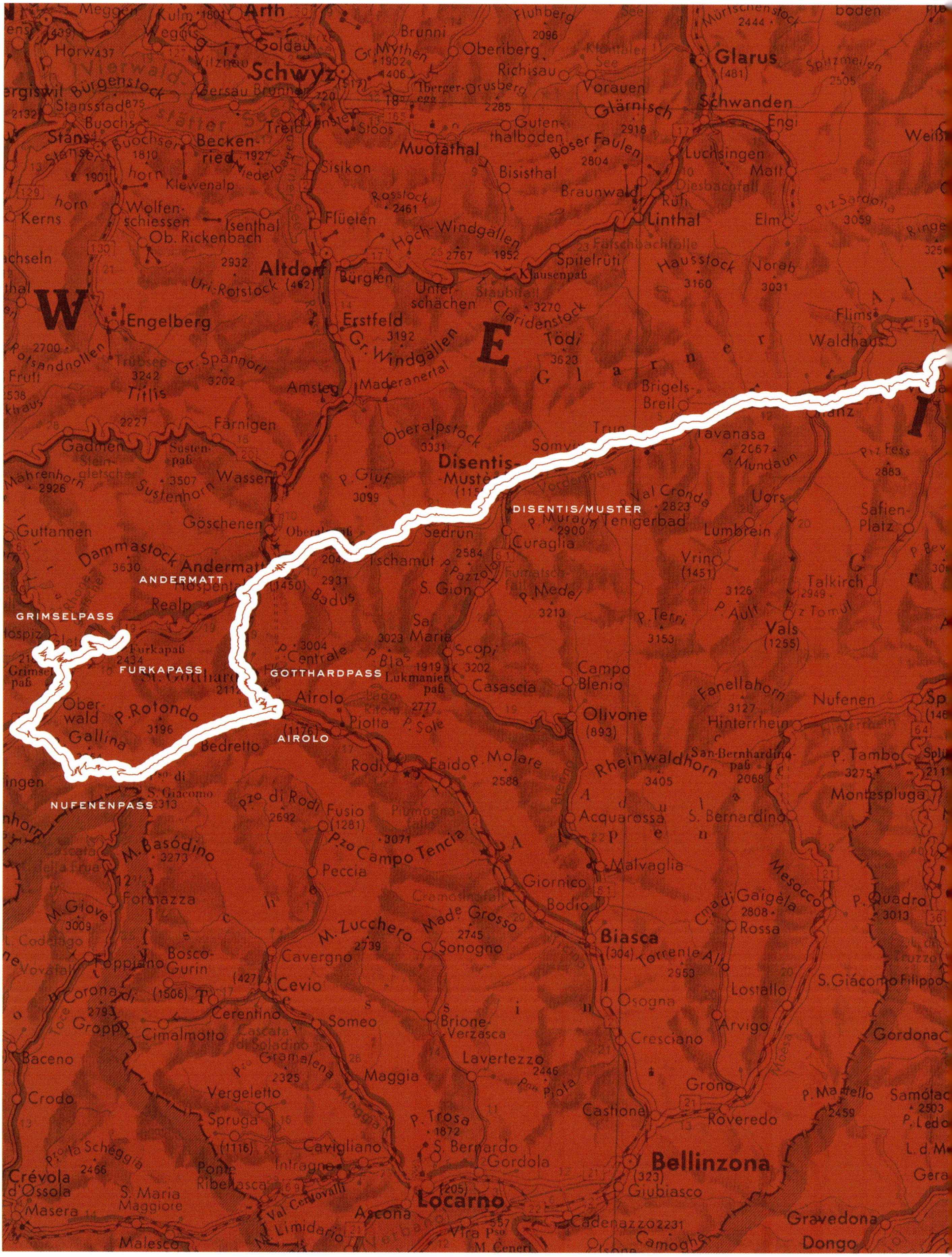
GRIMSELPASS
ANDERMATT
FURKAPASS
GOTTHARDPASS
AIROLO
NUFENENPASS
DISENTIS/MUSTER

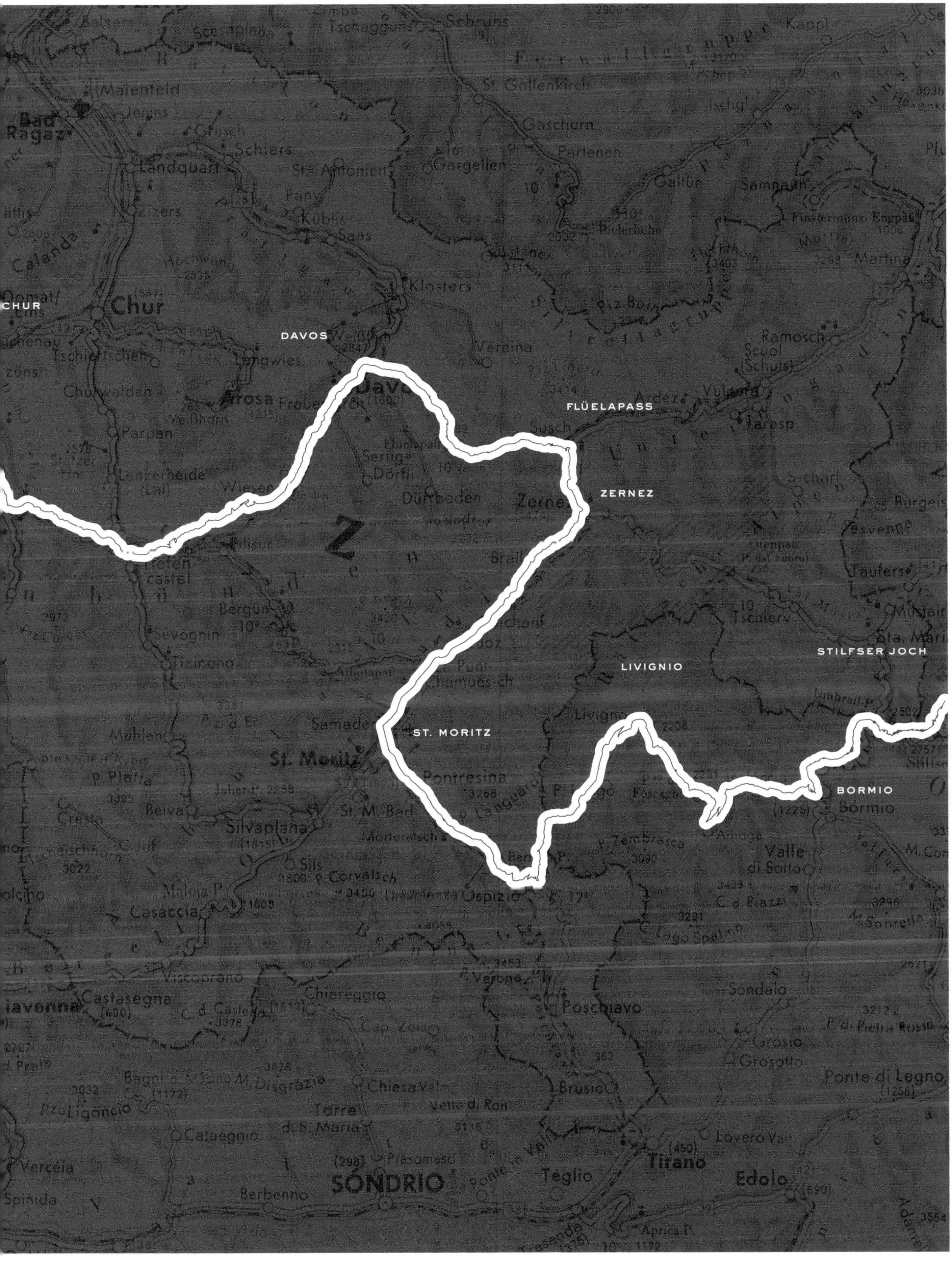
CHUR
DAVOS
FLÜELAPASS
ZERNEZ
LIVIGNIO
STILFSER JOCH
ST. MORITZ
BORMIO

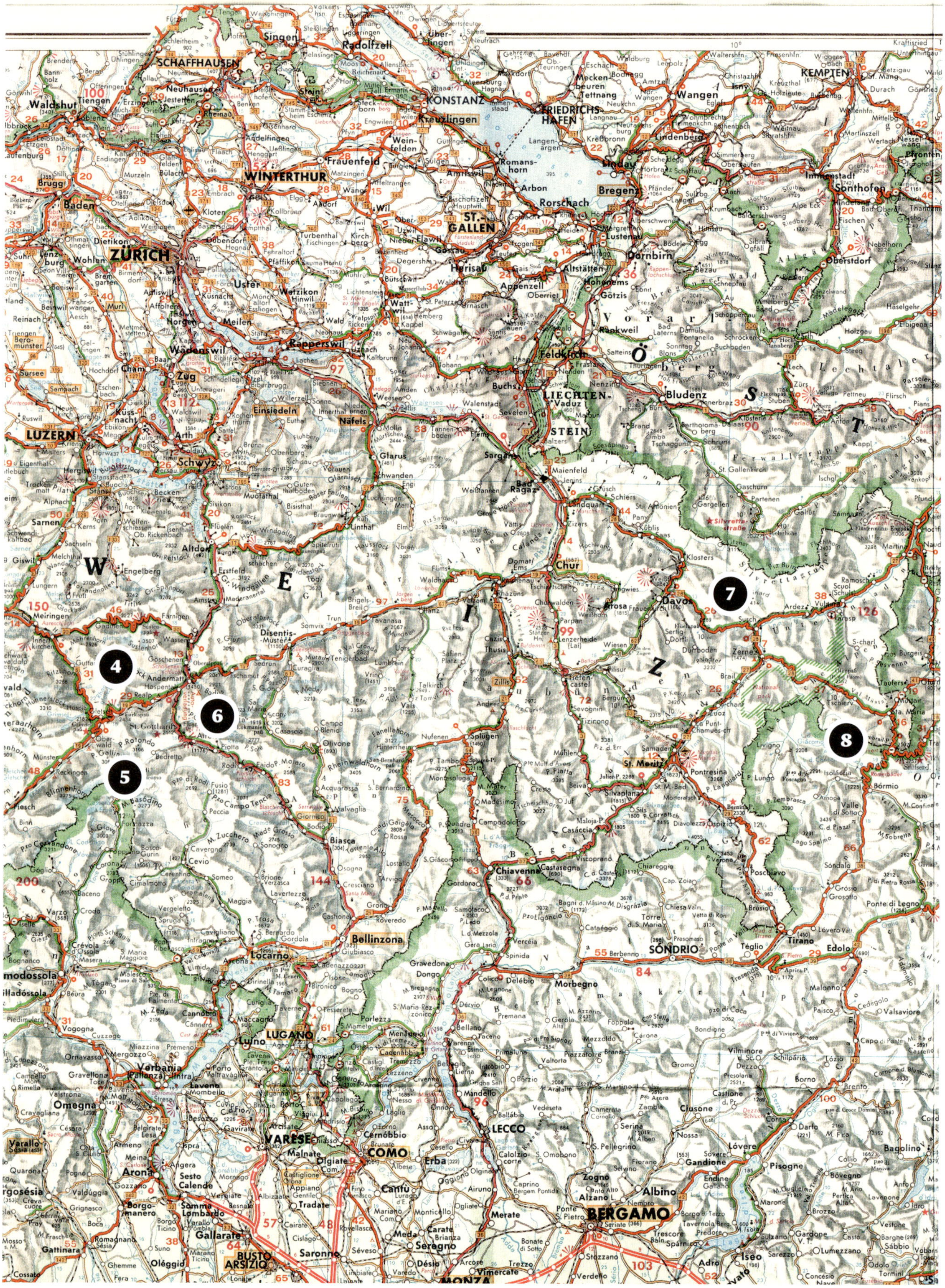
4
5
6
7
8
SCHAFFHAUSEN
WINTERTHUR
ZÜRICH
LUZERN
KONSTANZ
FRIEDRICHS-HAFEN
ST. GALLEN
LIECHTEN-STEIN
Chur
Davos
St. Moritz
SONDRIO
Bellinzona
Locarno
LUGANO
VARESE
COMO
LECCO
BERGAMO
MONZA
BUSTO ARSIZIO

Furkapass

KARTE: Offizielle Strassenkarte des ADAC im Massstab 1 : 850 000. Alpen mit Österreich, Schweiz und Oberitalien. Mairs Geographischer Verlag Stuttgart

MAP: Official ADAC road map at a scale 1:850.000. Alps with Austria, Switzerland and Northern Italy. Mairs Geographischer Verlag, Stuttgart

So friedlich sich die Furkapassstraße an einem sonnigen Sommertag durch die Bergwelt windet – in die Geschichte der Popkultur ging sie als Schauplatz von Rowdytum und versuchtem Mord ein. Wir erinnern uns: Wild hupend, mit dröhnendem Motor über den Asphalt schlingernd, versucht die Fahrerin eines cremefarbenen amerikanischen Cabriolets, den distinguiert dreinblickenden Herrn in seinem silbernen britischen Sportwagen auf der schmalen Alpenstraße zu überholen. Dieser winkt die Dränglerin zunächst großzügig vorbei, nur um im nächsten Moment per Knopfdruck zwei Metallklingen ausfahren zu lassen und der Dame ganz ungalant die Reifen aufzuschlitzen, woraufhin die Fahrt ein jähes Ende findet.

Der gut gekleidete Herr am Steuer war natürlich niemand Geringeres als Sean Connery in seiner Rolle als James Bond im legendären 007-Film »Goldfinger«, der 1964 unter anderem am Furkapass und in Andermatt gedreht wurde. Schauspielerin Tania Mallet, die Bond in ihrer Rolle als Tilly Masterson aus Rache für den Mord an ihrer Schwester nach dem Leben trachtete, hatte erst zwei Wochen zuvor in London ihre Führerscheinprüfung bestanden – und wohl nicht im Traum daran gedacht, kurz darauf eine der rasantesten Verfolgungsjagden der Filmgeschichte überstehen zu müssen. Regisseur Guy Hamilton soll dann auch nur wenig Rück-

On this sunny summer's day, the Furka Pass meanders peacefully through the mountain landscape. In pop culture history, however, it was the stage for wild antics and attempted murder. A scene replay: madly honking horn, careening along the asphalt with engine howling, a lady in a cream American convertible attempts to overtake the distinguished gentleman in his silver British sports car on the narrow Alpine road. The suave gent gallantly waves the tailgater on, only to deploy two metal blades to unchivalrously slit the ladies tyres, bringing her drive to an abrupt end.

The well-dressed gentleman at the wheel is, of course, none other than Sean Connery playing the role of James Bond in the legendary 007 movie "Goldfinger", which was filmed on the Furka Pass and in Andermatt. In her role as Tilly Masterson, leading lady Tania Mallet sought revenge for her sister's murder by trying to take Bond's life. The actress had passed her driving test in London only two weeks earlier and probably never imagined she'd be taking part in one of the fastest car chases in film history. Director Guy Hamilton showed precious little consideration for the novice driver in her Mustang convertible, impatiently shouting "Faster!" every time she drove by on the narrow pass. It was her last film role. Jettisoning the desire to kill and adding a touch more driving experience, the trip along the

sicht auf die Fahranfängerin genommen und sie in ihrem offenen Mustang unter ungeduldigen »Schneller!«-Rufen immer wieder über den engen Pass gescheucht haben. Es war ihre letzte Filmrolle.

Wir erinnern uns: Wild hupend, mit dröhnendem Motor über den Asphalt schlingernd, versucht die Fahrerin eines cremefarbenen amerikanischen Cabriolets, den distinguiert dreinblickenden Herrn in seinem silbernen britischen Sportwagen auf der schmalen Alpenstraße zu überholen. Dieser winkt die Dränglerin zunächst großzügig vorbei, nur um im nächsten Moment per Knopfdruck zwei Metallklingen ausfahren zu lassen und der Dame ganz ungalant die Reifen aufzuschlitzen, woraufhin die Fahrt ein jähes Ende findet.

Ohne drängende Mordgelüste und mit etwas mehr Fahrpraxis kann die Fahrt über den Furka dagegen ein höchst erbauliches Erlebnis sein – denn nicht nur die Serpentinen, auch die sich bietenden Panoramen sind einzigartig. Schon kurz nach ihrer Fertigstellung im Jahr 1866 war die Passstraße zwischen Gletsch und Andermatt wegen ihrer Aussicht auf den gewaltigen Rhonegletscher ein Höhepunkt jeder Europareise. Natürlich ließ sich auch der reisende Satiriker Mark Twain den Besuch von Gletscher und Rhonequelle nicht entgehen, obgleich sein Urteil durchaus gemischt ausfiel: »Hier wird ein Gletscher überhaupt nicht gepflegt«, vermerkte er in seinen Aufzeichnungen. »Die Moräne hat um ihn herum Kies verschüttet und ihn ganz schmutzig gemacht. Auf einem protestantischen Gletscher siehst du nie einen Schmutzfleck. Wenn dieser hier protestantisch wäre, würde er nicht so aussehen. Sie würden ihn tünchen.« Doch auch ohne weiße Farbe ist der knapp acht Kilometer lange und rund zwei Kilometer breite Gletscher bis heute ein beeindruckendes Naturdenkmal, das allerdings auch nachdenklich macht. Auf alten Aufnahmen aus der Mitte des 19. Jahrhundert winden sich die bläulich grünen, von Spalten durchfurchten Eismassen noch weit ins Tal, bis kurz vor die Grandhotels von

Furka can be a truly uplifting experience – the passage over the pass is spectacular and unique, with its twists and turns and stunning outlooks. Shortly after its completion in 1866, the pass between Gletsch and Andermatt became a highlight of every European tour, thanks to the view of the imposing Rhone Glacier. Of course, the travelling satirist Mark Twain did not miss the chance to visit the glacier and source of the river Rhone, although the impressions of his Protestant companion H. Harris were somewhat less enthusiastic: "They never take any care of a glacier here. The moraine has been spilling gravel around it and got it all dirty. You never see a speck of dirt on a Protestant glacier. If this was a Protestant glacier you wouldn't see it looking like this. They would whitewash it."

Even without a coat of white paint, the almost eight-kilometre-long and two-kilometre-wide glacier is today an impressive natural monument – which also makes you stop and think. In old photos from the mid-19th century, the bluish-green

*1 — **Hotels Seiler - Belvédère (Furkastrasse) & Gletsch. Gestaltung: anonym. Fotografie: Jean Gaberell. AuftraggeberIn: Schweizerische Verkehrszentrale, SVZ, Zürich, CH. Druckerei: Gebrüder Fretz AG, Zürich, CH. Zürcher Hochschule der Künste/Museum für Gestaltung Zürich/Plakatsammlung***

*Hotels Seiler - Belvédère (Furkastrasse) & Gletsch. Design: anon.
Photography: Jean Gaberell
Customers: Schweizerische Verkehrszentrale, SVZ, Zürich, CH
Printer: Gebrüder Fretz AG, Zürich, CH
Zürcher Hochschule der Künste/Museum für Gestaltung Zürich/Plakatsammlung*

HOTELS SEILER

BELVÉDÈRE (Furkastrasse)

&

GLETSCH

A scene replay: madly honking horn, careening along the asphalt with engine howling, a lady in a cream American convertible attempts to overtake the distinguished gentleman in his silver British sports car on the narrow Alpine road. The suave gent gallantly waves the tailgater on, only to deploy two metal blades to unchivalrously slit the ladies tyres, bringing her drive to an abrupt end.

Gletsch. Seitdem schmilzt der Rhonegletscher kontinuierlich – bis zum Jahr 2100 wird er wohl fast vollständig verschwunden sein.

Oberhalb des Gletschers erreicht man in einer markanten Kehre zunächst das auf 2272 Meter gelegene historische Hotel Belvédère, das seit seiner Eröffnung im Jahr 1998 zahllose Touristen und Bergsteiger beherbergt hat. Weiter bergan führt die Straße nun in steilen Kehren, den Gletscher immer im Rückspiegel, zum Furkajoch zwischen Blauberg und Furkahorn auf 2431 Meter. Und wieder bietet sich eine grandiose Aussicht – nach Nordosten ins Urserental bis zum Oberalppass, nach Western auf die Berner und Waliser Alpen. Ab 1926 verkehrte neben der Straße auch eine Zahnraddampfbahn zwischen Oberwald und Realp, die mit bis zu zwölf Prozent Steigung nach oben kletterte. Seit einigen Jahren ist die historische Furkabahn mit ihrer alten Dampflok wieder in Betrieb – mit etwas Glück kann man sie an einem schönen Sommertag den Berg hinaufschnaufen sehen.

Hinab in den Kanton Uri geht es schließlich am Nordhang des kahlen Garschentals und weiter, durch scharf geschnittene Kehren, bis nach Realp, von wo die Straße schließlich im weiten Ursertal nach Andermatt führt. Wer sich nach der Serpentinenfahrt ein wenig wie James Bond fühlt, der sollte sich im Hotel Bergidyll in Zimmer 21 einquartieren, in dem 1964 bereits Sean Connery während der Dreharbeiten zu »Goldfinger« nächtigte. Die Tankstelle, an der James Bond einst seinen Aston Martin mit frischem Sprit versorgte, hat derweil leider seit kurzer Zeit geschlossen.

fissured glacial mass stretches far down into the valley, ending almost at the door of the Grand Hotel in Gletsch. Since then, the Rhone Glacier has slowly retreated, and may disappear altogether by the year 2100.

At 2,272 metres above the glacier, on a prominent hairpin, you arrive at the historic Hotel Belvédère, which has welcomed countless tourists and mountain climbers since its opening in 1998. Climbing further, the road then leads through steep zigzags, with the glacier keeping company in the rearview mirror, until reaching Furkajoch, the high mountain pass between Blauberg and Furkahorn, at 2,431 metres. Here, more majestic views await – to the northeast into Urseren Valley to Oberalp Pass, and west to the Bernese and Valais Alps. From 1926, a cogwheel steam train operated close to the road, climbing a 12 percent incline between Oberwald and Realp. Several years ago the historic Furka Railway brought its old steam train back into service – with a little luck and on a clear day you might even spot it puffing its way up the mountain.

Descending into the canton of Uri, the route finally takes us along the north face of the barren Garschen Valley, and on, through tightly looping curves, to Realp, from where the road ultimately leads along the Urseren Valley to Andermatt. Those eager for a James Bond experience should book Room 21 at the Hotel Bergidyll, where Sean Connery slept while filming "Goldfinger" in 1964. Unfortunately, the petrol station where James Bond first refuelled his Aston Martin closed not so long ago.

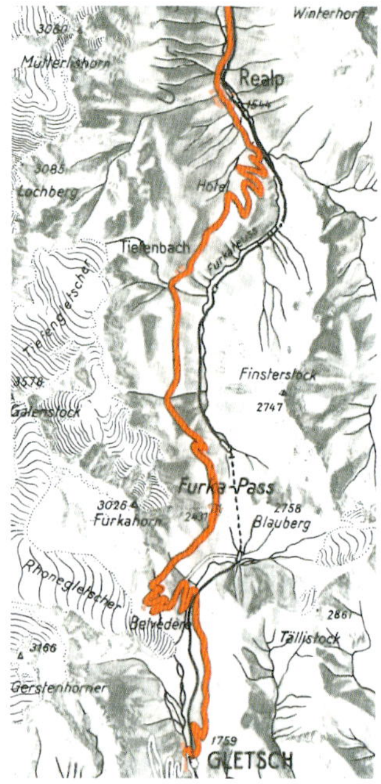

2

2 — Karte: Baedekers Autoreiseführer Schweiz. Siebente Auflage. 1968/1969 Map: Baedekers car travel guide Switzerland 7th edition. 1968/1969

3 — Gletsch - Valais - Hotels Seiler - Glacier du Rhône - Belvédère. Fotografie: Wehrli AG, Kilchberg, CH Auftraggeberln: Hôtels Seiler, CH Druckerei: Roto-Sadag S.A., Genf, CH. Zürcher Hochschule der Künste/Museum für Gestaltung Zürich/Plakatsammlung Glacier – Valais - Hotels Seiler - Glacier du Rhône - Belvédère. Photography: Wehrli AG. Kilchberg, CH. Commissioned by: Hôtels Seiler, CH. Printer: Roto-Sadag S.A., Geneva, CH. Zürcher Hochschule der Künste/Museum für Gestaltung Zürich/Plakatsammlung

4 — Doppelseite aus: Baedekers Schweiz. Handbuch für Reisende von Karl Baedeker. 1913. Double spread from: Baedekers Switzerland. Handbook for Travellers by Karl Baedeker. 1913

3

in dem wilden, einsamen *Etzlital* hinan, am schönen *Etzlibachfall* vorbei zu den Hütten von *Herrenlimmi*, *Krüzsteinrüti*, *Porthüslen* und ($1^3/_4$ St.) *Etzliboden* (1315m), in einer Talweitung. Nun steil bergan zu den Hütten von *Roßboden* und ($1^1/_2$ St.) *Culma* (1880m) und l. zum ($1^1/_2$ St.) **Krüzlipaß** (2350m), zwischen Weitenalpstock und Krüzlistock; hinab durch das öde *Strimtal* nach (2 St.) *Sedrun* (S. 453). — Der *Krüzlistock* (2719m), mit sehr lohnender Aussicht, ist vom Krüzlipaß in 1 St. zu ersteigen. *Oberalpstock* (3330m), vom Krüzlipaß beschwerlich in $3^1/_2$-4 St., s. S. 146. — W. $1^1/_4$ St. oberhalb Culma (5 St. von Amsteg) bei der *Alp Müllersmatt*, die schöngelegene **Etzlihütte** des S.A.C. (2080m), von wo der *Sonnig-Wichel* (2910m; F. 30 fr.) und *Piz Giuf* oder *Schattig-Wichel* (3098m), mit großartiger Aussicht, für Geübte in je 4-$4^1/_2$ St. zu ersteigen sind (F. 25, mit Abstieg nach Sedrun 30 fr.). — 1 St. oberhalb der Etzlihütte liegt die *Spiellauialp* (2383m) mit kl. See, von wo man über die *Pörtlilücke* (2514m) zur ($1^3/_4$ St.) *Vorderwäldialp* im *Fellital* (S. 139) gelangt (F. 15 fr.).

35. Von Göschenen zum Rhonegletscher. Furka.

37km. Post im Sommer 2mal tägl. in $6^3/_4$ St. (9 fr. 25 c., Coupé 11 fr. 10); von Göschenen bis Brig tägl. vorm. in $12^1/_2$ (Brig-Göschenen 14) St., mit 15 Min. Aufenthalt in Tiefenbach und 45 Min. Mittagshalt in Gletsch, die zweite Post nachm. mit Übernachten in Gletsch (19 fr. 50, Coupé 23 fr. 85 c.); von Göschenen über Furka und Grimsel bis Meiringen in 13 St. (19 fr. 50, Coupé 23 fr. 85 c.). — Entfernungen zu Fuß: Andermatt $1^1/_4$, Realp 2, Furka $3^1/_2$ (bergab $2^1/_2$), Rhonegletscher 2 (bergauf $2^1/_2$) St. — Wagen: Einspänner (für 2 Pers.) von Göschenen nach Realp 12, Zweisp. 20 fr.; Furka 25 u. 45, Gletsch 35 u. 60, Fiesch 55 u. 80, Brig 70 u. 135, Meiringen 70 u. 130 fr.; Zweisp. von Andermatt nach Furka 30, Gletsch 45, Fiesch 85, Brig 135 fr.; von Brig nach Andermatt oder Göschenen Einsp. 60, Zweisp. 120 fr. Retourwagen zu billigeren Preisen häufig zu haben.

Die *Furkastraße, vorwiegend aus militärischen Gründen gebaut, bietet prächtige Blicke auf den Rhonegletscher, die Berner und Walliser Alpen, und ist von Realp bis Oberwald (S. 380) auch zur Fußwanderung geeignet. Namentlich wird sie häufig in Verbindung mit der Wanderung über die Grimsel von oder nach dem Berner Oberland gewählt.

Bis ($8,_8$km) *Hospenthal* (1484m) s. S. 143. Die Straße zweigt von der Gotthardstraße r. ab und führt am r. Ufer der *Realper Reuß* durch das einsame *Urserental* (S. 142); auf beiden Seiten steile Rasenhänge, von zahlreichen Tobeln durchfurcht, n. überragt von den Felszacken der *Spitzberge* (3063m) — 11km *Zumdorf* (1513m), ein paar Hütten mit Kapelle; weiter über die Reuß und den *Lochbach* nach

14km **Realp** (1542m; Post, Z. $1^1/_2$-2, F. 1 fr.; H. des Alpes, Z. $1^1/_2$-3, F. 1.30, M. 3, P. 6-8 fr.; beide nur im Sommer), kleines Dorf (198 Einw.) am W.-Ende des Urserentals.

Über die *Alpligenlücke* zur (6 St.) *Göscheneralp* s. S. 141; über den *Orsinopaß* zum (5 St.) *St. Gotthard* S. 145. — S. führt von Realp ein wenig lohnender Weg über den **Cavannapaß** (2611m) zwischen *Piz Lucendro* und *Hühnerstock* nach (6 St.) *Villa* im Val Bedretto (S. 380). F. 12 fr. (Joh. u. Joh. Paul Renner in Realp).

Die Straße beginnt in großen Windungen zu steigen. Kürzerer Fußpfad hinter dem Kirchhof l. ab durch Wiesen, dann die Straße mehrfach kreuzend bergan, stets den Telegraphenstangen nach (bergabsteigende verlassen die Straße einige hundert Schritt hinter

dem Kilometerstein 50, l. einige Stufen hinunter). Bald öffnet sich ein schöner Rückblick über das Urserental, im Hintergrund die Zickzacklinien der Oberalpstraße (S. 454); l. das Wyttenwassertal mit seinem Gletscher (S. 145), den Ywerberhörnern und Piz Lucendro. Oberhalb der letzten Straßenkehre, auf der *Ebnetenalp*, mit Blick auf den Galenstock, $1^1/_2$ St. von Realp, das kl. H.-P. Galenstock (2010m; Z. $1^1/_2$-2, M. 3 fr., gelobt); 25 Min. weiter ($21,_7$km) die Poststation **Tiefenbach** (2092m; H.-P. Tiefengletscher, 1. Juni-1. Okt., 35 B. zu 2-$2^1/_2$, F. $1^1/_2$, G. $2^1/_2$, M. $3^1/_2$, P. 7-9 fr., gelobt).

Von der *Alp Gspenderboden* (2541m), $1^1/_4$ St. n. von Tiefenbach, guter Überblick des schönen, vom Winterstock, Gletschhorn und Galenstock überragten **Tiefengletschers**, bekannt durch den Kristallfund vom Sept. 1868 an der Südseite des Gletschhorns (Gesamtausbeute 250 Ztr.) und bemerkenswert wegen seiner großartigen Zerklüftung (über 60m tiefe Spalten). — *Gletschhorn* (3307m), über die Südwestwand oder den Südgrat in 6 St., schwierig (F. 35, mit Abstieg nach Göscheneralp 40 fr.). — Über den *Tiefensattel* oder die *Triftlimmi* zur *Trifthütte* s. S. 162. — Über die *Winterlücke* (2880m) zur *Göscheneralp* (S. 141), für Geübte 6 St. m. F. (18 fr.); Abstieg zum *Wintergletscher* steil und schwierig.

Über das *Tiefentobel*, weiter stets ansteigend hoch an der nördl. Bergwand; l. tief unten im *Garschental* der alte Saumweg. N. der *Siedelngletscher*, dessen Abfluß an der Straße einen hübschen Fall bildet, daneben die spitzen Nadeln des *Bielenstocks* (2917m), vorn das *Furkahorn* (s. unten). Auf der ($1^1/_4$ St.)

$26,_7$km **Furka** (2431m), einem nach beiden Seiten scharf abfallenden Joch zwischen l. Blauberg, r. Furkahorn, nur selten ganz frei von Schnee, erreicht man zunächst das **H.-Restaur. Furkablick* (Juni bis Ende Sept.; 75 B. zu 3-6, F. $1^3/_4$, G. $3^1/_2$, M. 4, P. 10-12 fr.), dann 8 Min. weiter das **H.-P. Furka* (70 B. zu $3^1/_2$-6, F. $1^3/_4$, G. 4, M. 5, P. 10-12 fr.). Prachtvolle Aussicht auf die Berner Alpen mit dem imposanten Finsteraarhorn und l. die Walliser Alpen mit dem Weißhorn; großartiger noch vom (10 Min.) *Längisgrat* (2512m), zu dem ein Sträßchen l. vom H. Furka durch einen Tunnel hinanführt (1913 eingestürzt und ungangbar).

Ausflüge. Vom *Schönblick*, 10 Min. w. vom Hotel, sowie vom *Signal*, 10 Min. n.w., herrliche Aussicht auf den Rhonegletscher, das Oberwallis und die Walliser Alpen. — **Furkahörner**: *Kleines Furkahorn* (2817m), $1^1/_4$ St., leicht und lohnend (zum Teil Reitweg, F. entbehrlich); von da weglos und mühsam über Geröll und Schnee (F. ratsam, 7 fr.) auf das (1 St.) *Furkahorn* (3028m), den südlichsten Gipfel des vom Galenstock auslaufenden *Galengrats*. Prächtiger Rundblick über Berner und Walliser Alpen, Galenstock, Gotthardgruppe usw. (Panorama im Hotel). — *Blauberg* (2761m), südl. von der Furka ($1^1/_2$ St., F. 7 fr., entbehrlich) und *Muttenhorn* (3103m; 3 St., F. 15 fr.), beide unschwierig und lohnend.

Galenstock (3597m), 5 St. (F. 25, mit Abstieg zur Grimsel 30 fr.), für Geübte bei gutem Schnee nicht schwierig (Eisaxt und Seil). Von der Furka zum ($^3/_4$ St.) *Rhonegletscher* und an seinem O.-Rande hinan, dann r. über Eis und Schnee steil empor (Steinfallgefahr) zum *Galensattel* zwischen Galengrat und Galenstock und über den Südgrat (Vorsicht wegen der überhängenden Schneewächten!) zum Gipfel. Höchst großartige Aussicht. Kürzer aber schwieriger ist der Anstieg von der Furka über den *Siedelngletscher* und den Südostgrat. Abstieg über *Nägelisgrätli* zur *Grimsel* 5 St., S. 150. — *Tiefenstock* (3513m), *Rhonestock* (3603m), *Dammastock*

4

Stephen Johannsen

Porsche 911 S/ST Baujahr / Built 1970

Der Porsche wurde 1970 nach Österreich ausgeliefert und hatte einige Besitzer. Er wurde in den letzten Jahren zum ST umgebaut, ist also kein Original. Die sind mittlerweile unbezahlbar. Mein Traum war schon immer, einen breiten und schnellen 911er zu besitzen. Knapp über 900 kg und 250 PS machen höllisch Spaß.

Was war dein erster Porsche? – Ein Porsche 906 für die Carrera Bahn. 1999 kaufte ich meinen ersten richtigen Porsche, einen 1986 Carrera in Grau, innen mit olivgrünem Leder. Ich fahre ihn heute noch gern.

Wann fährst du am liebsten in die Berge? – Wenn die Pässe aufmachen, im Frühjahr und im Spätherbst. Da ist kein Mensch unterwegs. Und natürlich ganz früh am Morgen oder ab 18.00 Uhr.

Welche Passfahrt ist dir besonders im Gedächtnis geblieben? – Nicht eine, sondern zwei. Die erste das Stilfserjoch zum ersten Mal im Jahr 2000 – eine Hammerstraße. Und kurz darauf die Tremola, der alte Gotthardpass bei Andermatt. Unfassbare Baukunst.

Was macht mehr Spaß – bergauf oder bergab? – Ganz klar: bergauf. Mit Keramikbremsen auch gern bergab.

Mit welchem Porsche würdest du gern einmal die Alpen überqueren? – In einem 356 B Carrera GTL Abarth.

The Porsche was delivered to Austria in 1970 and had several previous owners. It was rebuilt into an ST in recent years so it's not an original. These days they are prohibitively expensive. I've always dreamed of owning a wide, fast 911. Huge fun with just over 900 kilos and 250 horsepower.

What was your first Porsche? – A Porsche 906 for my Carrera slot-car track. I purchased my first real Porsche in 1999, a 1986 Carrera in grey with olive-green leather inside. I still enjoy driving it today.

When do you prefer driving in the mountains? – If the passes are open, then in spring and late autumn. No one is there. And, of course, very early in the day or after 6pm.

Which mountain pass is the most memorable for you? – Not one, but two. First, the Stelvio for the first time in 2000 – an incredible road. And a close second, the Tremola, the old Gotthard Pass near Andermatt. Unbelievable architecture.

What's more fun – uphill or downhill? – Very clearly uphill. And downhill is great with ceramic brakes.

With which Porsche would you like to cross the Alps one day? – In a 356 B Carrera GTL Abarth.

HOTEL BELVEDERE

HOTEL BELVEDERE

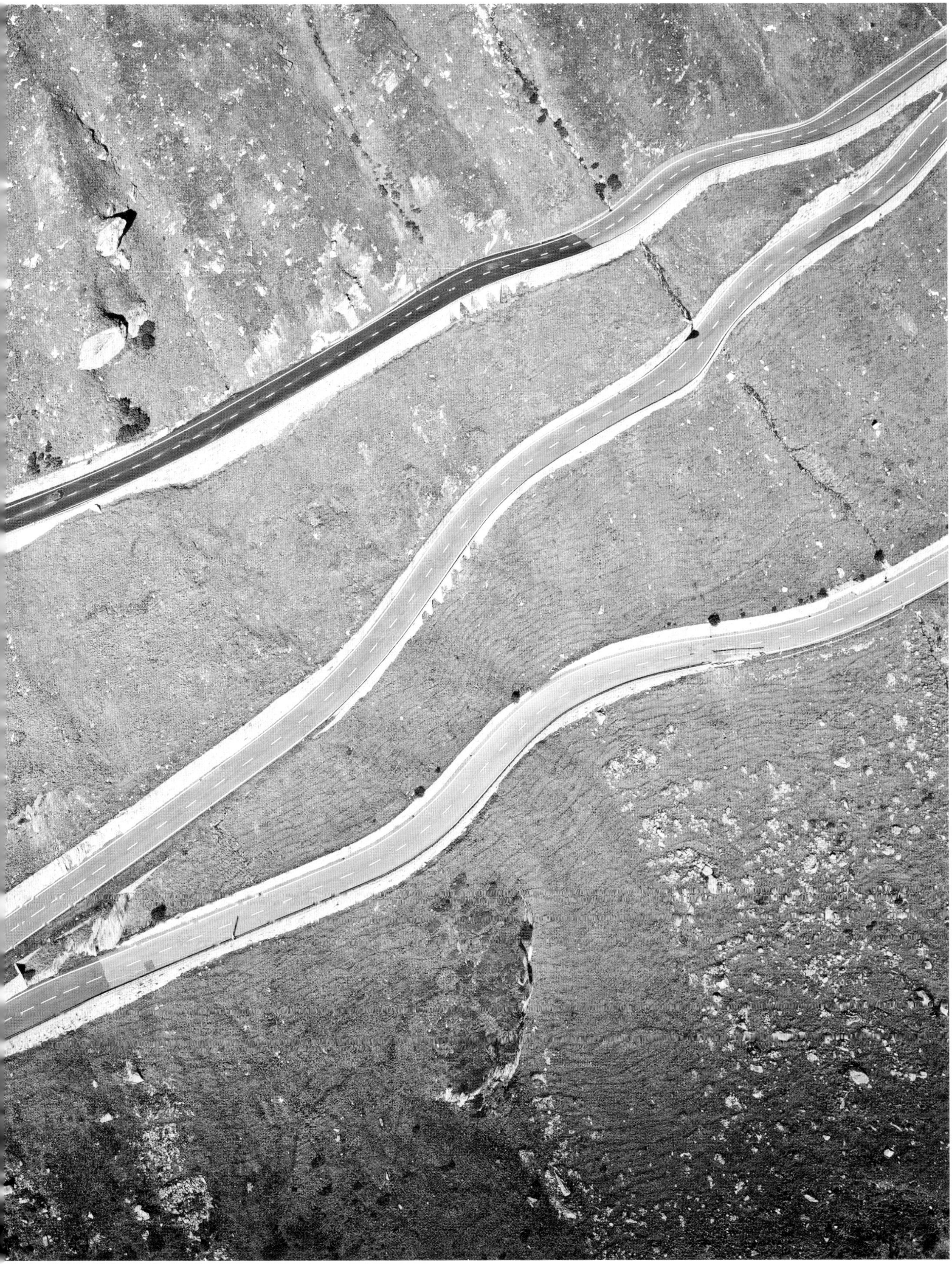

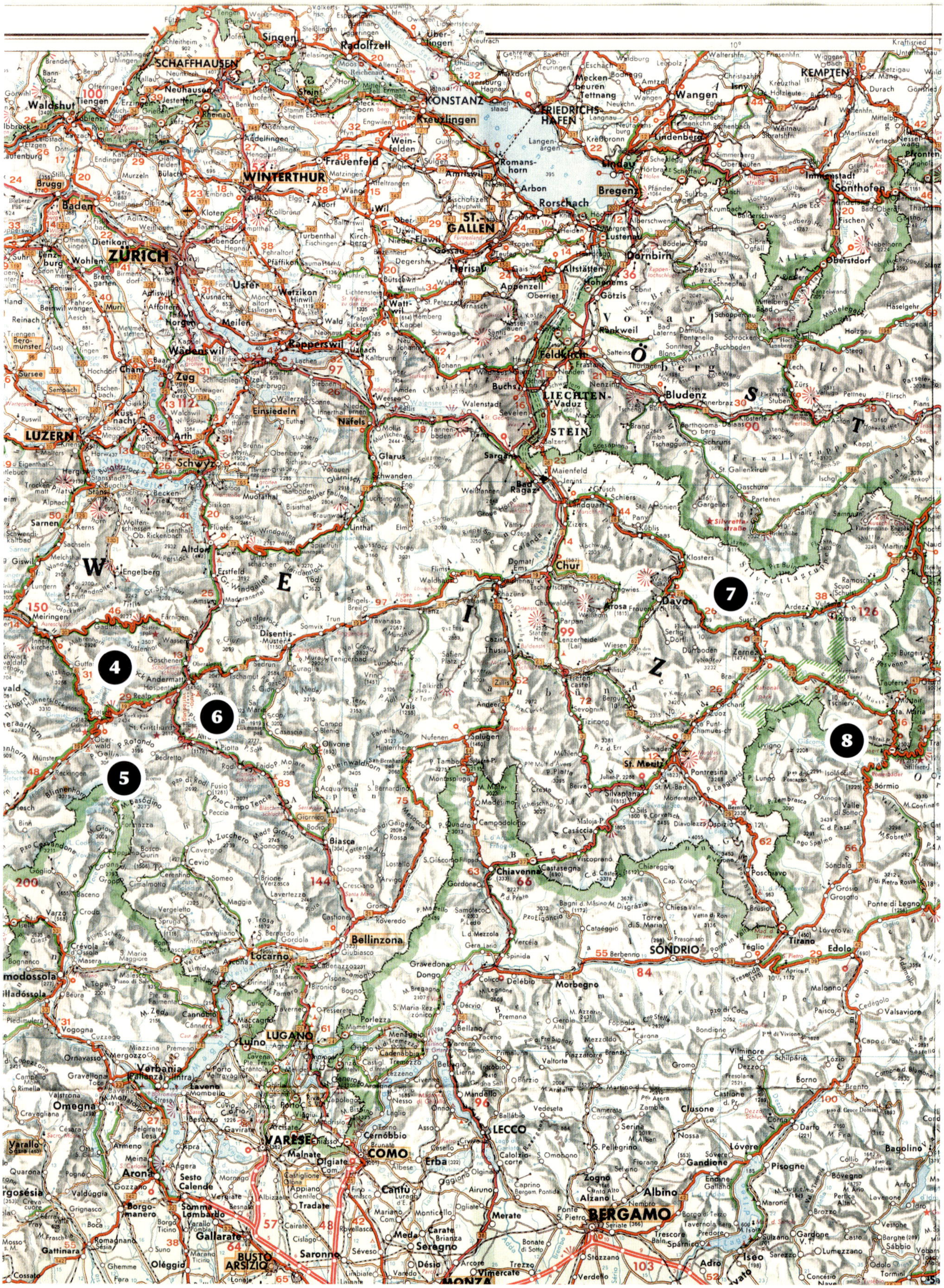
SCHAFFHAUSEN
Singen
Radolfzell
KONSTANZ
Kreuzlingen
FRIEDRICHS-HAFEN
KEMPTEN
Waldshut
Tiengen
WINTERTHUR
Frauenfeld
Wangen
Lindenberg
Bregenz
Immenstadt
Sonthofen
Baden
Rorschach
ST. GALLEN
Dornbirn
ZÜRICH
Gossau
Herisau
Appenzell
Altstätten
Hohenems
Uster
Rapperswil
Feldkirch
Zug
Bludenz
LIECHTEN-STEIN
Vaduz
Einsiedeln
LUZERN
Schwyz
Glarus
Sargans
Bad Ragaz
Altdorf
Chur
Klosters
Davos
Andermatt
Disentis
Thusis
Zernez
Meiringen
Airolo
Olivone
Biasca
Splügen
St. Moritz
Pontresina
Chiavenna
Poschiavo
Bormio
Tirano
Edolo
SONDRIO
Bellinzona
Locarno
LUGANO
Domodossola
Verbania
Omegna
Varallo
VARESE
COMO
LECCO
BERGAMO
Gallarate
BUSTO ARSIZIO
MONZA
Lóvere
Iseo
W
E
I
Z
Ö
S
T
4
5
6
7
8

Nufenenpass

KARTE: *Offizielle Strassenkarte des ADAC im Massstab 1 : 850 000. Alpen mit Österreich, Schweiz und Oberitalien. Mairs Geographischer Verlag Stuttgart*

MAP: *Official ADAC road map at a scale 1:850.000. Alps with Austria, Switzerland and Northern Italy. Mairs Geographischer Verlag, Stuttgart*

Anders als einst James Bond, führt uns unsere Mission nicht hinunter nach Andermatt. Vielmehr geht es von der Furkapasshöhe kehrtwendend zurück, noch einmal durch die Serpentinen sausend, am beeindruckenden Eismassiv des Rhonegletschers vorbei, dann auf der Furkastraße entlang der Rhone in Richtung Obergoms – und schließlich über den Nufenenpass ins Tessin. Erst 1969 wurde die 37 Kilometer lange Straße zwischen Ulrichen im Goms und dem Bedrettotal eröffnet. Bis dahin hatte lediglich ein Saumpfad über den Nufenen geführt, der allerdings schon seit der Frühgeschichte als Handelsweg für Pferde und Rinder zwischen Tessin und Rhonetal gedient haben soll. Später wurde der Naturpfad als Zubringer für die stark frequentierte Gotthardroute genutzt. Ein weiterer Grund, warum der Nufenenpass erst spät erschlossen wurde, war die große Lawinengefahr. Noch heute zeugen gewaltige Schutzkeile im Bedrettotal von der weißen Gefahr. Erst mit dem Bau des Stausees unterhalb des Griesgletschers im Jahr 1966 entschied man sich, den Nufenen auch mit einer Straße zu erschließen. »Die Nufenenstrasse ist ohne Zweifel der bedeutendste Alpenstrassenbau seit der Eröffnung der Sustenstrasse in den vierziger Jahren«, konnte man im Juli 1970 im Ferien-Journal aus Ascona lesen. »Er erfüllt einen alten Traum der beiden Talschaften.«

Mit 2478 Metern ist der Nufenenpass bis heute der höchstgelegene Alpenpass der Schweiz. Und vor allem im Frühsommer, wenn sich blühende Landschaften mit tief verschneiten Schluchten abwechseln, ist die hochalpine Fahrt zwischen Nufenenstock und Pizzo Gallina ein einmaliges Erlebnis. Nach einigen Serpentinen bei Ulrichen führt die Fahrt über eine schmale Brücke ins wilde Aeginental,

Unlike James Bond's, our mission does not take us down into Andermatt. Rather, we turn back and retrace our tyre tracks over the Furka Pass summit, once again sweeping along the twisting tarmac, past the spectacular ice mass of the Rhone Glacier, and along the Rhone on the Furka road towards Upper Goms – and finally up and over the Nufenen Pass into Ticino. The 37-kilometre road, linking Ulrichen in the canton of Valais and the Bedretto Valley, was only opened in 1969. Up until then, only a mule track traversed the pass, but this had apparently served as a trade route for horses and cattle between Ticino and the Rhone Valley since early history. Eventually, the trail was used as a feeder track for the busy Gotthard route.

Another reason for the late opening of the Nufenen Pass was the threat of avalanches. Huge protection wedges in Bedretto Valley are testimony to the white peril. Only after the construction of the dam below the Gries Glacier in 1966, was the decision made to open up the Nufenen with a road. "The Nufenen route is without doubt the most important Alpine road since the opening of the Susten Pass in the forties," reported the Ascona Ferien-Journal in July 1970. "It fulfils an old dream of the two valley communities." At an elevation of 2,478 metres, the Nufenen Pass is still the highest Alpine crossing in Switzerland. And particularly in early summer, when the countryside alternates between a carpet of flowers and deep snowy valleys, the high Alpine drive between Nufenenstock and Pizzo Gallina is a unique experience. After several arcing bends near Ulrichen, the route leads over a small bridge into the wild Aeginen Valley, and from there in artfully sweeping hairpins up to the top of the pass. Although the urge to race through

von wo aus sich die Straße schließlich in kunstvoll geschwungenen Haarnadelkurven hinauf zur Passhöhe zieht. Auch wenn die Straße förmlich zur Serpentinenjagd einlädt, sollte man umsichtig fahren – sei es auch nur der kreuzenden Murmeltiere zuliebe. Oben angelangt, bietet sich ein eindrucksvoller Blick auf die Berner Alpen mit dem Finsteraarhorn im Norden und dem Griesgletscher im Süden – vorausgesetzt, der Pass hängt nicht wie so oft in den Wolken oder der starke Wind lässt einen nicht ins nahe gelegene Restaurant flüchten.

Von der Passhöhe, die fortan auf den klangvollen italienischen Namen Passo della Novena hört, führt die Fahrt schließlich, auf einfachen Betonplatten und von einer eindrucksvollen Gipfelkette von Dreitausendern begleitet, hinab in Richtung Airolo im Tessin. Und tatsächlich ist die Welt hier, auf der Südseite der Alpen, eine andere als noch vor einer halben Stunde im Wallis: Üppige Weiden und sattgrüne Bäume säumen die Straße, man passiert urige Natursteindörfchen in typischer Tessiner Architektur – und bei geöffnetem Fenster oder Verdeck meint man, bereits den Duft des Lago Maggiore riechen zu können. Man kann den Nufenen, den Gotthard, den Maloja und all die anderen Nord-Süd-Traversen natürlich auch in umgekehrter Richtung befahren, doch am stärksten wird das Erlebnis – so notiert es auch Richard Zürcher in seinem Standardwerk »Reisen durch die Schweiz« von 1971 –, wenn das Ziel im Süden liegt. »Die uralte Sehnsucht nach der wärmeren Sonne, dem helleren Himmel, dem milderen Klima und einem leichteren Leben wirkt hier mit.« Zum sinnlich-südlichen Flair des Bedrettotals gehören auch die legendären »Pastefrolle« – dieses Mürbeteiggebäck gilt als Spezialität der Region, dessen Rezept streng geheim ist. Wir tippen jedoch, während wir die letzten Krümel aus der Tüte klauben, dass zumindest an Tessiner Alpenbutter nicht gespart wurde.

the serpentine bends is tempting, drivers should take care – if only for the sake of the crossing marmots. Once at the top, the views to the Bernese Alps, including the Finsteraarhorn in the north and the Gries Glacier in the south, are spectacular – provided that the pass is not shrouded in clouds, or that gales don't force you to take refuge in a nearby restaurant.

From the top of the pass, which now has the evocative Italian name Passo della Novena, and accompanied by a magnificent chain of three-thousander peaks, the road finally takes us over simple concrete slabs down towards Airolo in Ticino. It's true: the world here on the southern slopes of the Alps is different to that in Valais half an hour back. Lush fields and deep green trees line the road, quaint stone villages with rustic Ticino architecture fly by – and driving with the window down or the roof off, you might even catch the scent of Lake Maggiore. The Nufenen, the Gotthard, the Maloja and all the other north-south traverses can, of course, be driven in the opposite direction, but the strongest impression – as also noted by Richard Zürcher in his definitive work Reisen durch die Schweiz from 1971 – is when the final destination lies in the south. "The age-old yearning for a warmer sun, a brighter sky, a milder climate and an easier life comes together here." Part of the sensual southern flair of the Bedretto Valley is the legendary "Pastefrolle". These shortbread biscuits, baked following a top secret recipe, are a specialty of the region. And as we fish the last crumbs from the bottom of the bag, we're certain that the bakers didn't scrimp on Ticino Alpine butter.

1 — ***Postkarte: Nufenen-Passhöhe. Photohaus Geiger, Flims-Waldhaus***
Postcard: Nufenen Pass summit. Photohaus Geiger, Flims-Waldhaus

Jean Clement

Porsche 906
Baujahr / Built 1966

Ich habe einen Porsche 906 Baujahr 1966, über den ich mich täglich seit fast 10 Jahren freuen darf.

My Porsche 906 was built in 1966, and I've enjoyed it every day for almost the last ten years.

Was war den erster Porsche? – Ein Porsche 906, den ich mir von meinem hart ersparten Taschengeld mit 12 Jahren für meine Carrera Bahn gekauft habe.

Wann fährst du am liebsten in die Berge? – Das kann ich am besten mit Gottfried Keller beantworten:
Die Sonne führt durchs Morgentor
Goldfunkelnd über den Bergen,
Und wie zwei Veilchen im frühen Mai,
Zwei blaue Augen klar und frei,
Die lachen auf ihren Wegen
Geöffnet ihr entgegen.

Welche Passfahrt ist dir besonders im Gedächtnis geblieben? – Meine erste Fahrt durch die imposanten Seealpen, als ich nach dem Abitur mit Freunden auf dem Weg zu Côte d'Azur mit meinem 40-PS-VW-Bulli die kleinen Passstraßen empor gekrochen bin.

Was macht mehr Spaß – bergauf oder bergab? – Verlaufen Bergrennen jemals bergab?

Mit welchem Porsche würdest du gern einmal die Alpen überqueren? – Mit einem Porsche 909 Bergspyder

What was your first Porsche? – A Porsche 906 that I bought with my hard-earned pocket money at the age of 12 for my Carrera slot-car set.

When do you prefer driving in the mountains? – This question is best answered by Gottfried Keller:

The sun breaks through morning's gate,
Sparkling gold over the mountains,
And like two violets in early May,
Two blue eyes clear and free,
They laugh along the way,
Opening towards the dawn.

Which mountain pass is the most memorable for you? – My first excursion through the Maritime Alps was with friends after graduating high school on the way to the Cote d'Azur. We crept up the narrow pass roads with my 40 hp VW kombi.

What's more fun – uphill or downhill? – Do hill-climb races ever go downhill?

With which Porsche would you like to cross the Alps one day? – With a Porsche 909 Bergspyder

26

PASSHÖHE
KIOSK

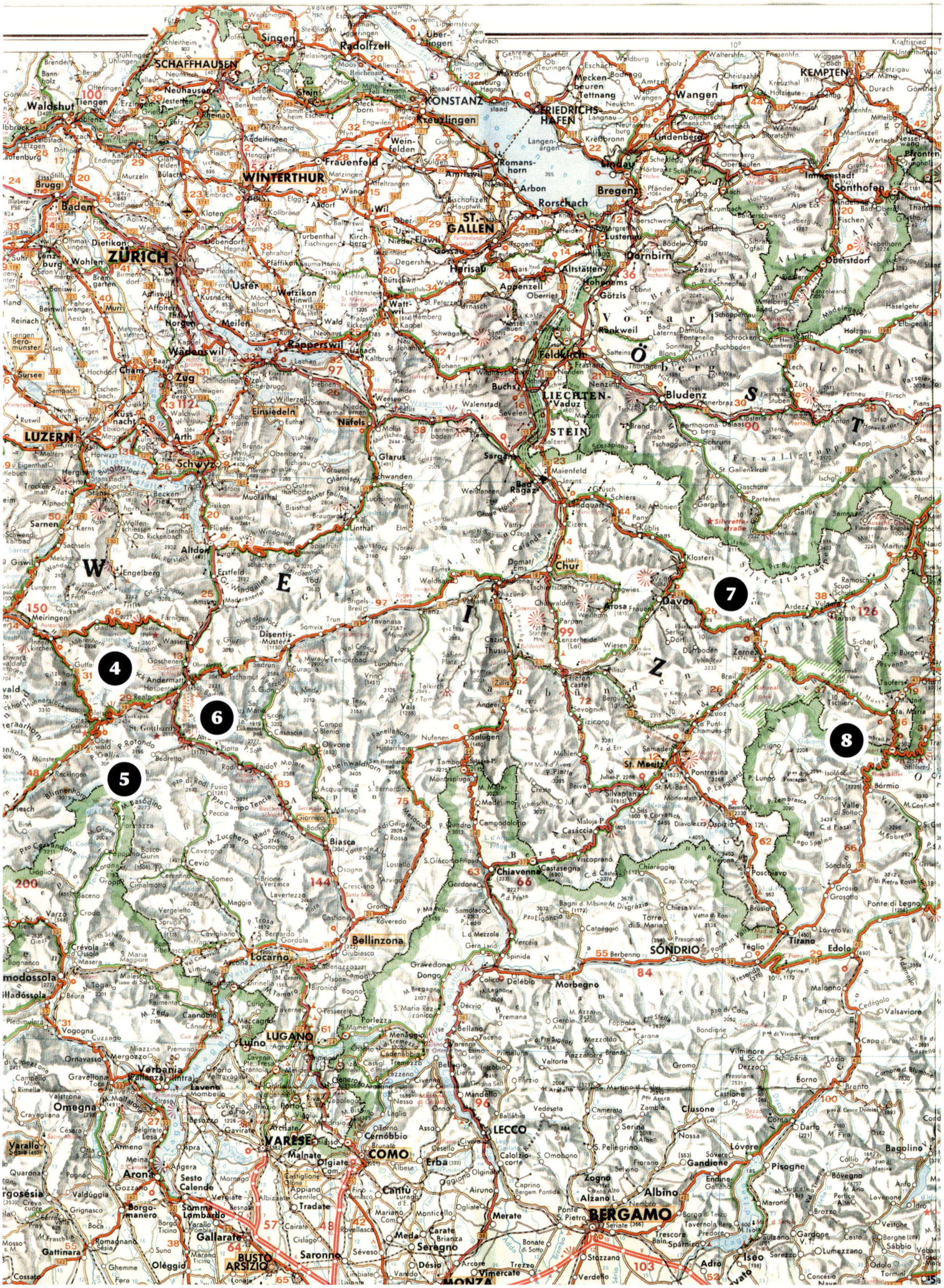
SCHAFFHAUSEN
Singen
Radolfzell
KONSTANZ
Kreuzlingen
FRIEDRICHSHAFEN
KEMPTEN
Waldshut
WINTERTHUR
Frauenfeld
Lindau
Bregenz
Sonthofen
ZÜRICH
ST. GALLEN
Rorschach
Dornbirn
Baden
Brugg
Oberstdorf
Uster
Herisau
Appenzell
Feldkirch
Rapperswil
Zug
LIECHTENSTEIN
Vaduz
Bludenz
LUZERN
Schwyz
Einsiedeln
Näfels
Glarus
Sargans
Bad Ragaz
Chur
Klosters
Davos
Altdorf
Meiringen
Andermatt
Disentis
St. Gotthard
Thusis
Zernez
St. Moritz
Pontresina
Bormio
Splügen
Chiavenna
Biasca
Bellinzona
Locarno
LUGANO
SONDRIO
Tirano
Edolo
COMO
LECCO
VARESE
BERGAMO
Domodossola
Omegna
Varallo
Arona
Gallarate
BUSTO ARSIZIO
Saronno
MONZA
4
5
6
7
8

Gotthardpass

Sankt Gotthard – allein schon der Name ließ Menschen über Jahrhunderte in Ehrfurcht erzittern. Das majestätische Gebirgsmassiv ist bis heute ein Mythos. Als Dach Europas, steinernes Herz der Schweiz, Ursprung von Rhein, Reuss, Rhone, Aare und Tessin, Wasserscheide zwischen Nordsee und Mittelmeer, aber auch als Verbindung zwischen Menschen, Sprachen und Kulturen, Durchgang für Händler und Armeen. Seit der Eröffnung des ersten Eisenbahntunnels im Jahr 1882 gilt der Gotthard als zentrale Alpentraverse – heute kann man den mächtigen Gebirgsstock in wenigen Minuten per Automobil oder Zug durchqueren. Dabei reicht die Geschichte des Gotthardpasses als Verbindung zwischen Nord und Süd viel weiter zurück: Vermutlich wurde der Übergang schon während der Eiszeit als Handelsweg benutzt. Auch die Römer kannten den Gotthard – Julius Cäsar hielt den »Adula Mons« gar für die höchste Erhebung der Alpen. Die römischen Truppen und Händler bevorzugten als Transportwege jedoch die Bündner und Tiroler Pässe. Denn während der Gotthard von Süden her problemlos passiert werden konnte, stellte die Schöllenenschlucht zwischen Andermatt und Göschenen im Norden ein kaum zu überwindendes Hindernis dar. Erst als um 1230 die hölzerne, sagenumwobene »Teufelsbrücke« über die tosenden Fluten der Reuss geschlagen wurde, war die Gotthardroute für den Handel erschlossen.

Einer der ersten Profiteure der Nord-Süd-Passage war der Stauferkaiser Friedrich II., der seine Boten und Soldaten über den Gotthard in den lombardischen Krieg schicken konnte. Im Gegenzug für die gesicherte Passage garantierte er dem Kanton Uri die Reichsfreiheit – ein Schritt auf dem Weg zur Entstehung der Eidgenossenschaft. Bis heute ist der Gotthard

Saint Gotthard – the name alone has left people trembling in awe for centuries. The majestic mountain range is still shrouded in myth today: as the roof of Europe, the stony heart of Switzerland, the birthplace of the rivers Rhine, Reuss, Rhone, Aare and Ticino, the continental water divide between the North Sea and the Mediterranean, but at the same time connecting people, languages and cultures, and offering a passage for traders and armies.

Since the opening of the first railway tunnel in 1882, the Gotthard has been regarded as the central Alpine traverse. Today it takes just minutes to cross the mighty massif by car or train. But the story of the Gotthard Pass as a link between the north and the south goes a lot further back: supposedly, the crossing was used as a trade route during the Ice Age. The Romans were also aware of the Gotthard – Julius Caesar even considered the “Adula Mons” to be the highest peak in the Alps. Roman troops and traders, however, actually preferred the Grisons and Tyrolean passes. The reason for this was that, although the Gotthard could be navigated without problems from the south, the Schollenen Gorge between Andermatt and Göschenen in the north posed an almost insurmountable obstacle. Only when the wooden, myth-shrouded “Devil’s Bridge” was spanned over the raging waters of the Reuss, did the Gotthard route open up for traders.

One of the first to profit from the north-south passage was the Roman Emperor Frederick II, who was able to dispatch messengers and soldiers over the Gotthard in the Lombard war. In exchange for safe passage, he guaranteed sovereignty to the canton of Uri – a step on the way to the creation of the confederacy. The Gott-

KARTE: Offizielle Strassenkarte des ADAC im Massstab 1 : 850 000. Alpen mit Österreich, Schweiz und Oberitalien. Mairs Geographischer Verlag Stuttgart

MAP: Official ADAC road map at a scale 1:850.000. Alps with Austria, Switzerland and Northern Italy. Mairs Geographischer Verlag, Stuttgart

4 — FURKAPASS
5 — NUFENENPASS
6 — GOTTHARDPASS
7 — FLÜELAPASS
8 — STILFSER JOCH

Bis heute ist der Gotthard in der Schweiz als »Schicksalsberg« und Symbol für Einheit und Unabhängigkeit fest im kollektiven Bewusstsein verankert.

The Gotthard – the "Mountain of Destiny" – has since become a symbol for unity and independence, and is firmly anchored in the collective consciousness of the Swiss.

in der Schweiz als »Schicksalsberg« und Symbol für Einheit und Unabhängigkeit fest im kollektiven Bewusstsein verankert. Doch auch als Handelsroute prägte der Gotthard die Zentralschweiz wie kaum ein anderer Pass – schon im 15. Jahrhundert sollen jedes Jahr mehr als 10 000 Menschen über den Saumweg gezogen sein. Im Winter benutzten die Händler von Ochsen gezogene Schlitten, um ihre Waren von Flüelen nach Bellinzona und zurück zu transportieren.

Einer der ersten Reisenden, der sich für den Gotthard nicht nur wegen seiner wirtschaftlichen oder militärischen Nützlichkeit begeisterte, war Johann Wolfgang von Goethe. »Der Gotthard ist zwar nicht das höchste Gebirg der Schweiz, und in Savoyen übertrifft ihn der Montblanc an Höhe um sehr vieles; doch behauptet er den Rang eines königlichen Gebirges über alle andere, weil die größten Gebirgsketten bei ihm zusammen laufen und sich an ihn lehnen«, berichtete Goethe 1775 begeistert in seinen Briefen aus der Schweiz. Den tatsächlichen Aufstieg empfand der Dichter dann wohl nicht mehr ganz so beschwinglich: »Noth und Müh und Schweis«, notierte er in sein Tagebuch und beschrieb die Schöllenenschlucht jenseits der Teufelsbrücke als »Öde wie im Thale des Todts – mit Gebeinen besäet«. Dennoch kehrt Goethe noch zweimal zum Gotthard zurück – den Abstieg hinunter ins Tessin erspart er sich jedoch.

Im selben Jahr, in dem Goethe zum ersten Mal den Gotthard bestieg, überquerte auch ein Geologe namens Greville den alten Saumweg – allerdings bestand der Brite darauf, den Pass ausschließlich auf vier Rädern zu bereisen. Der Legende nach sollen 78 Mann Begleitung die Kutsche an schwierigen Stellen zerlegt, ge-

hard – the "Mountain of Destiny" – has since become a symbol for unity and independence, and is firmly anchored in the collective consciousness of the Swiss. Also, as a trade route, the Gotthard influenced central Switzerland like very few other passes. 10,000 people were said to have ventured over the mule trail every year in the 15th century. In winter, the traders used oxen-pulled sleds to transport their wares from Fluelen to Bellinzona and back.

One of the first travellers to be smitten with the Gotthard, and not only because of its economic and military advantages, was Johann Wolfgang von Goethe who, in 1775, enthusiastically penned, in his letters from Switzerland, "The Gotthard, indeed, is not the highest mountain of Switzerland, in Savoy, Mont Blanc has a far higher elevation and yet it maintains above all others the rank of king of mountains, because all the great chains converge together around him, and all rest upon him as their base." Alas, the writer was less enthusiastic about the actual climb: "Misery and pain and sweat," he noted in his diary. He described the Schöllenen Gorge beyond the Devil's Bridge as "desolate as the Valley of Death – littered with bones." Still, Goethe returned not once but twice to St Gotthard – but he spared himself the trouble of descending to Ticino.

In the same year that Goethe crossed St Gotthard for the first time, a British geologist by the name of Greville also journeyed over the old mule trail – but he

1 — Karte: Baedekers Autoreiseführer Schweiz. Siebente Auflage. 1968/1969
Map: Baedekers car travel guide Switzerland 7th edition. 1968/1969

2 — Postkarte: Gotthardstrasse. Die Teufelsbrücke. E. Goetz. Kunstanstalt. Luzern – Postcard: Devils Bridge. E. Goetz. Kunstanstalt. Lucerne

3 — Postkarte: Gotthard Hospiz. E. Goetz. Kunstanstalt. Luzern
Postcard: Gotthard Hospice. E. Goetz. Kunstanstalt. Lucerne

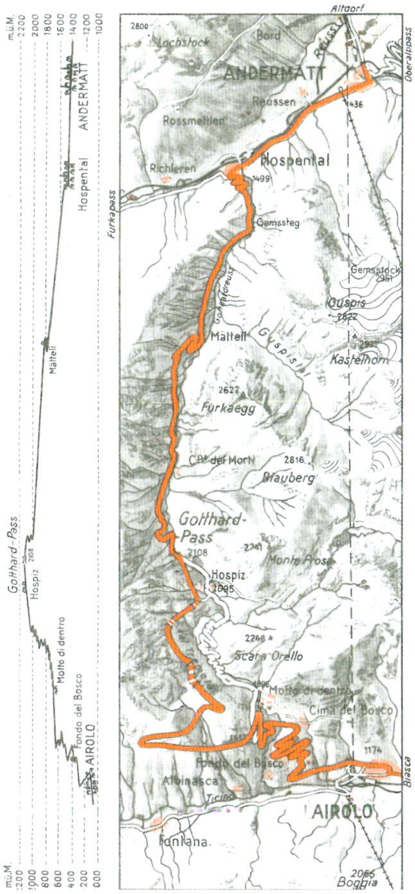
Altdorf
Oberalppass
ANDERMATT
Reussen
Rossmettlen
Hospental
Richleren
Furkapass
Gemssteg
Gemsstock
Guspis
Mätteli
Kastelhorn
Furkaegg
Blauberg
Gotthard-Pass
Hospiz
Monte Prosa
Scara Orello
Motto di dentro
Cima del Bosco
Fondo del Bosco
AIROLO
Fontana
Biasca
Boggia
Gotthard-Pass

1

2

Gotthard-Hospiz, 2114 m ü. M.

3

tragen und anschließend wieder zusammengebaut haben. Ende des 18. Jahrhunderts wurde der Weg über den Gotthard schließlich so ausgebaut, dass ihn auch die Kutschen der Gotthardpost befahren konnten. Zwischen 1818 und 1836 errichtete der Kanton Uri schließlich eine neue Passstraße und sicherte dem Gotthard fortan die Vormachtstellung unter den Alpenübergängen. 1875 überquerten mehr als 75 000 Menschen den Pass – ein neuer Rekord. Im Jahr 1902 bewältigte schließlich der deutsche Dichter Otto Julius Bierbaum den Gotthard am Steuer eines acht PS starken Adler-Phaeton. Für die Strecke von Bellinzona nach Brunnen benötigte er neun Stunden – wurde allerdings in Göschenen von der Polizei aufgehalten, weil er vom Kanton Uri keine Durchfahrtsgenehmigung erhalten hatte. Bierbaum wurde mit 20 Franken »verbüsst« und musste für den Rest der Strecke einen Ochsen vor den Wagen spannen. 1906 wurde die Straße schließlich offiziell für den Autoverkehr geöffnet.

Wer zum ersten Mal von Norden nach Süden über den Gotthard fährt, erlebt eine Überraschung, wie sie nur in den Alpen möglich ist: Nachdem man die fast senkrechten Granitfelsen und scharfen Kurven der wild-urigen Schöllenenschlucht überwunden hat, weitet sich die Landschaft plötzlich, und man wähnt sich inmitten des imposanten Urseren-Hochtals mit seinen sanften Hängen und Matten am Fuße des Gotthards. In wenigen Kehren geht es zwischen Heidelbeeren und Alpenrosen schließlich hinauf zur Passhöhe auf 2112 Meter, wo auch das aus dem 19. Jahrhundert stammende Hospizgebäude zur Rast einlädt. Auf der Südseite zeugt schließlich die Tremola, jene bis heute erhaltene und befahrbare Pflastersteinstraße, von jener nostalgischen Zeit, als die beschauliche Fahrt durch die 37 Haarnadelkurven zu jeder Italienreise gehörte. Mit dem Ausbau der Passstraße in den 1960er- und 1970er-Jahren und der Eröffnung des Autotunnels im September 1980 wurde die Tremola schließlich zur Attraktion für Radler, Motorradfahrer und sportliche Automobilisten, die nicht vergessen möchten, dass der spannendste Weg von A nach B noch immer durch eine Kurve führt.

insisted on travelling in a four-wheeled carriage. Legend has it that 78 men accompanied him on his journey, and that when they encountered difficult places, they disassembled, carried, and reassembled the coach.

At the end of the 18th century, the path over the Gotthard was expanded so that postal service carriages could drive on it. Between 1818 and 1836, the canton of Uri constructed a new mountain pass, effectively putting Gotthard at the forefront of Alpine crossings. In 1875, more than 75,000 people crossed the pass – a new record. In the year 1902, even the German poet Otto Julius Bierbaum conquered the Gotthard, at the wheel of an eight-horsepower Adler Phaeton, taking nine hours to drive from Bellinzona to Brunnen. He was, however, stopped by the police in Göschenen because he had not received the appropriate permission for thoroughfare from the canton of Uri. Bierbaum was handed a "fine" of 20 Swiss Francs and was obliged to hitch his car to an ox for the rest of the trip. In 1906, the road was officially opened for vehicular traffic.

A surprise awaits those who travel the Gotthard from north to south for the first time – a surprise that is only possible in the Alps. After negotiating the almost vertical granite cliffs and tight bends of the wild uncivilized Schöllenen Gorge, the landscape suddenly opens up and you find yourself in the midst of the beautiful Urseren Valley with its gentle slopes and meadows at the foot of the Gotthard. Several corners later you find yourself surrounded by blueberry bushes and alpine roses, before reaching the top of the pass at 2,112 metres, where a 19th-century hospice building invites visitors to take a break. On the southern flank you reach the Tremola road, paved in granite and still open to traffic today, its 37 hairpins evoking the nostalgia of the time when it was still part of every leisurely Italian trip. With the expansion of the pass road in the sixties and seventies, and the opening of the car tunnel in September 1980, the Tremola eventually attracted cyclists, motorbike riders and sports car drivers who know in their hearts that corners are still the most exciting way to get from A to B.

1 — Für schöne Autofahrten die Schweiz. Gestaltung: Herbert Matter. Fotografie: Herbert Matter. AuftraggeberIn: Schweizerische Verkehrszentrale, SVZ, Zürich. CH Druckerei: Gebrüder Fretz AG, Zürich, CH. Zürcher Hochschule der Künste/Museum für Gestaltung Zürich/Plakatsammlung © The Herbert Matter Estate/Fotostiftung Schweiz

Poster: Beautiful motoring in Switzerland. Design: Herbert Matter Photography: Herbert Matter Commissioned by: Schweizerische Verkehrszentrale, SVZ, Zürich, CH Printer: Gebrüder Fretz AG, Zürich, CH. Zürcher Hochschule der Künste/Museum für Gestaltung Zürich/Plakatsammlung © The Herbert Matter Estate/Fotostiftung Schweiz

Für schöne Autofahrten die
SCHWEIZ
SVZ

Pétur Haraldsson

Porsche 911/930 Turbo
Baujahr / Built 1984

Erste Zulassung im Oktober 1984 in Bahrain, Halter war ein Mitglied der Königsfamilie. Seit 2003 ist der Wagen in Island zugelassen. Ich habe das Auto im Januar 2010 gekauft und mir damit einen Kindheitstraum erfüllt.

Was war dein erster Porsche? – Ich habe mit 19 Jahren einen weißen 911 Targa 2,7, BJ 1977 gekauft und fast 20 Jahre gefahren. Fatal, damit habe ich mir den Porschevirus eingefangen.

Wann fährst du am liebsten in die Berge? – Im Herbst, wenn es sonnig ist und kalt.

Welche Passfahrt ist dir besonders im Gedächtnis geblieben? – Der Blick von ganz oben am Stelvio Pass ist atemberaubend. Die endlose Straße, die irgendwann im Tal verschwindet, ist unbeschreiblich.

Was macht mehr Spaß – bergauf oder bergab? – Mit dem 930 bergab, wegen des Motorsounds. Das »Grollengeräusch«, wenn man vom Gas runtergeht. Gänsehaut.

Mit welchem Porsche würdest du gern einmal die Alpen überqueren?

1. 959
2. 904 GTS
3. 911 Carrera RS 2,7

First registered in October 1984 in Bahrain, the owner was a member of the royal family. The car had been registered in Iceland since 2003. I acquired it in January 2010 and fulfilled a childhood dream.

What was your first Porsche? – I bought a white 911 Targa 2.7 at the age of 19, it's year of construction was 1977 and I drove it for almost 20 years. Fatal, because that's how I caught the Porsche bug.

When do you prefer driving in the mountains? – In autumn when it's sunny and cold.

Which mountain pass is the most memorable for you? – The view from the Stelvio Pass is breathtaking. The endless road that eventually disappears in the valley is indescribably beautiful. Yes, that's my favourite passage.

What's more fun – uphill or downhill? – Downhill with the 930 because of the engine sound. The "growl" when you lift the throttle gives me goose bumps.

With which Porsche would you like to cross the Alps one day?

1. 959
2. 904 GTS
3. 911 Carrera RS 2.7

PORSCHE

Km.125
Ospizio

BRAND HOPP

St. Gotthard
2091 m
6860 ft
A.C.S.

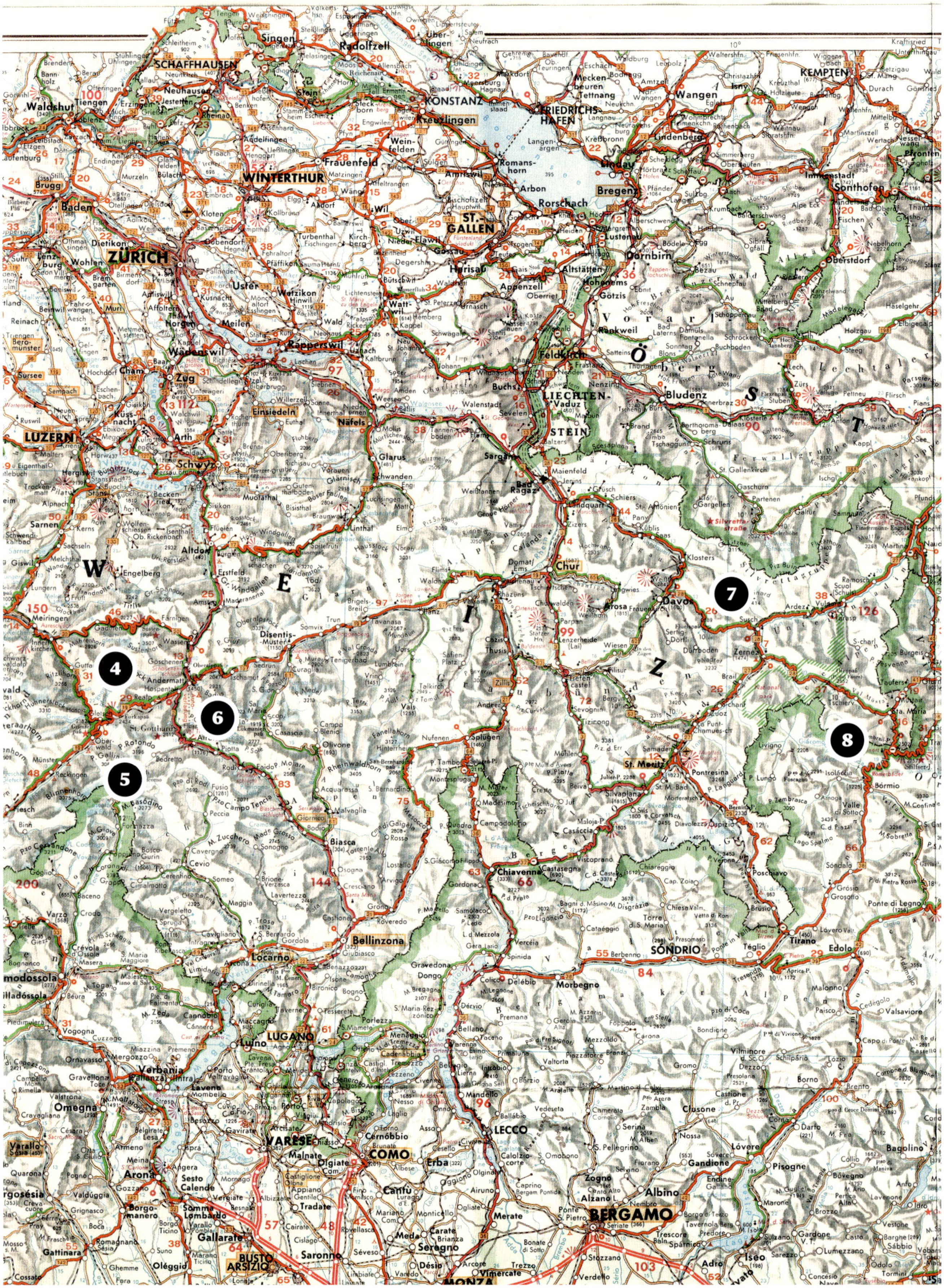
SCHAFFHAUSEN
Singen
Radolfzell
KONSTANZ
Kreuzlingen
FRIEDRICHSHAFEN
KEMPTEN
Wangen
Lindenberg
Waldshut
WINTERTHUR
Frauenfeld
Romanshorn
Arbon
Rorschach
Bregenz
Sonthofen
Baden
ZÜRICH
ST. GALLEN
Dornbirn
Oberstdorf
Uster
Herisau
Appenzell
Altstätten
Hohenems
Götzis
Rapperswil
Wädenswil
Zug
Feldkirch
Einsiedeln
Bludenz
LUZERN
Näfels
Buchs
LIECHTENSTEIN
Vaduz
Schwyz
Glarus
Sargans
Bad Ragaz
Landquart
Chur
Klosters
Davos
Arosa
Altdorf
Meiringen
Andermatt
Disentis
Thusis
Zernez
St. Moritz
Pontresina
Splügen
Chiavenna
Poschiavo
Tirano
Bormio
SONDRIO
Bellinzona
Locarno
LUGANO
Domodossola
Omegna
Verbania
VARESE
COMO
LECCO
BERGAMO
Gallarate
BUSTO ARSIZIO
MONZA
4
5
6
7
8

Flüelapass

KARTE: *Offizielle Strassenkarte des ADAC im Massstab 1 : 850 000. Alpen mit Österreich, Schweiz und Oberitalien. Mairs Geographischer Verlag Stuttgart*

MAP: *Official ADAC road map at a scale 1:850.000. Alps with Austria, Switzerland and Northern Italy. Mairs Geographischer Verlag, Stuttgart*

Von Airolo im Tessin kommend, führt uns unsere Route »gegen den Strich« über die Tremola und den Gotthardpass bis nach Andermatt im Urserental, jenem Alpendrehkreuz zwischen Nord und Süd, Ost und West. Von dort aus fahren wir über den Oberalppass und die Tallandschaften der Surselva hinab bis nach Chur, Hauptstadt des größten Schweizer Kantons Graubünden und Tor zum wunderbaren Engadin. Schon die alten Römer zog es im Sommer aus ihren überfüllten Städten in die bündnerischen Hochtäler mit ihrem angenehmen Klima und den belebenden Thermalquellen. Ab den 1840er-Jahren waren es Asthmatiker und Neurastheniker, die sich im Hochgebirgsklima von den Nebenwirkungen der Moderne erholten. »Die Reinheit der Luft steht zur Seehöhe in geradem Verhältnis«, kann man 1905 im Baedeker lesen. »Abgesehen von zufälligen Unterbrechungen durch Fabriken oder sonstige Herde der Luftverderbnis nehmen die Bakterien bergaufwärts an Zahl stetig ab und verschwinden bei 560 m Seehöhe gänzlich. Zweifellos wirkt daher die Höhenluft, indem sie von Gärung und Fäulnis erzeugenden Substanzen frei ist, aseptisch.« Auch der bekannteste Kurgast der Literaturgeschichte – Hans Castorp aus Thomas Manns »Zauberberg« – döste in einem Sanatorium in Davos seiner Genesung entgegen.

Eine weitere Variation der frühen Alpentouristen waren die »Sportsmen«, die seit Mitte des 19. Jahrhunderts vornehmlich aus Großbritannien nach Graubünden reisten und – seit sich einige ihrer Landsleute auf eine Wette mit dem findigen Hotelier Johannes Badrutt in St. Moritz eingelassen hatten – sogar die Winter in den Alpen verbrachten. Zunächst reisten die wohlhabenden Gäste mit dem Zug und dem Pferdeschlitten ins Engadin, gegen

Coming from Airolo in the canton of Ticino, our route takes us "against the grain" over the Tremola and Gotthard Pass to Andermatt in Urseren Valley, the Alpine hub between north and south, east and west. From there we drive over the Oberalp Pass and through the valley landscape of the Surselva, down into Chur, the capital of the largest Swiss canton of Grisons and the gateway to wonderful Engadine. Even the ancient Romans escaped the hot summers of their crowded cities and travelled up to the high valleys of the Grisons Alps to enjoy the pleasant climate and invigorating thermal springs. From the 1840s, asthmatics and those with a neurasthenic disposition spent time here in the high alpine climate, recuperating from the rigours of modern life.

"The purity of the atmosphere stands in direct ratio to the height above sea level," wrote Baedeker in 1905. "Apart from accidental interruptions, caused by the presence of manufactories or similar sources of atmospheric impurity, the number of bacteria steadily diminishes as we ascend, until at about 5,900 feet above the sea-level they entirely disappear. Thus the mountain air, free from substances producing fermentation or putrefaction is beyond doubt antiseptic in its effects." Even the most famous spa guest in literary history – Hans Castorp from Thomas Mann's The Magic Mountain – dozed his way to recovery in a Davos sanatorium.

From the mid-19th century, another type of early Alpine tourist was the "sportsman". Most were from Great Britain, and, thanks to a bet by four Englishmen with the resourceful St Moritz hotelier Johannes Badrutt, some began to spend winter in the Alps. At first, wealthy

Ende des 19. Jahrhunderts tauchten auf dem Julier-, Albula- und Flüelapass jedoch auch die ersten Automobile auf. Die Bewohner Graubündens reagierten jedoch wenig »amused« auf die Vergnügungsreisenden und Sportsleute in ihren lärmenden, qualmenden und gefährlichen Maschinen. »Seit den Zeiten, da die Treibjagden der Herren rücksichtslos durch die Felder der Bauern stürmten und die Früchte der bäuerlichen Arbeit zerstampften, hat wohl die Landbevölkerung keinem herrischen Vergnügen mit gleichem Ingrimm zugesehen, wie dem Automobilsport«, hieß es in der Schweizerischen Bauernzeitung. Im Sommer 1900 wurde daher schließlich das Bündner Automobilverbot verhängt, das 25 Jahre bestehen bleiben sollte.

Heute müssen »Herrenfahrer« auf dem Weg nach St. Moritz oder Sils Maria keine Steinewerfer und Beschimpfungen mehr fürchten. Von Chur aus führt der kürzeste Weg ins Unterengadin zunächst nach Davos, von dort aus zieht sich die Straße in sanften Kurven durch den Talboden, dann bergauf durch dichte Nadelwälder und weiter hinauf, in großzügigen Kehren und mit Vorblick auf Weißhorn und Schwarzhorn, zum Flüelapass auf 2386 Metern Höhe. Die Straße war 1867 gebaut und zunächst vor allem von Postkutschen genutzt worden. Seit der Eröffnung des Vereinatunnels der Rhätischen Bahn im Jahr 1999 hat der Pass jedoch an touristischer Bedeutung verloren. Im Frühjahr ist er zudem stark von Lawinen gefährdet und teilweise geschlossen. Hinter dem kargen Hochplateau der Passhöhe folgt bald die erste herrliche Aussicht auf die Berge des Unterengadins. Hat man das Hochtal hinter sich gelassen, blitzt zwischen den emporragenden Zirbelkiefern, Lärchen und Tannen immer wieder das blaugrüne Gletscherwasser der Susasca hervor. Eindrücklich ist auch der Blick tief hinein ins urzeitlich-unberührte Val Grialetsch, kurz bevor die Straße unter einigen kurzen Galerien verschwindet und man schließlich den kleinen Ort Susch im Unterengadin erreicht.

Hätten wir Zeit, wir würden uns im nahe gelegenen Dorf Lavin für ein oder zwei Tage im charmanten Kulturhotel Piz Linard einmieten, die Bündner Küche genießen und in den Büchern der wohlsortierten Bibliothek blättern. Doch unsere Mission ist es, Kilometer zu machen. Und so führt unsere Route von Susch nach Süden, in Richtung der weiten Täler und noblen Kurorte des Oberengadins. Kurz bevor wir Sankt Moritz erreichen, zweigt die Straße nach Osten ab – in Richtung Pontresina und des jahrtausendealten Berninapasses, der uns entlang der weltberühmten Berninabahn hinüber ins Südtal des Puschlav und weiter ins italienische Veltlin führt.

guests travelled by train and horse-drawn sleigh to Engadine, but towards the end of the 19th century the first automobiles also began to appear on the Julier, Albula and Flüela Passes. The local folk were often less than amused at the leisure and sports visitors in their noisy, smoky and dangerous machines. "Since the times when the battues of men recklessly stormed through the farmers' fields and trampled the fruits of their farm work, never has the rural population had to watch such imperious entertainment as automotive sport with the same fury," stated a Swiss farmers' newspaper. Hence, in the summer of 1900, the Grisons authorities imposed a ban on automobiles that would remain in place for 25 years.

These days, "gentlemen drivers" no longer have to fear the throwing of stones or insults on the way to St Moritz or Sils Maria. From Chur, the shortest way to Lower Engadine is first to Davos and from there in long sweeping curves along the valley floor, before climbing through dense pine forests. Further up, sweeping in large curving bends, you get the first glimpses of the Weißhorn and Schwarzhorn, before reaching the Flüela Pass at 2,386 metres. Built in 1867, the road was initially used by stage coaches. Since the opening of the Vereina tunnel on the Rhaetian Railway in 1999, however, the Pass has lost some of its appeal with tourists. Moreover, in springtime, the avalanche risk is high and parts of the road are closed.

Behind the barren high plateau of the Pass summit comes the first majestic vista to the mountains of Lower Engadine. Leaving the valley behind, we glimpse the bluish-green glacier waters of the Susasca flashing between the towering pines, larches and firs. Equally stunning is the view deep into the unspoiled primeval Piz Grialetsch, shortly before the road disappears under several short galleries until finally reaching the little village of Susch in Lower Engadine.

With more time, we would have spent a day or two in the nearby village of Lavin. We would have rented a room in the charming historic Piz Linard Hotel, enjoyed the local cuisine and browsed through the well-stocked library. Alas, our mission is to chew up kilometres. And so our route takes us from Susch to the south, and on to the vast valleys and noble resorts of the Upper Engadine. Shortly before reaching Saint Moritz, the road branches off to the east – towards Pontresina and the millennia-old Bernina Pass, which runs alongside the world-famous Bernina train to the southern valley of the Val Poschiavo and further into the Italian Valtellina.

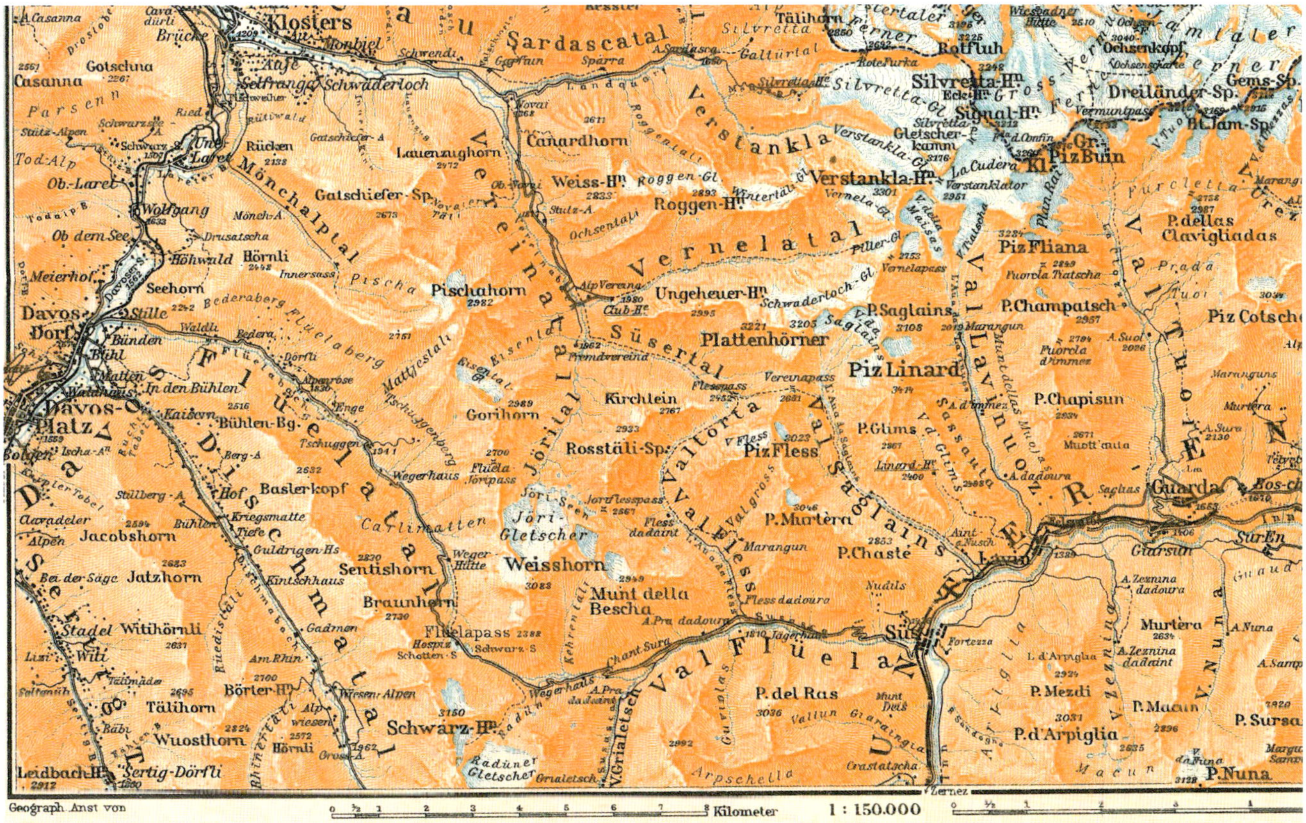

1

nach Schuls. FLÜELA-PASS. VI. R. 93. 435

Süs oder (3 St.) *Lavin* (S. 494). — Ein zweiter Übergang führt am obern Ende des Süser Tals r. zum **Flesspaß** (2452m) und durch *Val Torta* und *Val Fless* hinab ins *Susascatal* auf die Flüelastraße (S. 436), 1 St. oberhalb Süs; — ein dritter durch das *Jörital* (S. 434), mit den sieben *Jöri-Seen* (2499m) und dem vom *Weißhorn* (3088m) überragten *Jörigletscher*, über den **Jöriflesspaß** (2567m) gleichfalls ins Flesstal ($8^1/_2$ St. bis Süs, F. 21 fr.); — ein vierter von den Jöri-Seen r. steil hinan über den **Flüela-Jöripaß** (ca. 2700m) zum (5 St. von der Vereinahütte) *Flüelahospiz* (s. unten).

Nach Lavin über die Fuorcla Zadrell (9 St., F. 21 fr.), beschwerlich aber lohnend. Von der ($3^1/_2$ St.) Vereinahütte (S. 434) durch das *Vernelatal* an der Felshöhle *Baretto Balma* vorbei hinan, zuletzt über den *Pillergletscher* zur ($2^1/_2$-3 St.) **Fuorcla Zadrell** (*Vernelapaß* oder *Laviner Joch*, 2758m). Steil hinab über Fels und Geröll ins *Val Lavinuoz* zur *Alp Marangun* (2010m) und unter den Abstürzen des *Piz Linard* hin über *Alp da mezz* und *Alp da doura* nach (3 St.) *Lavin* (S. 494).

Nach Guarda über den Silvrettapaß (10-11 St., F. 30 fr.), anstrengend, aber für Geübte nicht schwierig. Vom (5 St.) Silvrettahaus (S. 434) über den *Silvrettagletscher* zum ($2^1/_2$ St.) **Silvrettapaß** (3013m), zwischen *Signalhorn* (3212m) und *Gletscherkamm* (3176m), dann s.ö. um den *Klein-Buin* (3260m) herum über die Gletscher *La Cudèra* und *Plan Rai* und über Fels und Geröll beschwerlich hinab ins *Val Tuoi* nach (3 St.) *Guarda* (S. 494). — Vom Silvrettahaus nach Lavin über das **Verstanklator** (2951m), zwischen Verstanklahorn und Gletscherkamm, $7^1/_2$ St., sehr beschwerlich, nur für erfahrene Bergsteiger (F. 32 fr.).

Ins Montafon über das *Schlappinajoch* (2164m; 6 St. bis Gargellen, $7^1/_2$ St. bis Gallenkirch, F. 18 fr., entbehrlich) s. S. 500. — Durch das Schlappinatal und über das *Garnerajoch* (2485m) zur ($5^1/_2$-6 St.) *Tübinger Hütte* und nach ($3^1/_2$ St.) Gaschurn (S. 500), leicht u. lohnend (F. 18 fr.). — Über die *Rote Furka* (2692m) zum (8 St.; F. 18 fr.) *Madlenerhaus* (S. 500), beschwerlich.

Klosters ist Kopfstation. Die Bahn überschreitet die Landquart, steigt in w. Richtung durch den *Rütiwald*, mit hübschen Aussichten r., bis zum *Drostobel*, wendet sich in dem 334m l. *Cavadürli-Kehrtunnel* zurück zur Haltestelle *Cavadürli* und steigt die bewaldete *Klostersche Stütz* hinan; l. die Silvrettagruppe. 41km Stat. *Laret* (1524m), beim kl. *Schwarzsee;* weiter an *Unterlaret* (Whser. Schwarzsee und Waldhaus) vorbei über den *Stützbach* zur ($43_{,5}$km) Stat. *Wolfgang* (1633m; Gasth. Davos-Kulm), dem höchsten Punkt der Bahn (r. Handweiser zur Parsenn-Skihütte 2 St., s. S. 434). Bergab durch Arven- und Lärchenwald; r. die Deutsche Heilstätte (S. 438), oberhalb des *Davoser Sees* (1562m), an dessen O.-Ufer die Bahn hinführt. Bei der Mündung des Flüelatals über das *Landwasser*. — $47_{,3}$km *Davos-Dorf* (S. 438); 50km *Davos-Platz* (S. 436).

Die Flüelastraße überschreitet beim ($2_{,6}$km) Bahnhof Davos-Dorf (Postanschluß s. S. 431; $^1/_2$ St. Aufenthalt) das Landwasser (r. das *Dischma-Tal* mit dem schönen *Piz Vadret*, S. 439) und steigt im *Flüelatal* hinan, anfangs durch Wald. $1^1/_4$ St. *Whs. Alpenrose* (1830m); $^1/_2$ St. ($9_{,9}$ km) *Whs. Tschuggen* (1941m). Auf dem ($1^1/_2$ St.) $15_{,9}$km **Flüela-Paß** (2405m; Flüela-Hospiz, 1. Juni - 1. Okt., 12 B. zu 3-4, F. $1^1/_2$, M. 3, P. 7-10 fr.) r. der *Schottensee* mit weißgrünem Gletscher-, l. der *Schwarzsee*, mit klarem Quellwasser. N.ö. das *Weißhorn* (3088m), südl. das *Schwarzhorn*.

2

3

1 — *Karte: Baedekers Schweiz. Handbuch für Reisende von Karl Baedeker. 1913 - Map: Baedekers Switzerland. Handbook for Travellers by Karl Baedeker. 1913*

2 — *Seite aus: Baedekers Schweiz. Handbuch für Reisende von Karl Baedeker. 1913 - Page from: Baedekers Switzerland. Handbook for Travellers by Karl Baedeker. 1913*

3 — *Postkarte: Flüela Hospiz. Photo: R. Grass, Zernez Postcard: Flüela Hospice. Photo: R. Grass, Zernez*

Dr. Stefan Weckbach

Porsche Boxster Spyder
Baujahr / Built 2015

Mein Porsche ist der stärkste, schnellste, puristischste und leichteste Boxster, den es aktuell gibt. Ein Projekt, das in den letzten beiden Jahren mit großem Engagement von der ganzen Mannschaft vorangetrieben wurde und uns allen viel Freude bereitet hat.

Was war dein erster Porsche? – 911 Carrera S (997), Baujahr 2008. Schwarz/schwarz, Handschalter, Sportabgasanlage, Turbo-Rad. Ein – immer noch – sensationelles Auto.

Wann fährst du am liebsten in die Berge? – In der Dämmerung, entweder morgens oder abends. Die Stimmung des Lichtwechsels ist einfach wunderschön, wenn sich die Berge dunkel gegen den Himmel abheben. Die Straße ist dann zwar leer, kann aber dennoch mit einigen Überraschungen aufwarten. In der Früh können das einige nasse Stellen sein, je nach Temperatur sogar leicht gefroren, und am Abend muss man auf den Wildwechsel aufpassen. Das Gefühl, alleine am Übergang zu Nacht auf Tag oder umgekehrt über einen Pass oder durch die Berge zu fahren – offen, wie sonst! –, hat bei aller Herausforderung auch etwas sehr Entspannendes.

Welche Passfahrt ist dir besonders im Gedächtnis geblieben? – Eine meiner schönsten Alpenüberquerungen war die Fahrt über die Großglockner-Hochalpenstraße, sozusagen auf den Spuren von Ferry Porsche, der in den 1950er-Jahren im 356 über den Großglockner nach Kärnten gefahren ist.

Was macht mehr Spaß – bergauf oder bergab? – Eigentlich beides, weil es so unterschiedlich ist. Bergauf kann man es richtig krachen lassen und die fantastische Traktion eines Mittelmotor-Sportwagens beim Beschleunigen aus den Kurven genießen. Bergab ist dann noch mehr Fingerspitzengefühl gefragt, vor allem beim Anbremsen und Einlenken.

Mit welchem Porsche würdest du gern einmal die Alpen überqueren? – Mit der Großmutter. So bezeichnen wir den Porsche 718 RS Spyder mit Achtzylinder-Boxermotor, der von der Targa Florio auf Sizilien bis zur Europa-Bergmeister- schaft in den 60er-Jahren vier Jahre lang die schwersten Rennen bestritten hat. Über 200 PS bei 640 Kilogramm Gewicht, flach, offen und alltagstauglich ... noch Fragen ?

My Porsche is the strongest, fastest, lightest and most pure Boxster that's out there at the moment. A project that the entire team has pushed forward with great dedication over the last two years and given us all a great deal of pleasure.

What was your first Porsche? – 911 Carrera S (997) built in 2008. Black/black, manual, sports exhaust system, Turbo wheels. A sensational car – still.

When do you prefer driving in the mountains? – At dawn or dusk. The mood of the changing light when the mountains stand out dark against the sky is just wonderful. The road is empty but can still present some surprises. In the morning, several patches might be damp and even icy depending on the temperature. In the evening you have to watch out for crossing animals. The feeling of traversing a pass or driving through the mountains as night turns to day or vice versa – with the roof down of course! – is very relaxed, despite the challenges.

Which mountain pass is the most memorable for you? – One of my most beautiful Alpine crossings was over the Grossglockner High Alpine Road tracing the footsteps of Ferry Porsche, who drove the 356 over the Grossglockner to Carinthia in the fifties.

What's more fun – uphill or downhill? – Both, actually, because it's so different. Uphill you can go hell for leather and enjoy the fantastic traction of a mid-engine sports car when accelerating out of the corners. Downhill takes more finesse, especially when braking and turning in.

With which Porsche would you like to cross the Alps one day? – With the so-called *Großmutter*. It means grandmother in German and it's what they called the Porsche 718 RS Spyder powered by the eight-cylinder boxer engine. Over four years in the sixties, the Großmutter tackled the most gruelling races, from the Targa Florio in Sicily to the European Hill Climb Championship. Delivering 200 hp, weighing just 640 kilograms, low, open and also good for commutes ... need I say more?

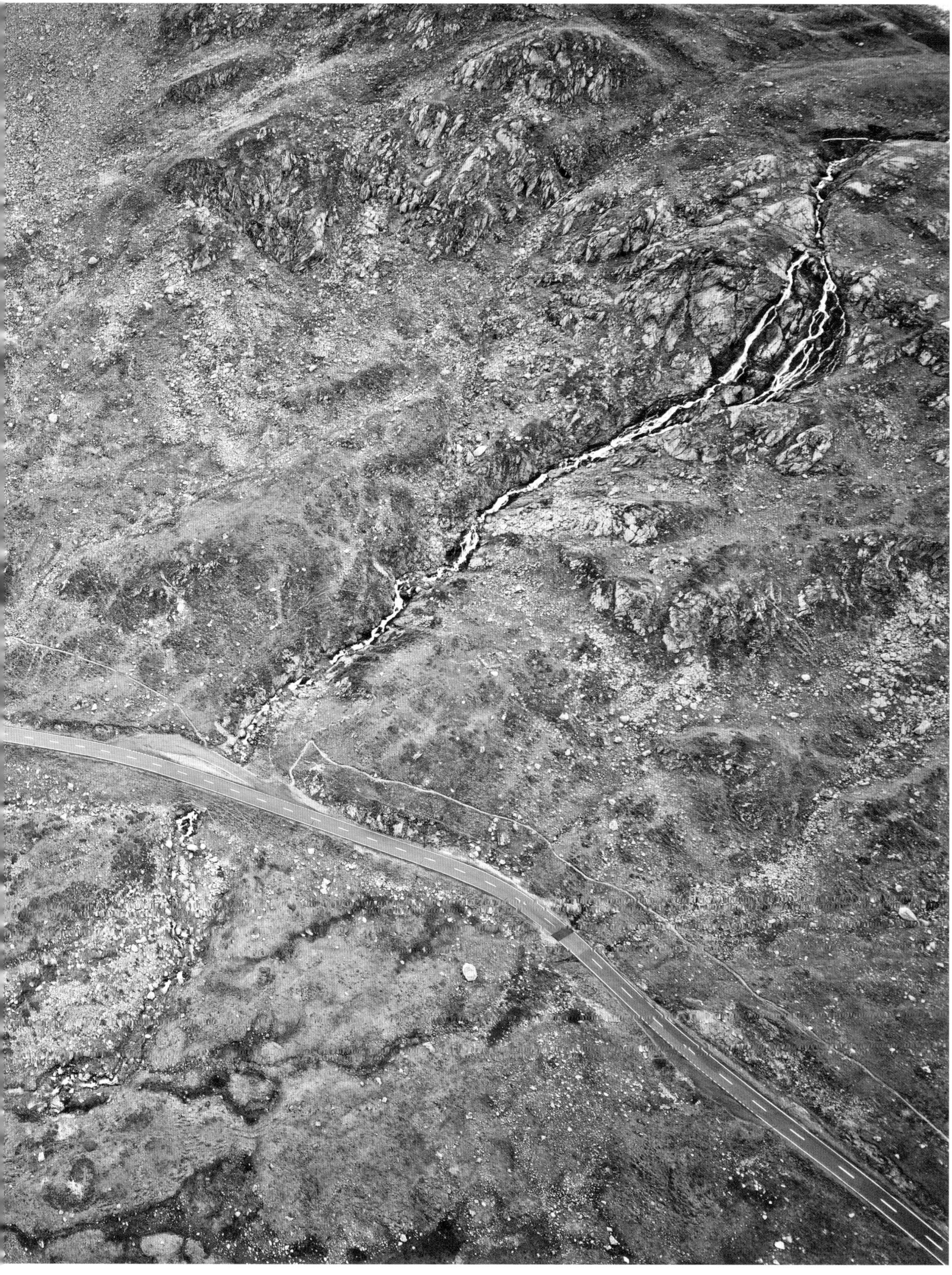

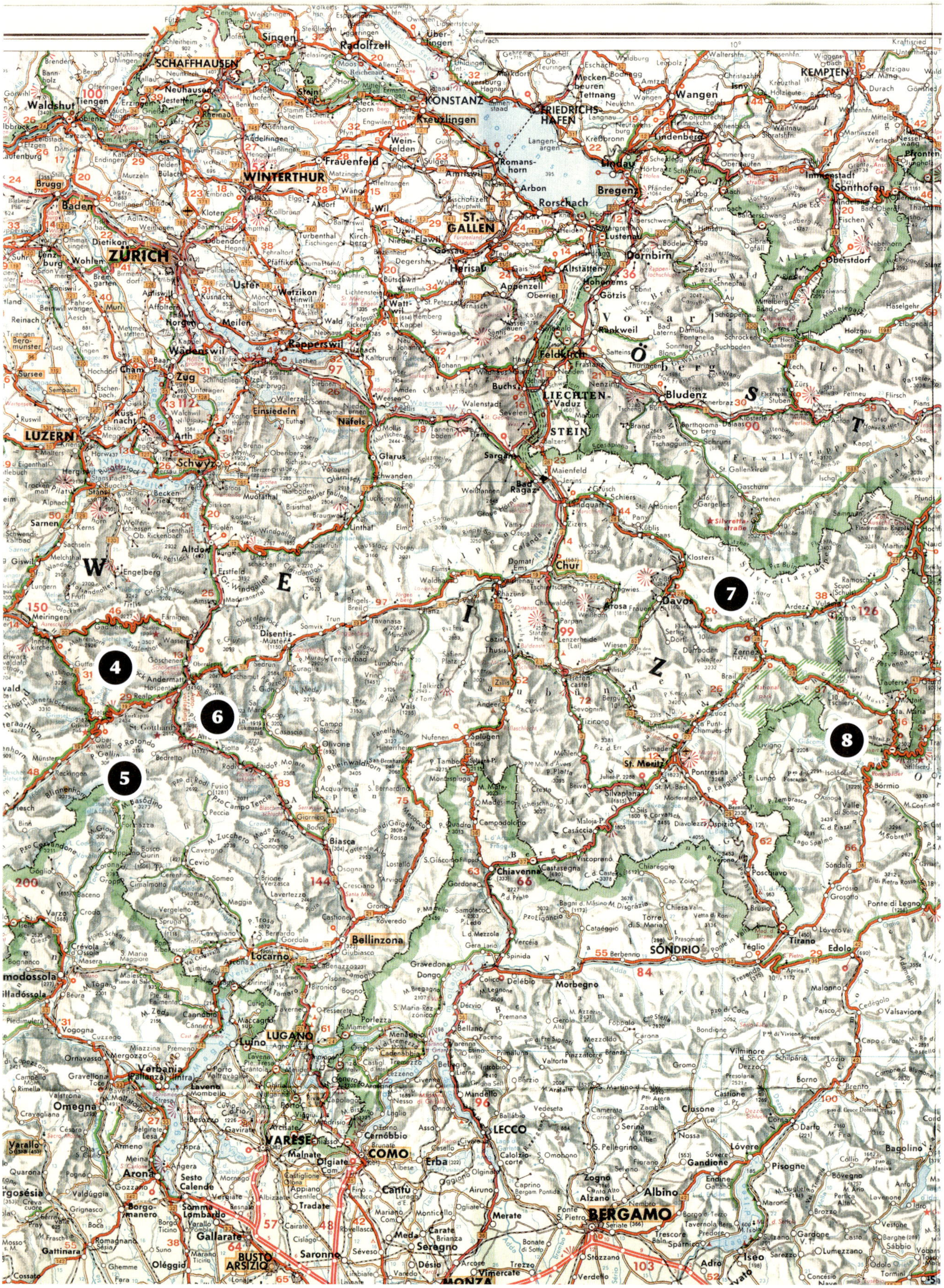
4
5
6
7
8
SCHAFFHAUSEN
KONSTANZ
FRIEDRICHSHAFEN
KEMPTEN
WINTERTHUR
ST. GALLEN
ZÜRICH
LUZERN
LIECHTENSTEIN
Bregenz
Chur
St. Moritz
Bellinzona
Locarno
LUGANO
Chiavenna
SONDRIO
Tirano
Bormio
Edolo
LECCO
COMO
VARESE
BERGAMO
BUSTO ARSIZIO
MONZA
Verbania
Omegna
Domodossola
Davos
Andermatt
Einsiedeln
Glarus
Sargans
Bludenz
Feldkirch
Lindau
Wangen
Oberstdorf
Sonthofen
Dornbirn
Schwyz
Zug
Altdorf
Meiringen
Sarnen
Arona
Gallarate
Tiengen
Waldshut
Baden
Brugg
Frauenfeld
Rapperswil
Arosa
Klosters
Zernez
Poschiavo
Pontresina

Stilfser Joch
Stelvio Pass

»Einzig in jeder Hinsicht ist die Stilfser-Joch-Straße, unbedingt die Königin aller Gebirgsfahrstraßen«, schrieb Charles L. Freeston schon 1910 in seinem »Motoring Guide to One Hundred Mountain Passes«. »Sie liegt höher als irgendeine andere der Alpenhochstraßen«, fuhr er begeistert fort, »und hat sogar im Himalaya keine Rivalin.« Es müsse ganz einfach das Bestreben eines jeden Touren fahrenden Automobilisten sein, so urteilte Freeston, die Strecke einmal zu erklimmen. Tatsächlich gilt das Stilfser Joch vielen Autofahrern bis heute als kühnster und kurvenreichster Alpenpass. Das britische TV-Magazin »Top Gear« erklärte ihn gar zur »greatest driving road in the world«.

Bis auf 2757 Meter über dem Meeresspiegel muss man den wagemutig in den Berg geschlagenen Kehren folgen, ehe sich die Straße wieder hinunterwindet. Dabei ist der Gebirgspass nicht nur der höchste Italiens, sondern auch einer der ersten, der in den Alpen ausgebaut wurde. Von 1820 bis 1826 wurde die Straßenverbindung vom Südtiroler Vinschgau ins heute italienische Veltlin im Auftrag des österreichischen Kaiserreiches errichtet, um die Lombardei besser an die k. u. k. Monarchie anzubinden. Ingenieur und Baumeister Carlo Donegani verbrachte bei der Konstruktion des Passo dello Stelvio wahre Wunder. Besonders berüchtigt sind die 48 schwindelerregenden Serpentinen der Nordostrampe, auf denen sich schon Bauherr Kaiser Franz I. während einer Kutschenfahrt nach Mailand der Magen umdreht haben soll.

Selbst ausgesprochene Rationalisten lässt das eindrucksvolle Straßenbauwerk mit seinen imposanten Ausblicken auf den Stelvio-Nationalpark nicht kalt. »Man fühlt sich auf der Höhe, umgeben von dem reinsten Äther des Himmels und den Rie-

"From every point of view, the Stelvio is the unquestioned king among mountain carriage roads, " wrote Charles L. Freeston in his 1910 Motoring Guide to One Hundred Mountain Passes. "It is loftier than any other Alpine highway", he enthused, "and has no rival even in the Himalayas themselves." According to Freeston, climbing the Stelvio should be the ambition of every automobilist. It is considered the most adventurous and twisty of the Alpine passes – the British TV show Top Gear even named it "the greatest driving road in the world".

The pass climbs to 2,757 metres above sea level, writhing through precipitous hairpins carved into the side of the mountain, before winding back down again. This mountain road is not only Italy's highest, but was also one of the first to be developed in the Alps. It was built between 1820 and 1826 by the Austrian Empire, to better connect the province of Lombardy with the Austrian-Hungarian monarchy, and stretched from the South Tyrolean Vinschgau to Valtellina, which today is in Italy.

The engineer and project manager, Carlo Donegani, accomplished a real miracle in constructing the Passo della Stelvio. Particularly notorious are the 48 dizzying serpentines of the north-east ramp, which are said to have turned the stomach of Emperor Franz I during a carriage ride to Milan. The impressive road construction with its majestic views over the Stelvio National Park can inspire even staunch rationalists. "At this altitude, surrounded by the heaven's purest air and the colossal gestalt of the high mountains, one feels elevated above all earthly cares and sorrows", gushed the Austrian district engineer Joseph Baumgartner in 1827, after a trip over the Stelvio Pass. His

KARTE: Offizielle Strassenkarte des ADAC im Massstab 1 : 850 000. Alpen mit Österreich, Schweiz und Oberitalien. Mairs Geographischer Verlag Stuttgart

MAP: Official ADAC road map at a scale 1:850.000. Alps with Austria, Switzerland and Northern Italy. Mairs Geographischer Verlag, Stuttgart

Es müsse ganz einfach das Bestreben eines jeden Touren fahrenden Automobilisten sein, so urteilte Freeston, die Strecke einmal zu erklimmen. Tatsächlich gilt das Stilfser Joch vielen Autofahrern bis heute als kühnster und kurvenreichster Alpenpass. Das britische TV-Magazin »Top Gear« erklärte ihn gar zur »greatest driving road in the world«.

According to Freeston, climbing the Stelvio should be the ambition of every automobilist. It is considered the most adventurous and twisty of the Alpine passes – the British TV show "Top Gear " even named it "the greatest driving road in the world".

sengestalten der Hochgebirge, über alle irdischen Sorgen und Kleinlichkeiten erhaben«, schwärmt 1827 der österreichische Kreisingenieur Joseph Baumgartner nach einer Tour über das Stilfser Joch. Sein Herz, so notiert er, sei hingerissen »zur Bewunderung der Kühnheit des Menschen, der es wagte, eine Fahrstraße bis in jene Höhen zu bahnen, wo alle Vegetation erloschen ist und der Winter seinen beständigen Thron aufgeschlagen hat.«

Und die Faszination hält an. Kaum weniger poetisch fühlte sich der einstige Top-Gear-Frontmann Jeremy Clarkson beim Anblick der Kehren an »15 Meilen lange Asphalt-Spaghetti, die auf einer Alp drapiert wurden« erinnert. Doch es sind nicht nur die sportlichen Automobilisten, die das Stilfser Joch als ultimative alpine Herausforderung verehren – auch die Radfahrer scheinen sich von der steilen und kurvenreichen Passstraße magisch angezogen zu fühlen. Das berühmte Radrennen Giro d'Italia überquert den Stelvio immer wieder. Und bei der Passhöhe erinnert ein Denkmal an den legendären italienischen Radrennfahrer Fausto Coppi, der den Giro gleich fünfmal gewann. Bis heute wird das Stilfser Joch zudem jedes Jahr an einem »Radtag« im Sommer für den Autoverkehr gesperrt. Tausende Radfahrer starten dann von der Lombardei und Südtirol aus ihre beschwerliche Fahrt in Richtung Gipfel.

heart, he writes, was rapt "to admire the audacity of the man who dared to cleave a road at an altitude where there is no vegetation and winter has cast its perennial throne." And the fascination lives on. When former Top Gear front man Jeremy Clarkson first encountered the switchbacks, he described "fifteen miles of asphalt spaghetti draped on the Alps".

But it's not just ambitious motorists who worship the Stelvio Pass as the ultimate Alpine challenge – cyclists too seem to feel magically drawn to the steep and winding mountain road. The famous Giro d'Italia cycling race crosses the Stelvio repeatedly, and a monument at the pass summit commemorates the legendary Italian cyclist Fausto Coppi, five-time winner of the Giro. Every summer, the Stelvio is closed to traffic for a "cycling day", with thousands of cyclists from Lombardy and South Tyrol embarking on the formidable journey to the summit.

1 — *Doppelseite aus: Baedekers Schweiz. Handbuch für Reisende von Karl Baedeker. 1913 - Double spread from: Baedekers Switzerland. Handbook for Travellers by Karl Baedeker. 1913*

2 — *Karte: Kurt Mair: Die Hochstrassen der Alpen. 1962. 8. Auflage – Map: Kurt Mair: The High Roads of the Alps. 1962. 8th edition*

3 — *Postkarte: Ferdinanndshöhe. Stilfserjochstrasse. Joh. Amonn, Bozen – Postcard: Ferdinand summit. Stelvio Pass Road. Joh. Amonn, Bolzano*

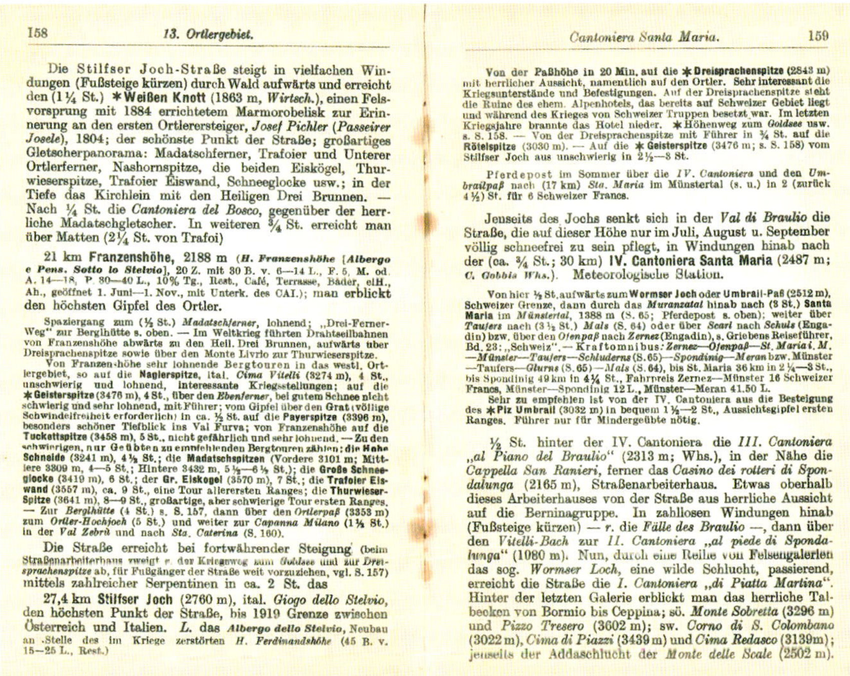

158 *13. Ortlergebiet.*

Die Stilfser Joch-Straße steigt in vielfachen Windungen (Fußsteige kürzen) durch Wald aufwärts und erreicht den (1¼ St.) ***Weißen Knott** (1863 m, *Wirtsch.*), einen Felsvorsprung mit 1884 errichtetem Marmorobelisk zur Erinnerung an den ersten Ortlerersteiger, *Josef Pichler* (*Passeirer Josele*), 1804; der schönste Punkt der Straße; großartiges Gletscherpanorama: Madatschferner, Trafoier und Unterer Ortlerferner, Nashornspitze, die beiden Eiskögel, Thurwieserspitze, Trafoier Eiswand, Schneeglocke usw.; in der Tiefe das Kirchlein mit den Heiligen Drei Brunnen. — Nach ¼ St. die *Cantoniera del Bosco*, gegenüber der herrliche Madatschgletscher. In weiteren ¾ St. erreicht man über Matten (2¼ St. von Trafoi)

21 km **Franzenshöhe,** 2188 m (***H. Franzenshöhe** [**Albergo e Pens. Sotto lo Stelvio**], 20 Z. mit 30 B. v. 6—14 L., F. 5, M. od. A. 14—18, P. 30—40 L., 10% Tg., Rest., Café, Terrasse, Bäder, elH., Ah., geöffnet 1. Juni—1. Nov., mit Unterk. des CAI.); man erblickt den höchsten Gipfel des Ortler.

Spaziergang zum (½ St.) *Madatschferner*, lohnend; „Drei-Ferner-Weg" zur Berglhütte s. oben. — Im Weltkrieg führten Drahtseilbahnen von Franzenshöhe abwärts zu den Heil. Drei Brunnen, aufwärts über Dreisprachenspitze sowie über den Monte Livrio zur Thurwieserspitze.

Von Franzenshöhe sehr lohnende Bergtouren in das westl. Ortlergebiet, so auf die **Naglerspitze**, ital. *Cima Vitelli* (3274 m), 4 St., unschwierig und lohnend, **interessante Kriegsstellungen;** auf die ***Geisterspitze** (3476 m), 4 St., über den *Ebenferner*, bei gutem Schnee nicht schwierig und sehr lohnend, mit Führer; vom Gipfel über den **Grat** (völlige Schwindelfreiheit erforderlich) in ca. ½ St. auf die **Payerspitze (3396 m),** besonders schöner Tiefblick ins Val Furva; von Franzenshöhe auf die **Tuckettspitze (3458 m), 5 St.,** nicht gefährlich und sehr lohnend. — Zu den schwierigen, nur Geübten zu empfehlenden Bergtouren zählen: die **Hohe Schneide** (3241 m), 4½ St.; die **Madatschspitzen** (Vordere 3101 m; Mittlere 3309 m, 4—5 St.; Hintere 3432 m, 5½—6½ St.); die **Große Schneeglocke** (3419 m), 6 St.; der **Gr. Eiskogel** (3570 m), 7 St.; die **Trafoier Eiswand** (3557 m), ca. 9 St., eine Tour allerersten Ranges; die **Thurwieser-Spitze** (3641 m), 8—9 St., großartige, aber schwierige Tour ersten Ranges. — Zur *Berglhütte* (4 St.) s. S. 157, dann über den *Ortlerpaß* (3353 m) zum *Ortler-Hochjoch* (5 St.) und weiter zur *Capanna Milano* (1½ St.) in der *Val Zebrù* und nach *Sta. Caterina* (S. 160).

Die Straße erreicht bei fortwährender Steigung (beim Straßenarbeiterhaus zweigt r. der Kriegsweg zum *Goldsee* und zur *Dreisprachenspitze* ab, für Fußgänger der Straße weit vorzuziehen, vgl. S. 157) mittels zahlreicher Serpentinen in ca. 2 St. das

27,4 km **Stilfser Joch** (2760 m), ital. *Giogo dello Stelvio*, den höchsten Punkt der Straße, bis 1919 Grenze zwischen Österreich und Italien. *L.* das ***Albergo dello Stelvio,*** Neubau an Stelle des im Kriege zerstörten *H. Ferdinandshöhe* (45 B. v. 15—25 L., Rest.)

Cantoniera Santa Maria. 159

Von der **Paßhöhe in 20 Min. auf die *Dreisprachenspitze** (2843 m) mit herrlicher Aussicht, namentlich auf den Ortler. **Sehr interessant** die Kriegsunterstände und Befestigungen. Auf der Dreisprachenspitze steht die Ruine des ehem. Alpenhotels, das bereits auf Schweizer Gebiet liegt und während des Krieges von Schweizer Truppen besetzt war. Im letzten Kriegsjahre brannte das Hotel nieder. *Höhenweg zum *Goldsee* usw. s. S. 158. — Von der Dreisprachenspitze mit Führer in ¾ St. auf die **Rötelspitze** (3030 m). — Auf die ***Geisterspitze** (3476 m; s. S. 158) vom Stilfser Joch aus unschwierig in 2½—3 St.

Pferdepost im Sommer über die *IV. Cantoniera* und den *Umbrailpaß* nach (17 km) *Sta. Maria* im Münstertal (s. u.) in 2 (zurück 4½) St. für 6 Schweizer Francs.

Jenseits des Jochs senkt sich in der *Val di Braulio* die Straße, die auf dieser Höhe nur im Juli, August u. September völlig schneefrei zu sein pflegt, in Windungen hinab nach der (ca. ¾ St.; 30 km) **IV. Cantoniera Santa Maria** (2487 m; *C. Gobbis Whs.*). Meteorologische Station.

Von hier ½ St. aufwärts zum **Wormser Joch** oder **Umbrail-Paß (2512 m),** Schweizer Grenze, dann durch das *Muranzatal* hinab nach (3 St.) **Santa Maria** im *Münstertal*, 1388 m (S. 65; Pferdepost s. oben); weiter über *Taufers* nach (3½ St.) *Mals* (S. 64) oder über *Scarl* nach *Schuls* (Engadin) bzw. über den *Ofenpaß* nach *Zernez* (Engadin), s. Griebens Reiseführer, Bd. 23: „Schweiz". — Kraftomnibus: *Zernez—Ofenpaß—St. Maria i. M.—Münster—Taufers—Schluderns* (S. 65)—*Spondinig—Meran* bzw. Münster—Taufers—*Glurns* (S. 65)—*Mals* (S. 64), bis St. Maria 36 km in 2¼—3 St., bis Spondinig 49 km in 4¼ St., Fahrpreis Zernez—Münster 16 Schweizer Francs, Münster—Spondinig 12 L., Münster—Meran 41.50 L.

Sehr zu empfehlen ist von der IV. Cantoniera aus die Besteigung des ***Piz Umbrail** (3032 m) in bequem 1½—2 St., Aussichtsgipfel ersten Ranges. Führer nur für Mindergeübte nötig.

½ St. hinter der IV. Cantoniera die *III. Cantoniera „al Piano del Braulio"* (2313 m; Whs.), in der Nähe die *Cappella San Ranieri*, ferner das *Casino dei rotteri di Spondalunga* (2165 m), Straßenarbeiterhaus. Etwas oberhalb dieses Arbeiterhauses von der Straße aus herrliche Aussicht auf die Berninagruppe. In zahllosen Windungen hinab (Fußsteige kürzen) — *r.* die *Fälle des Braulio* —, dann über den *Vitelli-Bach* zur *II. Cantoniera „al piede di Spondalunga"* (1080 m). Nun, durch eine Reihe von Felsengalerien das sog. *Wormser Loch*, eine wilde Schlucht, passierend, erreicht die Straße die *I. Cantoniera „di Piatta Martina"*. Hinter der letzten Galerie erblickt man das herrliche Talbecken von Bormio bis Ceppina; sö. *Monte Sobretta* (3296 m) und *Pizzo Tresero* (3602 m); sw. *Corno di S. Colombano* (3022 m), *Cima di Piazzi* (3439 m) und *Cima Redasco* (3139m); jenseits der Addaschlucht der *Monte delle Scale* (2502 m).

1

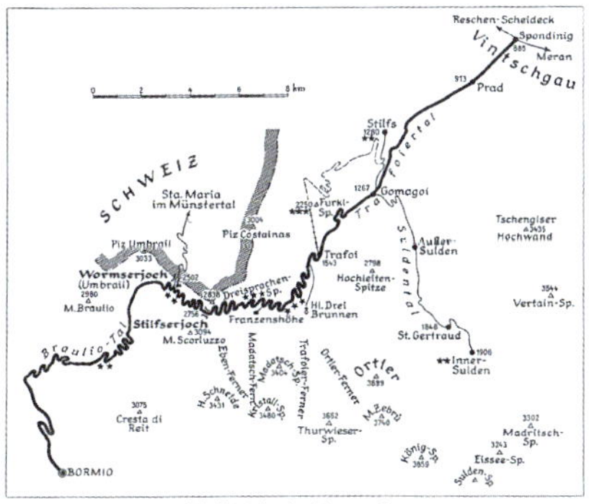

Die Königin der Alpenstraßen

Heute ist die Stilfserjochstraße nurmehr die zweithöchste Alpenstraße (hinter dem Col de l'Iseran), doch übertrifft sie diese an Schönheit weit. Lohnend sind der Abstecher nach Innersulden sowie die Seilbahnfahrt von Trafoi auf den Kleinboden bei der Furklspitze

2

3

Daniel Seebe

Porsche 911 Karmann Coupe Baujahr / Built 1968

Unser Porsche wurde 1968 nach Amerika (San Reno, Nevada) ausgeliefert und 1990 reimportiert. Er ist seit 25 Jahren in meinem Besitz und war lange Zeit mein Alltagsauto. Selbstverständlich war er auch unser Hochzeitsauto.

Our Porsche was delivered to America (San Reno, Nevada) in 1968 and re-imported in 1990. I've owned it for the last 25 years and it was my everyday car for many years. And, of course, it was also our wedding car.

Was war dein erster Porsche? – Mein erster Porsche war ein orangefarbenes Tretauto, genannt »Porschi«: Er stand bei meinen Großeltern.

Wann fährst du am liebsten in die Berge? – Eigentlich ist der Drang das ganze Jahr präsent – gern mit ein paar Freunden und bei jedem Wetter.

Welche Passfahrt ist dir besonders im Gedächtnis geblieben? – Grimselpass (Schweiz) – da hat es so geregnet, dass auf den Straßen regelrechte Bachläufe entstanden.

Was macht mehr Spaß – bergauf oder bergab? – Bergaufdriften.

Mit welchem Porsche würdest du gern einmal die Alpen überqueren? – Mit einem Porsche 550 Spyder.

What was your first Porsche? – My first Porsche was an orange pedal car named "Porschi". My grandparents kept it.

When do you prefer driving in the mountains? – The yearning is there all year round – preferably with a couple of friends and in any weather.

Which mountain pass is the most memorable for you? – Grimsel Pass (Switzerland) – the downpour was so heavy that creeks flowed across the road.

What's more fun – uphill or downhill? – Power sliding uphill.

With which Porsche would you like to cross the Alps one day? – With a Porsche 550 Spyder.

11°
Kehre
tornante

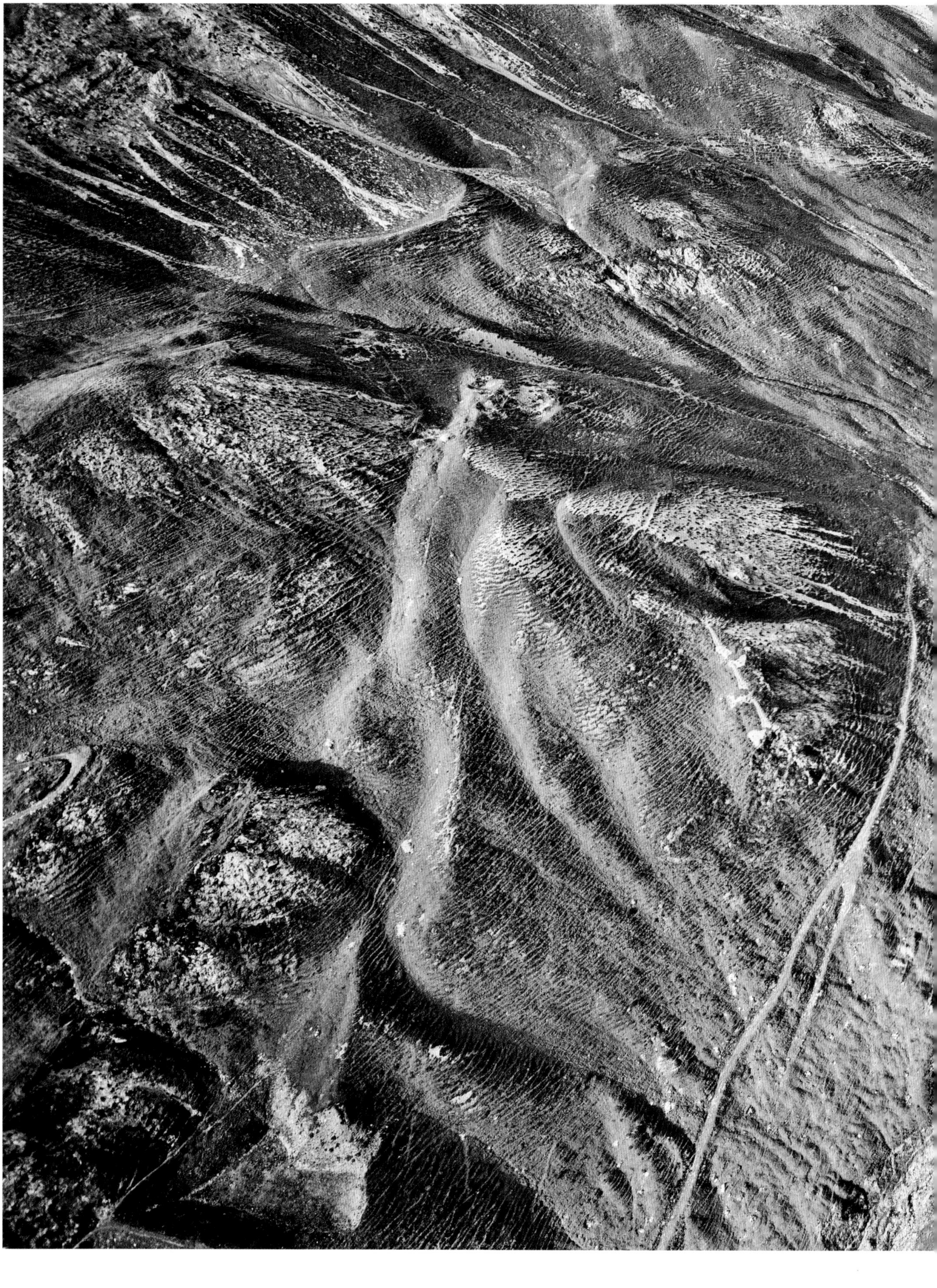

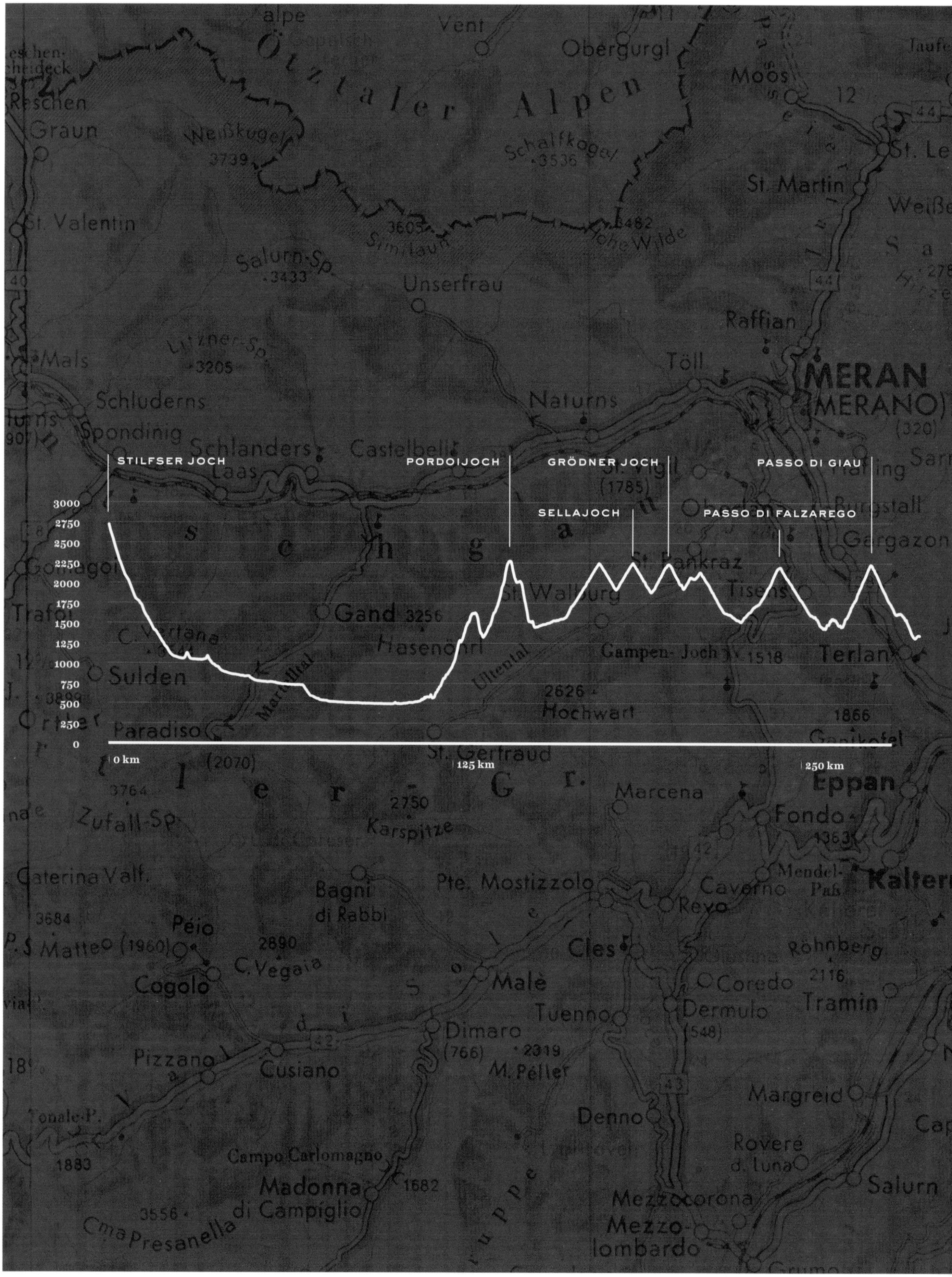
STILFSER JOCH
PORDOIJOCH
GRÖDNER JOCH
SELLAJOCH
PASSO DI GIAU
PASSO DI FALZAREGO
3000
2750
2500
2250
2000
1750
1500
1250
1000
750
500
250
0
0 km
125 km
250 km
MERAN
(MERANO)

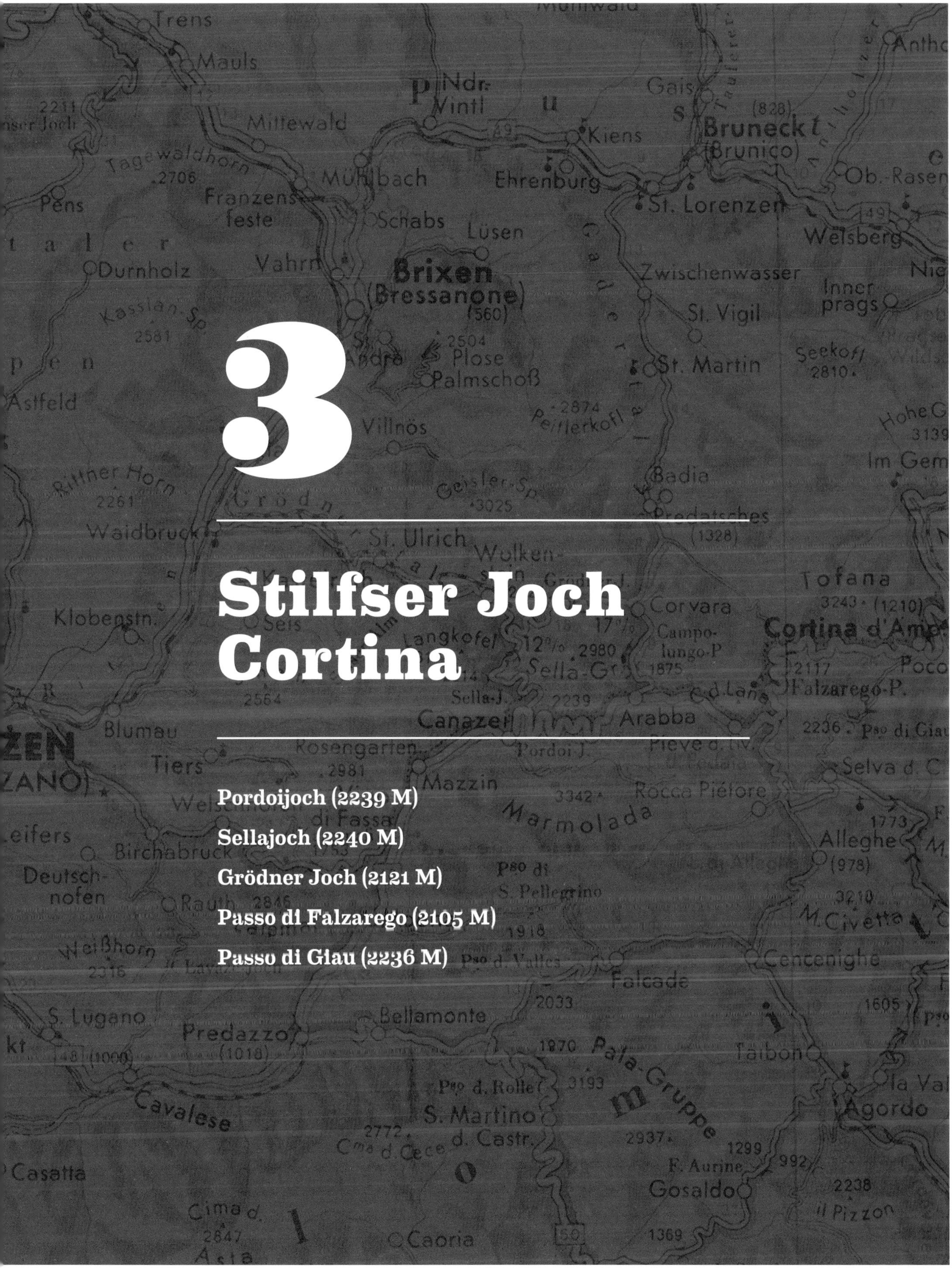

3

Stilfser Joch
Cortina

Pordoijoch (2239 M)

Sellajoch (2240 M)

Grödner Joch (2121 M)

Passo di Falzarego (2105 M)

Passo di Giau (2236 M)

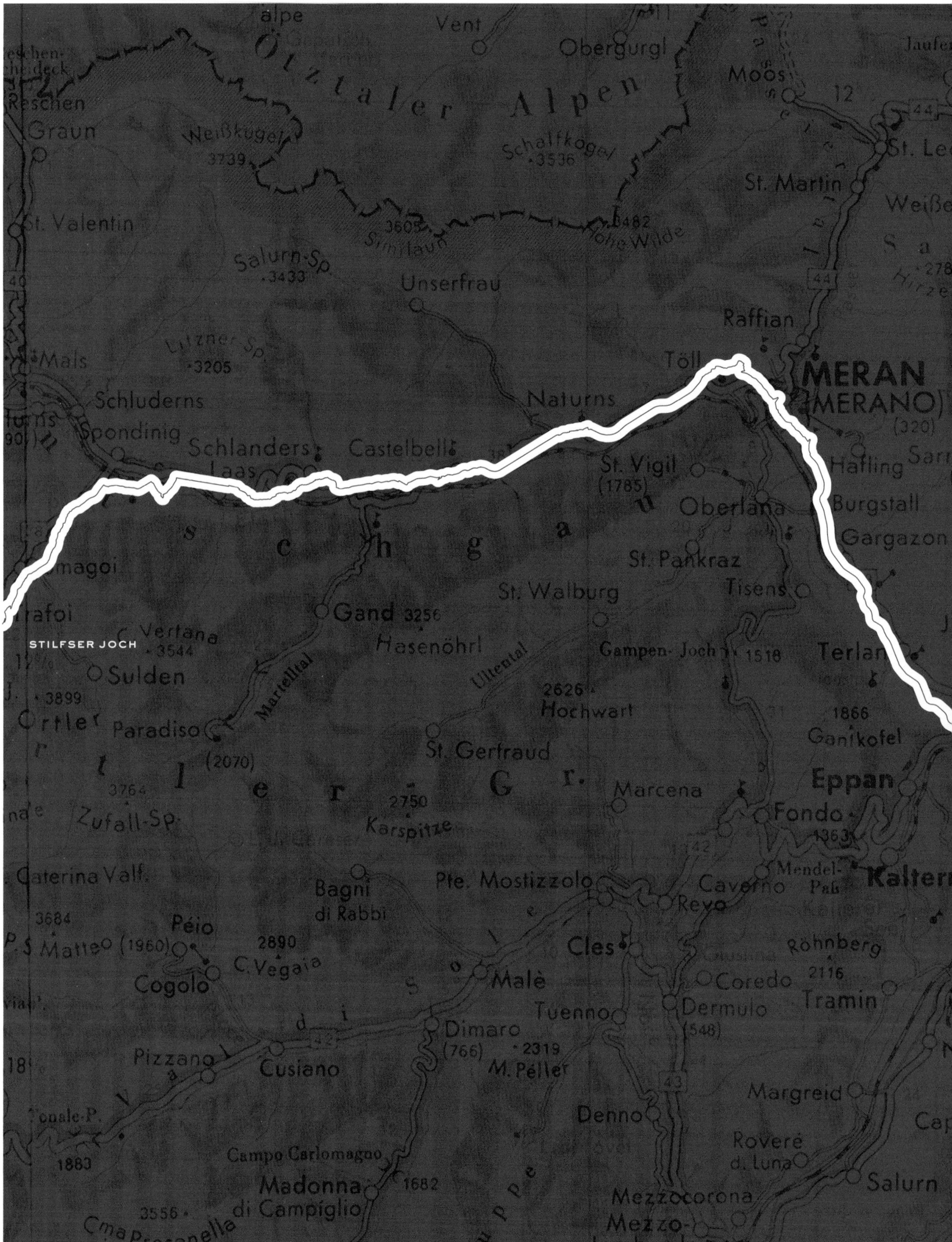
STILFSER JOCH
Ötztaler Alpen
Weißkugel
3739
Schalfkogel
3536
3605
3482
Hohe Wilde
Salurn-Sp.
3433
Unserfrau
Vent
Obergurgl
Moos
St. Martin
Raffian
MERAN
(MERANO)
(320)
Töll
Naturns
Reschen
Graun
St. Valentin
Mals
Schluderns
Spondinig
Schlanders
Laas
Castelbell
St. Vigil
(1785)
Oberlana
St. Pankraz
St. Walburg
Tisens
Hafling
Burgstall
Gargazon
Terlan
Gampen-Joch
1518
Gand
3256
Hasenöhrl
Vertana
3544
Sulden
3899
Ortler
Paradiso
(2070)
Martelltal
Ultental
2626
Hochwart
St. Gertraud
1866
Ganikofel
Eppan
Marcena
Fondo
1363
Mendel-Paß
Kaltern
Zufall-Sp.
2750
Karspitze
Bagni di Rabbi
Pte. Mostizzolo
Caverno
Revo
Cles
Röhnberg
2116
Tramin
Coredo
Dermulo
(548)
Tuenno
Caterina Valf.
3684
Péio
P. S. Matteo
(1960)
2890
C. Vegaia
Cogolo
Malè
Dimaro
(766)
2319
M. Péller
Pizzano
Cusiano
Denno
Margreid
Roverè d. Luna
Salurn
Tonale-P.
1883
Campo Carlomagno
Madonna di Campiglio
1682
3556
Cma Presanella
Mezzocorona
Mezzolombardo
3764

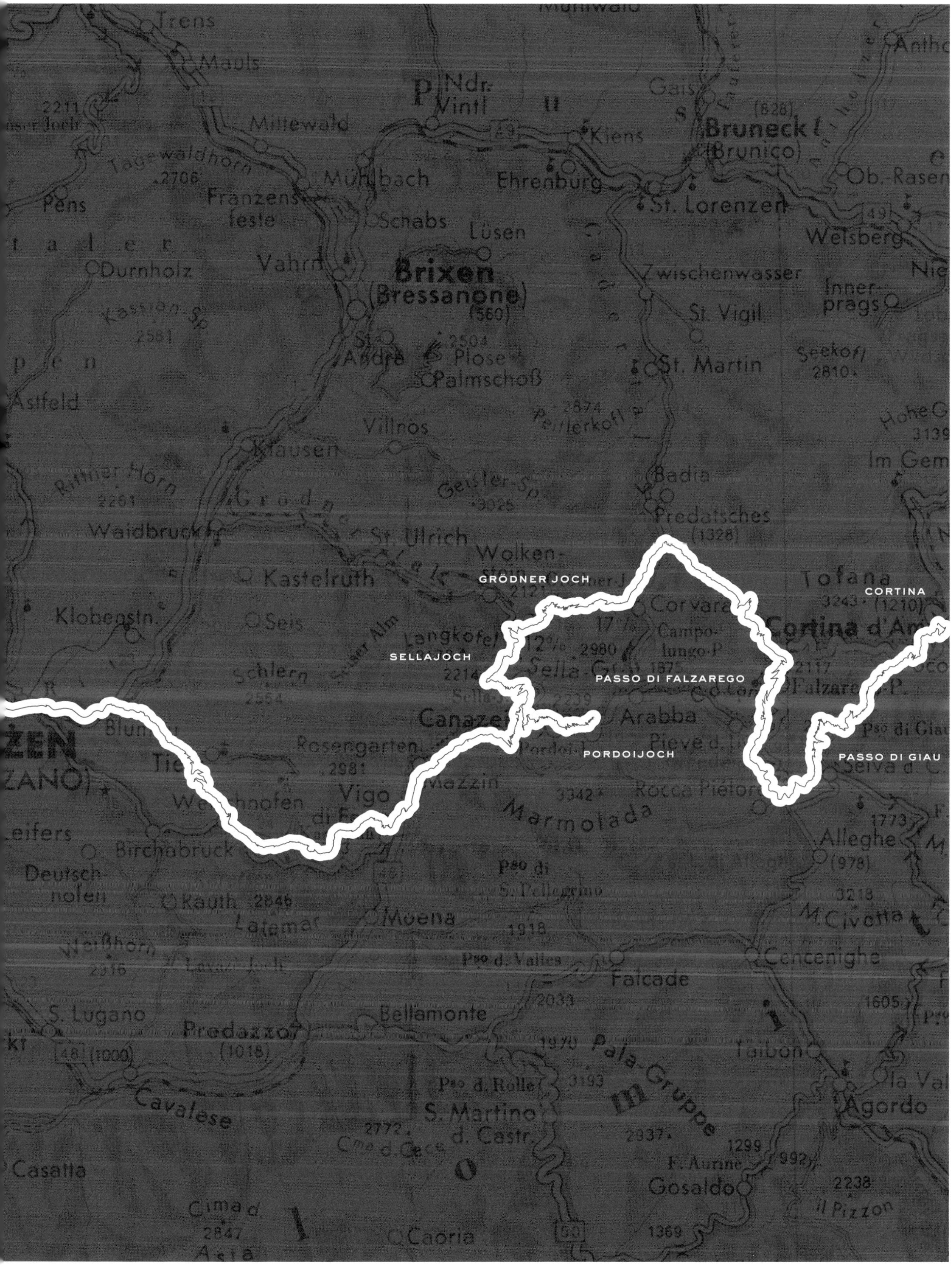
GRÖDNER JOCH
SELLAJOCH
PASSO DI FALZAREGO
PORDOIJOCH
PASSO DI GIAU
CORTINA

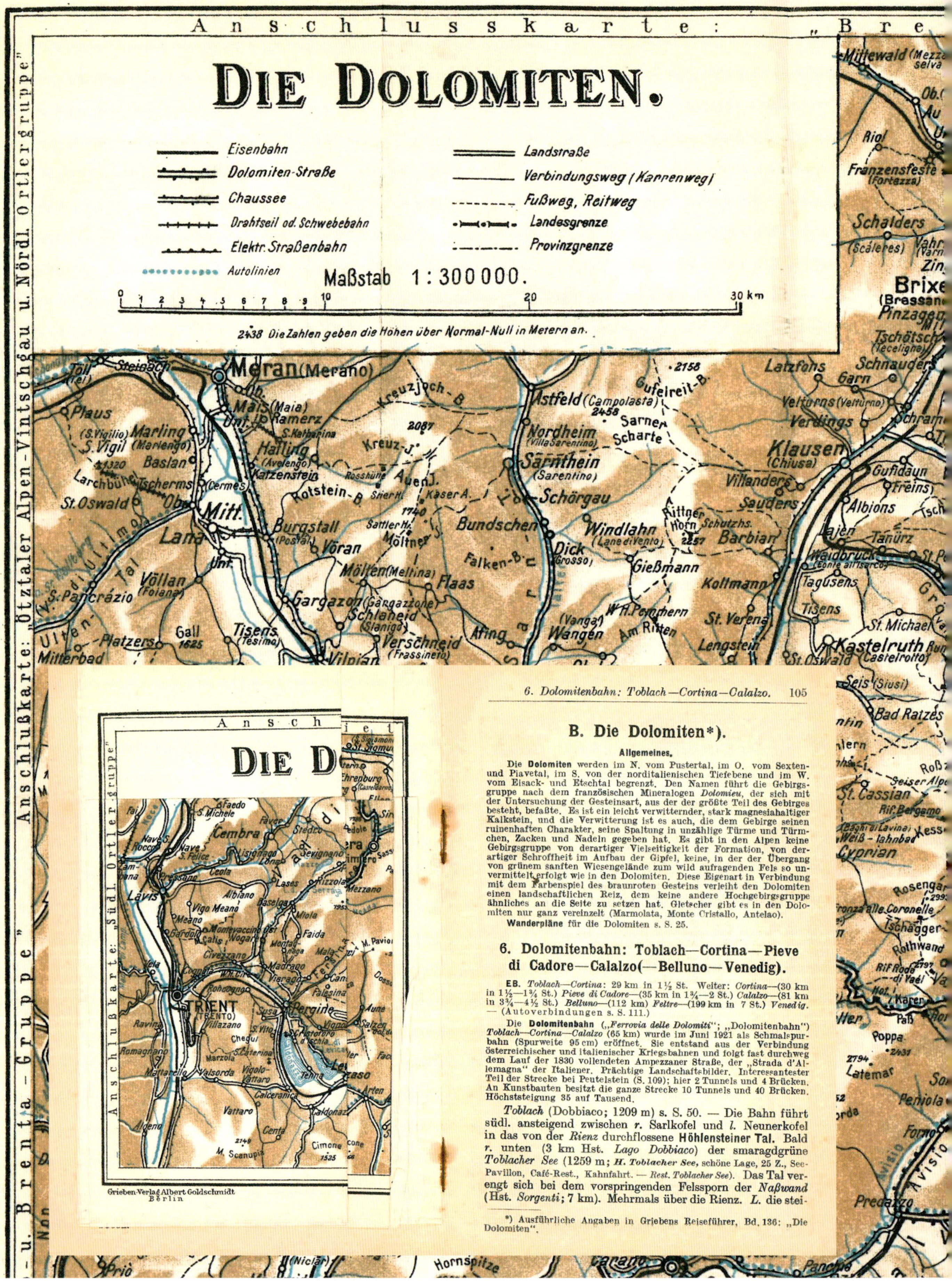

6. Dolomitenbahn: Toblach—Cortina—Calalzo. 105

B. Die Dolomiten*).

Allgemeines.

Die **Dolomiten** werden im N. vom Pustertal, im O. vom Sexten- und Piavetal, im S. von der norditalienischen Tiefebene und im W. vom Eisack- und Etschtal begrenzt. Den Namen führt die Gebirgsgruppe nach dem französischen Mineralogen *Dolomieu*, der sich mit der Untersuchung der Gesteinsart, aus der der größte Teil des Gebirges besteht, befaßte. Es ist ein leicht verwitternder, stark magnesiahaltiger Kalkstein, und die Verwitterung ist es auch, die dem Gebirge seinen ruinenhaften Charakter, seine Spaltung in unzählige Türme und Türmchen, Zacken und Nadeln gegeben hat. Es gibt in den Alpen keine Gebirgsgruppe von derartiger Vielseitigkeit der Formation, von derartiger Schroffheit im Aufbau der Gipfel, keine, in der der Übergang von grünem sanften Wiesengelände zum wild aufragenden Fels so unvermittelt erfolgt wie in den Dolomiten. Diese Eigenart in Verbindung mit dem Farbenspiel des braunroten Gesteins verleiht den Dolomiten einen landschaftlichen Reiz, dem keine andere Hochgebirgsgruppe ähnliches an die Seite zu setzen hat. Gletscher gibt es in den Dolomiten nur ganz vereinzelt (Marmolata, Monte Cristallo, Antelao).

Wanderpläne für die Dolomiten s. S. 25.

6. Dolomitenbahn: Toblach—Cortina—Pieve di Cadore—Calalzo(—Belluno—Venedig).

EB. *Toblach—Cortina*: 29 km in 1½ St. Weiter: *Cortina*—(30 km in 1½—1¾ St.) *Pieve di Cadore*—(35 km in 1¾—2 St.) *Calalzo*—(81 km in 3¾—4½ St.) *Belluno*—(112 km) *Feltre*—(199 km in 7 St.) *Venedig*. — (Autoverbindungen s. S. 111.)

Die **Dolomitenbahn** („*Ferrovia delle Dolomiti*"; „Dolomitenbahn") *Toblach—Cortina—Calalzo* (65 km) wurde im Juni 1921 als Schmalspurbahn (Spurweite 95 cm) eröffnet. Sie entstand aus der Verbindung österreichischer und italienischer Kriegsbahnen und folgt fast durchweg dem Lauf der 1830 vollendeten Ampezzaner Straße, der „Strada d'Allemagna" der Italiener. Prächtige Landschaftsbilder. Interessantester Teil der Strecke bei Peutelstein (S. 109); hier 2 Tunnels und 4 Brücken. An Kunstbauten besitzt die ganze Strecke 10 Tunnels und 40 Brücken. Höchststeigung 35 auf Tausend.

Toblach (Dobbiaco; 1209 m) s. S. 50. — Die Bahn führt südl. ansteigend zwischen *r.* Sarlkofel und *l.* Neunerkofel in das von der *Rienz* durchflossene **Höhlensteiner Tal.** Bald *r.* unten (3 km Hst. *Lago Dobbiaco*) der smaragdgrüne *Toblacher See* (1259 m; ***H. Toblacher See,*** schöne Lage, 25 Z., See-Pavillon, Café-Rest., Kahnfahrt. — *Rest. Toblacher See*). Das Tal verengt sich bei dem vorspringenden Felssporn der *Naßwand* (Hst. *Sorgenti*; 7 km). Mehrmals über die Rienz. *L.* die stei-

*) Ausführliche Angaben in Griebens Reiseführer, Bd. 136: „Die Dolomiten".

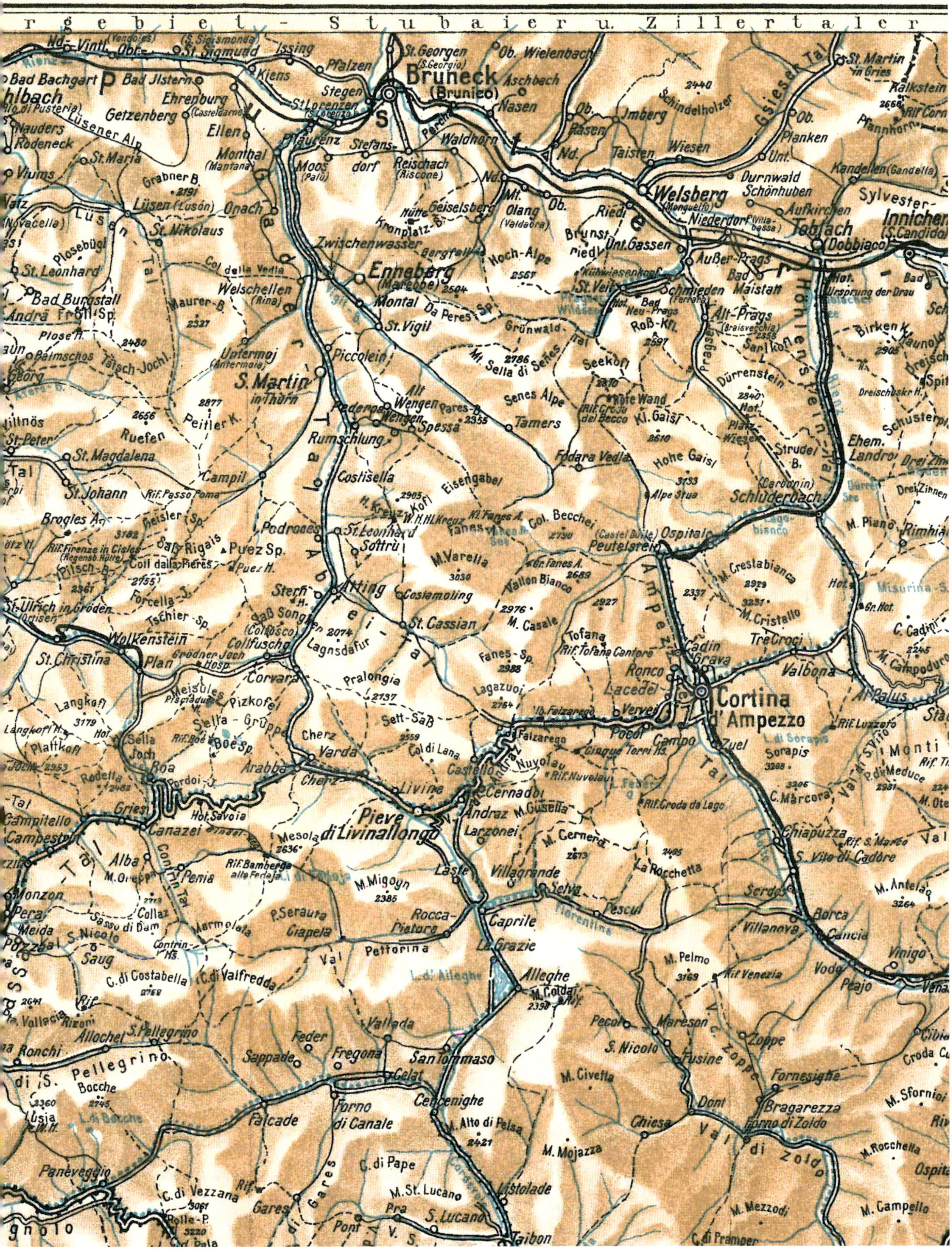

Karte: Griebens Südtirol. Band 88. 1927. Berlin Map: Griebens South Tyrol, Volume 88. 1927. Berlin

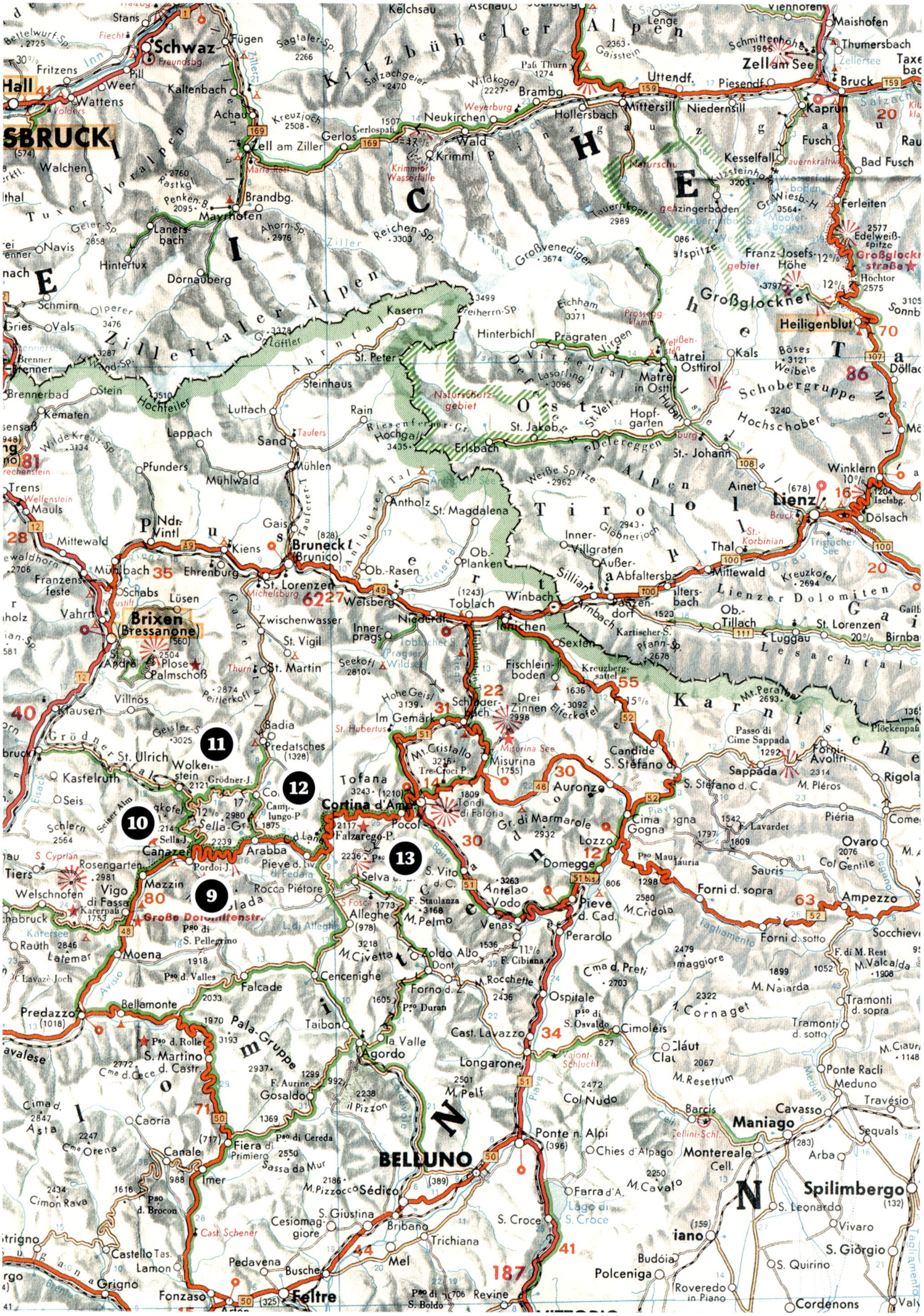
Schwaz
Zell am See
Kitzbüheler Alpen
Mittersill
Kaprun
Zell am Ziller
Krimml
Mayrhofen
Großvenediger
Großglockner
Heiligenblut
Zillertaler Alpen
Schobergruppe
Lienz
Bruneck (Brunico)
Brixen (Bressanone)
Toblach
Innichen
Sexten
Welsberg
Sillian
Lienzer Dolomiten
Karnische Alpen
Klausen
St. Ulrich
Wolkenstein
Kastelruth
Canazei
Arabba
Cortina d'Ampezzo
Falzarego-P.
Misurina
Auronzo
Pieve d. Cad.
Sappada
Ampezzo
Moena
Predazzo
Vigo di Fassa
Große Dolomitenstr.
Rosengarten
Marmolada
Alleghe
Agordo
Longarone
Pala-Gruppe
S. Martino d. Castr.
Fiera di Primiero
BELLUNO
Feltre
Maniago
Spilimbergo
9
10
11
12
13

Pordoijoch

KARTE: Offizielle Strassenkarte des ADAC im Massstab 1 : 850 000. Alpen mit Österreich, Schweiz und Oberitalien. Mairs Geographischer Verlag Stuttgart

MAP: Official ADAC road map at a scale 1:850.000. Alps with Austria, Switzerland and Northern Italy. Mairs Geographischer Verlag, Stuttgart

9 — PORDOIJOCH
10 — SELLAJOCH
11 — GRÖDNER JOCH
12 — PASSO DI FALZAREGO
13 — PASSO DI GIAU

Nach den wilden Serpentinen des Stilfser Jochs geht es nun recht entspannt in Richtung Bozen, seit Jahrhunderten Station vieler Reisender auf dem Weg über den Brenner sowie Landeshauptstadt Südtirols am Fuße der Dolomiten. Hier beginnt die eigenwilligste Landschaft der Alpen: Wild zerklüftet und in spektakulären Formen, oft mit senkrechten Wänden und messerscharfen Spitzen ragt das magnesiumreiche Dolomitgestein in den Himmel. Man kann es sich heute kaum noch vorstellen, aber wo heute die Felsen der Dolomiten stehen, befand sich vor mehr als 200 Millionen Jahren das Zentrum einer tropisch-bunten Unterwasserwelt. Aus dem Sediment der Muscheln und Korallen wuchsen gewaltige Riffe, die beim großen »Crash« der Erdplatten in die Höhe geschoben und vom Schmelzwasser der letzten Eiszeit zu schroffen Gipfeln geformt wurden, um schließlich Bergsteigern wie Luis Trenker und Reinhold Messner als Abenteuerspielplatz zu dienen.

Schon in der Steinzeit waren die Dolomiten von Menschen besiedelt. Später durchquerten die Kelten, Etrusker, Römer und Franken das Gebirge auf ihren Handels- und Kriegszügen. Auch die Reisenden der Belle Époque verehrten die eindrucksvolle Kulisse der Dolomiten. Auf die Pioniere des Alpinismus, die gegen Ende des 19. Jahrhunderts wagemutig die Türme und Zinnen des Massivs

After the wild serpentines of the Stelvio Pass, the route now flows down towards Bolzano, the state capital of South Tyrol at the foot of the Dolomites. For centuries this was a popular stop for travellers on their way over the Brenner Pass. Here begins the most remarkable of all Alpine landscapes: wildly rugged with spectacular forms, the magnesium-rich Dolomites soar into the sky often with vertical rock faces and razor-sharp peaks.

It's hard to believe today, but more than 200 million years ago a colourful tropical underwater world existed where the Dolomites tower today. Massive reefs grew from the sediment of shells and corals, which were heaved and folded on top of each other after the big »crash« of tectonic plates. Melted snow and ice from the last ice age helped form craggy peaks – ultimately turning the area into an adventure playground for climbers such as Luis Trenker and Reinhold Messner.

By the Stone Age there were people living in the Dolomites. Later, the Celts, Etruscans, Romans and Franks crossed the mountains for trading and warring forays. Travellers of the Belle Époque also worshipped the impressive backdrop of the Dolomites. Following in the crampons of the pioneers of alpinism, who bravely climbed the towers and pinnacles of the massif in the late 19th century, came prominent summer visitors

Zum Ziel des internationalen Tourismus wurde die Bergwelt der Dolomiten schließlich durch die Eröffnung der Großen Dolomitenstraße im September 1909, die Bozen im Westen mit Cortina d'Ampezzo im Osten verband. Höchstgelegener Punkt der 109 Kilometer langen Alpenstraße ist das Pordoijoch auf 2239 Metern Höhe.

bestiegen, folgten prominente Sommergäste wie Winston Churchill, Agatha Christie, Karl May und Sigmund Freud. Von den Terrassen der Bozener Grandhotels bot sich ihnen allabendlich ein großartiges Schauspiel. Dann nämlich, wenn die schroffen Gipfel des Rosengartenmassivs – der Sage nach Heimat des Zwergenkönigs Laurin – in der Abendsonne so glutrot zu leuchten begannen, als stünden sie in Flammen. Selbst die nüchternen Vorreiter der Moderne ließen sich vom Panorama der Südtiroler Dolomiten verzaubern. Der sonst als großer Rationalist bekannte Architekt Le Corbusier nannte das Massiv gar »die schönste natürliche Architektur der Welt«.

Zum Ziel des internationalen Tourismus wurde die Bergwelt der Dolomiten schließlich durch die Eröffnung der Großen Dolomitenstraße im September 1909, die Bozen im Westen mit Cortina d'Ampezzo im Osten verband. Höchstgelegener Punkt der 109 Kilometer langen Alpenstraße ist das Pordoijoch auf 2239 Metern Höhe. Die bereits 1905 fertiggestellte Passstraße führt von Trentino nach Venetien und ist zusammen mit Sellajoch, Grödner Joch und Campolongo-Sattel Teil der berühmten Vierpässefahrt »Sella Ronda« rund um den Sellastock.

Von Canazei im Fassatal führt die Straße in einigen steilen Kehren durch dichte Nadelwälder, bis sich der Weg gabelt und man rechts abbiegt, um den Serpenti-

such as Winston Churchill, Agatha Christie, Karl May and Sigmund Freud. From the terrace of the Bolzano Grand Hotel, they were treated to a magnificent lightshow every evening. When the craggy peaks of the Rose Garden group – according to legend the home of the dwarf king Laurin – began to glow red at sunset, the entire massif seemed to be on fire. Even pragmatic pioneers of modernity were not immune to the charm of the South Tyrolean Dolomites. Normally known for unwavering rationalism, the architect Le Corbusier went so far as to call the massif "the most beautiful architecture in the world".

The mountain world of the Dolomites turned into a destination for international tourism thanks to the opening of the Great Dolomite Road, in September 1909. This road finally connected the Dolomite mountain range from Bolzano in the west to Cortina d'Ampezzo in the east. The highest point of the 109-kilometre Alpine route is the Pordoi Pass, at 2,239 metres. The pass road, completed in 1905, leads from Trentino to Veneto and, with the Sella Pass, Gardena Pass and the Campolungo saddle, forms part of the famous "Sella Ronda" four-pass trail around the Sella group.

From Canazei in Val di Fassa, the road leads through several steep hairpins through dense conifer forests until it forks and we veer right to follow the zig-

1 — *Postkarte: Obelisk am Pordoijoch. Joh. E. Ammon, Bozen*
Postcard: Obelisk at the Pordoi Joch. Joh. E. Ammon, Bolzano

2 — *Doppelseite aus: Baedekers Schweiz. Handbuch für Reisende von Karl Baedeker. 1913 - Double spread from: Baedekers Switzerland. Handbook for Travellers by Karl Baedeker. 1913*

1

136 *9. Dolomitenstraße: Bozen—Cortina d'Ampezzo.*

✱**Marmolata** (3342 m), den höchsten Gipfel der Dolomiten (Kriegsstellungen!), 3—4 St., s. a. unten. — **Vernel** (3208 m), schwierig; leichter: *Ombrettaspitze* (3011 m), *Sasso Vernale* (3053 m), am besten miteinander zu verbinden.

Übergänge von Penia: Über den ✱**Ombrettapaß** (2704 m); vom *Contrinhaus* (s. oben) bez. Steig zur Paßhöhe, 2 St., und jenseits hinab am (nicht benutzbaren) *Rif. Ombretta* des CAI. und an der *Sottoguda-schlucht* (s. unten) vorbei nach *Caprile*, 5 St.; über den *Cirellepaß* (2682 m) zum **Hospiz von San Pellegrino** (5 Z. — Auf dem Paß: ***Alb. Monroni***, 6 Z.), leicht und schön, 7 St.; über den *Passo di Val San Nicolo* (2340 m) nach *Pozza—Perra* (S. 134), 7—8 St.

Von Penia in 2½ St. über den (¾ St.) *Plan Trevisan*, 1812 m (***Gasth.***, 10 B.), zum ***Fedaja-Haus (Rif. alla Fedaja*** od. ***Rif. Venezia)*** der CAIS. Trient (1950 m; Sommerwirtsch, Matr. 10 L.), provisor. Bau an Stelle des im Krieg zerstörten *Bamberger Hauses*. Weiter in ½ St. zum **Fedajapaß** (2045 m). [Vom Fedajapaß auf die ✱**Marmolata** (s. oben) 5 bis 6 St. mit Führer, für Geübte nicht besonders schwierig.] Vom Fedajapaß abwärts durch die ✱**Sottogudaschlucht** (*Serraj di Sottoguda*) in 3½—4 St. nach *Caprile* (S. 118).

Die ✱Dolomitenstraße beginnt in Canazei mittels zahlreicher Kehren stark zu steigen (Fußgänger kürzen auf dem alten Saumweg). — Bei Km 60 Abzweigung (*l.*) der im Kriege erbauten Straße zum Sellajoch (S. 126). — 63 km ***Pordoi-Hotel*** (64 B. v. 10—25 L., F. 6, M. 20, A. 25, P. 45—70 L., Bad, Zh., Ah.). Prachtvoller Anblick des reizenden Tals, der Langkofel-, Sella- und Rosengartengruppe. Bald darauf wird die Höhe des (65 km) **Pordoijoches** (2250 m) und damit das Kampfgebiet des Weltkrieges erreicht. Am Joch ***Hotel Savoia***, das ehem. „Christomannoshaus"; ***H. Maria***, dem Savoia-H. gegenüber, 20 Z. mit 35 B. v. 8—20 L., F. 6, M. od. A. 16, P. 40 bis 60 L., 10% Tg., Bierrest., Café, Terrasse, Bäder, Ah., geöffnet 1. Mai bis 1. Dez., neu eröffnet; ***Albergo Col di Lana***, früher „Touristenheim", 60 B. v. 6—15 L., F. 5, M. 18, A. 13, P. 35—45 L., Bad, Ah.; ***Alb. Marmolata***, gzj., gelobt. Höhenkurort, Wintersport. Prächtiger Blick auf Marmolata und Padòngruppe (*r.*), Col di Lana und Tofana (geradeaus) und Sellagruppe (*l.*). *L.* von der Paßhöhe ein *Kriegsfriedhof* mit etwa 30 Gräbern österreichischer, russischer und serbischer Soldaten.

Vom Pordoijoch: Bez. Weg zur ✱*Boèspitze* (S. 121) u. *Rif. Boè* (ehem. *Bamberger Hütte*; s. S. 121) in 3½ St.; bez. Weg („✱Bindelweg") zum *Fedajapaß* (s. oben) in 2½ St.; Besteigung des *Sasso Beccè* (leicht, aber nur für Schwindelfreie) ¾ St.; lohnender Ausflug zum *Belvedere* (20 Min. auf dem Bindelweg), mit prachtvollem Blick auf Marmolata, Fassatal, Rosengarten-, Langkofel- und Sellagruppe.

Die Straße senkt sich in zahlreichen Kehren (Fußgänger kürzen auf dem alten Saumweg) ins **Buchensteintal** (*Valle Livinallongo*), dessen Ortschaften im Kriege gänzlich zerstört wurden, doch zum größten Teil wieder aufgebaut sind. — 77 km **Arabba**, 1612 m (***Posthotel Arabba*** mit *Dep.*, 35 Z. mit

Pieve di Livinallongo. — Andraz. — Falzaregopaß. 137

50 B. v. 12—16 L., F. 5, M. 15, A. 18, P. 35—45 L., Rest., Garten, Bad, Ah., gzj., PF.; ***Gasth. Albergo Pordoi***, schöne Lage, 20 Z. mit 24 B., M. 15, P. 35 L., Rest., gzj., gelobt), Sommerfrische, Tourenstützpunkt (Bergführer) und Wintersportplatz (Ski-Klub).

Von Arabba n. in 2⅓ St. über den ✱*Campolongopaß* (1879 m, ***Alb. Boe***, herrliche Aussicht, 20 Z. mit 30 B. v. 5 L. an, F. 3½, M. od. A. 9—11, P. 28—35 L., 10% Tg., Rest., Garten, Veranda, Terrasse, Bäder, Ah., gzj.) Autostraße nach *Corvara*, s. S. 120; Kraftomnibus nach Corvara—Bruneck s. S. 119, nach Pieve di Livinallongo—Caprile—Agordo—Bribano s. S. 118. — S. bez. Übergang über den *Padonpaß* nach *Fedaja* (s. S. 136), 3½ St.

Von Arabba auf den ✱**Col di Lana** (s. unten) 3½ St.

Die Straße führt am Nordhang langsam fallend nach dem malerisch am steilen Hang des *Col di Lana* (s. unten) gelegenen Hauptort des Tals (84 km) **Pieve di Livinallongo** *(Buchenstein)*, 1465 m (***H. Alpino***, 26 Z. mit 40 B. v. 9—15 L., F. 6, M. 18, A. 16, P. 35—50 L., Rest., Bäder, Ah., gzj.; ***Alb. Stella [Stern]***, 10 Z. mit 15 B., Rest., Café, Bäder, Ah., gzj.; ***Traube; Post; Alb. Pieve***, 14 Z. mit 24 B.), im Kriege gänzlich zerstört, nun wieder aufgebaut (Kraftomnibus über *Corvara* nach ***Bruneck*** s. R. 7. Über *Caprile—Agordo* nach ***Bribano*** s. S. 118). Die Bevölkerung spricht ladinisch. PTF.; Arzt, Apotheke. — Die Straße wendet sich dann gegen (88 km) **Andraz**, 1421 m (***Gasth. Andraz***, Autostat.; ***Alpenrose*** [*Rosa Alpina*], 12 Z. mit 20 B. v. 5 bis 7 L., F. 4, M. 12, P. 25—35 L., 10% Tg., Rest., Veranda, Terrasse, Ah., gzj.), im Kriege zerstörtes und jetzt wieder aufgebautes Dorf am Hange des beherrschenden ✱*Col di Lana* (2462 m; Aufstieg 3 St.), dessen kraterförmiger Gipfel 2½ Jahre von Österreichern und Italienern heiß umstritten wurde. [Von Andraz nach ***Caprile*** s. S. 118.] An der *Ruine Andraz* vorbei in 1½ St. in kühnen Windungen und durch einen 30 m langen Kehrtunnel empor zum (100 km) **Falzaregopaß** (2117 m), der Einsattelung zwischen Lagazuoi und Nuvolau. Schöner Rückblick auf die Marmolata mit ihrem Gletscher. *R.* die Cinque Torri, dahinter Civetta und Palagruppe.

Dicht oberhalb des Passes ein riesiger Schuttkegel; er bildet den Rest des *Castelletto*, einer starken österr. Stellung, die von den Italienern in 4 Sturmangriffen vergebens angegriffen wurde. Die Italiener bauten einen 507 m langen Stollen und brachten 35 Tonnen Nitrogelatine in den Berg. Am 11. Juli 1916 erfolgte die Sprengung, die das Massiv des Castelletto in einen Schutthaufen verwandelte. Die österr. Besatzung hatte die Stellung bereits vor der Sprengung verlassen.

Vom Paß senkt sich die Straße ö. in 20 Min. zum ***H. Menardi-Falzarego*** (2050 m; 25 B., Rest., Ah.) und ehem. *Falzaregohospiz*, 1985 m. — (Von hier bez. Weg sö. in 1 St. zu den ***Cinque Torri*** und zum *Nuvolau*, s. S. 112), dann angesichts der Tofana *l.*, der Croda

2

The mountain world of the Dolomites turned into a destination for international tourism thanks to the opening of the Great Dolomite Road, in September 1909. This road finally connected the Dolomite mountain range from Bolzano in the west to Cortina d'Ampezzo in the east. The highest point of the 109-kilometre Alpine route is the Pordoi Pass, at 2,239 metres.

nen hinauf zum Pass zu folgen. Die Landschaft ist gezeichnet vom Wintersport, überall ragen die Masten von Seilbahnen und Liftanlagen aus sattgrünen Wiesen. Auf halber Höhe bietet sich dann ein beeindruckender Rundumblick auf das Sellamassiv im Norden und die königliche Marmoladagruppe im Süden, die ihren Namen einer ungewöhnlichen, marmorartigen Färbung verdankt. Das Panorama ist atemberaubend – doch nicht immer war die Bergwelt so friedlich wie heute: Im Ersten Weltkrieg verlief die Frontlinie zwischen Österreich und Italien über das Pordoijoch. Von Mai 1915 bis November 1917 lieferten sich österreichische Kaiserjäger und deutsche Alpenkorps erbitterte Gefechte mit den italienischen Alpini. Ganze Bergkuppen wurden damals gesprengt, Tausende Soldaten starben. Auch im Zweiten Weltkrieg wurde in den Dolomiten gekämpft. Heute erinnert ein Friedhof nahe dem Joch an die Gräuel der Gebirgskriege und die Kostbarkeit des europäischen Friedens.

Jenseits der Passhöhe – die man am besten frühmorgens ansteuern sollte, um nicht zwischen Touristenbussen durch die Serpentinen kriechen zu müssen – blickt man schließlich hinab ins Buchensteintal nach Arraba und weiter nach Osten, zum Dolomitenmassiv Le Tofane. Unsere Tour führt uns jedoch zurück ins Tal und gleich wieder hinauf, zum Sellajoch.

zagging passage up to the saddle. Winter sports paraphernalia is strewn across the landscape, with cable car and ski lift masts peppered over the lush green meadows.

As we reach the halfway point, a spectacular vista opens up to the Sella group in the north and the majestic Marmolada range, which owes its name to an unusual marble colouring, in the south. The panorama is breathtaking – but the mountains were not always as peaceful as they are today. During World War I, the front line ran over the Pordoi Pass between Austria and Italy, and from May 1915 to November 1917, Austrian mountain infantry and the German alpine corps were locked in a bitter struggle with the Italian "Alpini". Entire mountain peaks were blown to pieces, and thousands of soldiers perished.

Battles were also fought in the Dolomites during World War II. Today, a cemetery near the Col reminds us of the horrors of mountain warfare and the preciousness of peace in Europe. Beyond the summit – which is best driven in the early morning to avoid getting caught behind tourist buses chugging their way up the serpentine – we are rewarded with a view down into Fodom and Arraba and further east to the Dolomite crests of Le Tofane. Our journey, however, leads us back down the valley and up again – this time to Sella Pass.

1 — Postkarte: Dolomitenstrasse vom Pordoipass. Ed. Sciliaria, Schlern - Verlag Bz – Postcard: Dolomite Road from the Pordoi Pass. Ed. Sciliaria, Schlern - Verlag Bz

2 — Postkarte: Hotel Pordoi. Fotografia Ghedina. Cortina d'Ampezzo. Postcard: Hotel Pordoi. Photography: Ghedina, Cortina d'Ampezzo

1

2

Dr. Manfred Wittenstein

Porsche Carrera GT Baujahr / Built 2009

Der Porsche Carrera GT ist mein dritter GT; 2009 gekauft bei Porsche AG. Ursprünglich war er die amerikanische Version, wurde aber bei Porsche Deutschland für europäischen Markt umgebaut.

Was war dein erster Porsche? – Mein erster Porsche war ein 911 Turbo, der 1995 meinen bis dato geliebten SL500 in idealer Weise ablöste.

Wann fährst du am liebsten in die Berge? – Im Hochsommer und Spätsommer sind die Temperaturen der Luft, der Straßen und Reifen ideal, um sich in den Bergen Grenzbereichen zu nähern. Nur dann kann man die symbiotische Erfahrung erleben, mit Fahrzeug und Straße zu einer Einheit zu verschmelzen.

Welche Passfahrt ist dir besonders im Gedächtnis geblieben? – Der Mendelpass mit seinen Serpentinen, die sich eng an der Felswand immer höher und höher über die Ebene hinaufschrauben und schließlich auf der Passhöhe in einer gleißenden Klarheit unerwarteter Frische enden.

Was macht mehr Spaß – bergauf oder bergab? – Bergab! Da kann man die brutalen Bremskräfte punktgenau vor der Kurve einzsetzen.

Mit welchem Porsche würdest du gern einmal die Alpen überqueren? – Mit meinem neuen GT3 RS, der sich in den Bergen sauwohl fühlen dürfe.

The Porsche Carrera GT is my third GT, purchased from Porsche AG in 2009. It was an American version originally, but Porsche Deutschland rebuilt it for the European market.

What was your first Porsche? – My first Porsche was a 911 Turbo, which was a fitting replacement for my previous favourite, the SL500, in 1995.

When do you prefer driving in the mountains? – In mid and late summer, the air, road and tyre temperatures are ideal to nudge the upper reaches of the rev band. Only then can you experience the symbiosis, with the car and the road merging into one.

Which mountain pass is the most memorable for you? – The Mendel Pass with its snaking road that twists up and up, hard against the rock face, and finally ends at the top of the pass in a glaring clarity of unexpected chill.

What's more fun – uphill or downhill? – Downhill! Before each corner you can hit the brakes and feel the brutal deceleration.

With which Porsche would you like to cross the Alps one day? – With my new GT3 RS which should feel right at home in the mountains.

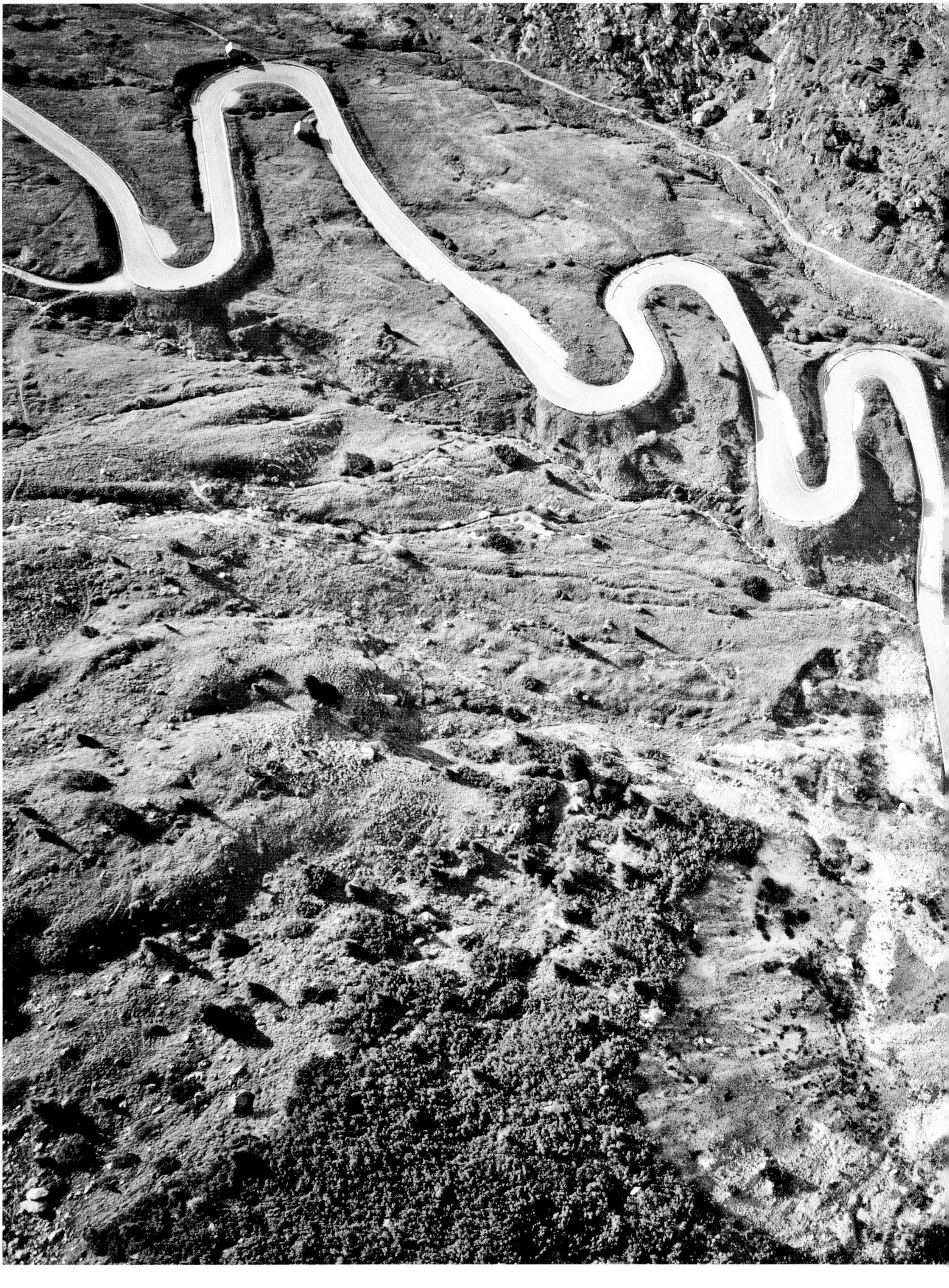

RALLENTARE
barriere di
sicurezza
incidentate

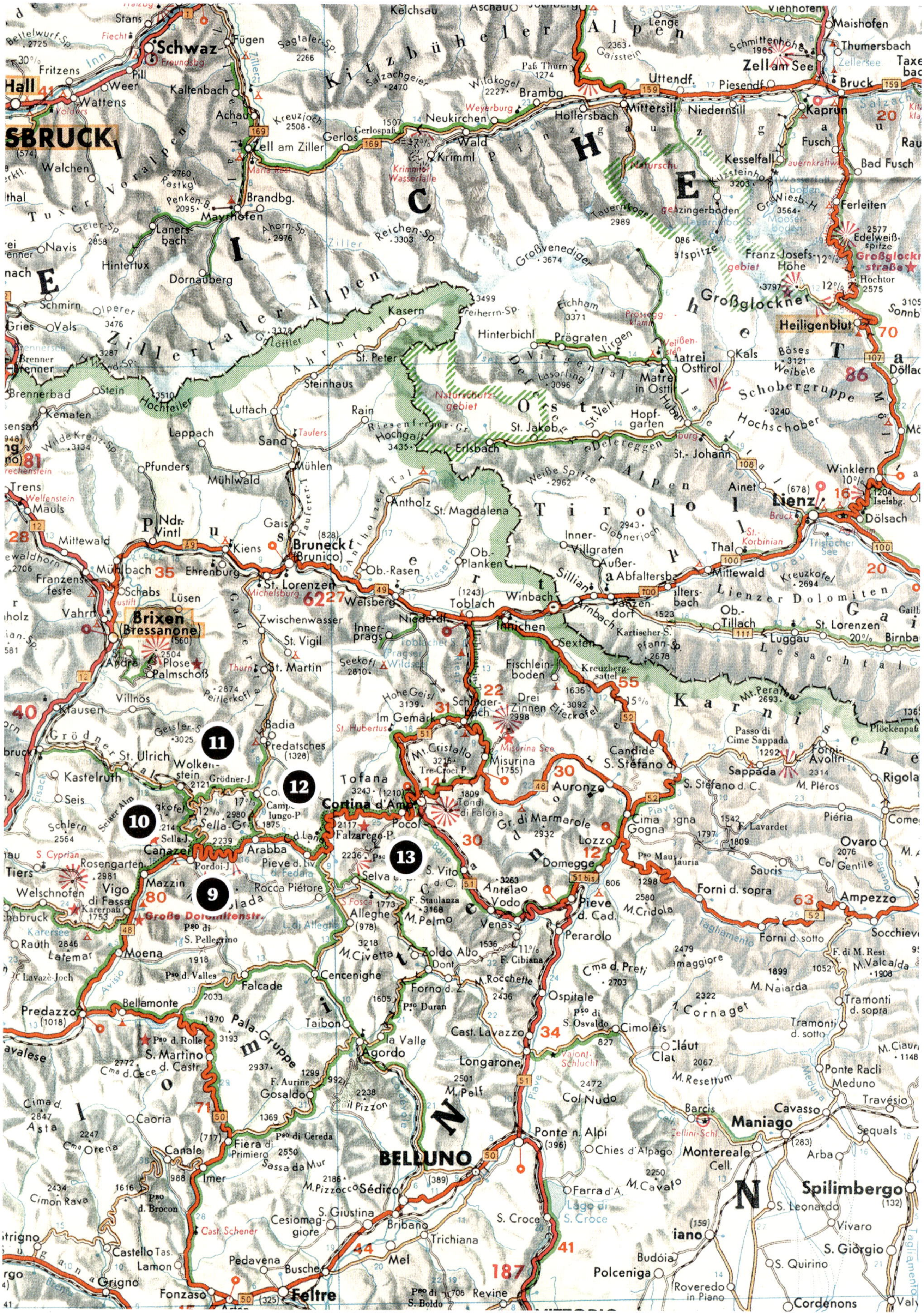

Sellajoch

KARTE: Offizielle Strassenkarte des ADAC im Massstab 1 : 850 000. Alpen mit Österreich, Schweiz und Oberitalien. Mairs Geographischer Verlag Stuttgart

MAP: Official ADAC road map at a scale 1:850,000. Alps with Austria, Switzerland and Northern Italy. Mairs Geographischer Verlag, Stuttgart

Zugegeben: Die »Sellarunde« ist kein Geheimtipp mehr. Vor allem im Hochsommer stauen sich auf dem Sellajoch, dem Grödner Joch, dem Pordoijoch und dem Campolongopass die Touristenbusse und Motorradgruppen zu einer unansehnlichen Blechkarawane, die nicht nur Umweltschützern die Laune verdirbt. Dennoch sollte man die Vierpässefahrt zumindest einmal im Leben absolviert haben – nirgendwo sonst in den Alpen kann man in einem halben Tag so viele wohlgeformte Kurven vor derart dramatischer Kulisse durchfahren. Mehr noch als sonst in den Bergen gilt hier aber auch: Die beste Reisezeit ist kurz nach der Schneeschmelze im Frühsommer oder im September und Oktober, bevor die Berglandschaft sich in ihren Winterschlaf verabschiedet und man den Sellastock nur noch auf Skiern umrunden kann.

Von unserem Abstecher zum Pordoijoch wieder in der Talsohle angelangt, windet sich die Straße nun vom Fassatal den Berg hinauf zum Sellajoch. Die Steigung ist mit elf Prozent auf Nord- und Südrampe eher gemäßigt. Linkerhand ragt die 3181 Meter hohe Langkofelgruppe in den Himmel, während man durch sportlich geschnittenen Spitzkehren direkt auf die Felswände des mächtigen Sellastockes zusteuert, bis die Straße plötzlich links abzweigt und zum Passübergang auf 2244 Meter führt. Das Sellajoch selbst passiert man – auch wenn die Beschilderung anderes behauptet – übrigens nicht: Es liegt einige Hundert Meter westlich des Col de Toi, der den tatsächlichen Scheitelpunkt

Admittedly, the »Sella Ronde« is no longer a secret. In midsummer, a constant stream of tourist buses and motorbike colonnades turns the circular route of the Sella, Gardena, Pordoi and Campolungo passes into an unsightly convoy of metal – a real mood-spoiler, and not just for environmental reasons. Still, everyone should experience the four passes once in their life. Nowhere else in the Alps can you drive for half a day through so many rhythmic curves with such a dramatic backdrop.

The best time to travel here is in early summer, shortly before the snow melts, or in September and October before winter drapes its cloak over the landscape and the only way to see the Sella group is on skis.

From our detour to the Pordoi and down into the valley, the road now winds from Val di Fassa up to the Sella Pass. The incline on the north and south ramp is a moderate eleven percent. On the left, the 3,181-metre Langkofel massif juts skywards, but it's difficult to take in the view while tackling the tight switchbacks that hug the enormous rock walls of the mighty Sella group. The road suddenly veers left and leads up to the mountain pass at 2,244 metres. Although the sign says otherwise, you don't actually cross the Sella saddle, which is several hundred metres west of the apex of the road, the Col de Toi. From here the route leads through alpine meadows and down towards Selva Gardena and on to Gardena Pass. The Sella Pass road between the Fas-

Das Sellajoch selbst passiert man – auch wenn die Beschilderung anderes behauptet – übrigens nicht: Es liegt einige Hundert Meter westlich des Col de Toi, der den tatsächlichen Scheitelpunkt der Straße bildet. Von hier geht es schließlich durch Almwiesen weiter hinab in Richtung Wolkenstein im Grödnertal und weiter zum Grödner Joch.

Although the sign says otherwise, you don't actually cross the Sella saddle, which is several hundred metres west of the apex of the road, the Col de Toi. From here the route leads through alpine meadows and down towards Selva Gardena and on to Gardena Pass.

der Straße bildet. Von hier geht es schließlich durch Almwiesen weiter hinab in Richtung Wolkenstein im Grödnertal und weiter zum Grödner Joch.

Die Sellapassstraße zwischen dem Fassatal und Gröden wurde bereits 1872 fertiggestellt, zwölf Jahre später eröffnete die erste Herberge. 1903 errichteten der Deutsche und der Österreichische Alpenverein zudem das Sellajochhaus – bis heute ein ideales Basislager nicht nur für Wanderer und Kletterer, sondern auch für Skifahrer, die nach dem Frühstück direkt auf die Pisten der Sellarunde »einsteigen« können. Doch nicht nur Touristen schätzen das alpine Panorama, auch die Einheimischen wissen um die Wirkung des Ortes: Im Juli 1946 war das Sellajoch Schauplatz einer Großkundgebung der Dolomitenladiner, die als eigenständige Volksgruppe mit eigener Sprache und Kultur sowie selbstständiger gemeinsamer Verwaltung der ladinischen Provinzen Trient, Bozen und Belluno anerkannt werden wollten. Bis heute sind zahlreiche Vereine und Institutionen für den Erhalt der vielfältigen romanischsprachigen Kultur aktiv – oftmals kämpferisch und ganz im Sinne eines alten ladinischen Sprichworts: Wer geebnete Wege betritt, der hinterlässt keine Spuren.

sa and Gardena valleys was completed in 1872, with the first hostel opening twelve years later. In 1903, the German and Austrian Alpine Association erected the Sella Hut – still today an ideal base camp for hikers, climbers and skiers who can hit the slopes of the Sella Ronda straight after breakfast. But it is not just tourists who appreciate the Alpine panorama – the locals are well aware of the significance of this place. In July 1946, the Sella Pass was the scene of a mass rally of the Dolomite Ladins, who jointly administer the provinces of Trento, Bolzano and Belluno and who were seeking recognition as an independent ethnic group with their own language and ancient culture. To date, many associations and institutions actively strive to keep the diverse Romansh-speaking culture alive – often fiercely and in keeping with the spirit of an old Ladin saying: If you tread a well-worn path, you leave no footprints.

1 — *Postkarte: Albergo Maria Flora, Passo Sella. Photo: Editioni Ghedina Cortina – Postcard: Albergo Maria Flora, Sella Pass. Photo: Editioni Ghedina, Cortina*

2 — *Karte aus: Baedekers Autoreiseführer Schweiz. 1968. Siebente Auflage Map from: Baedekers car travel guide Switzerland 7th edition. 1968*

3 — *Postkarte: Dolomitenstrasse – Sellajoch. Photo: K. Federer. J. F. Amonn S. A. Bozen – Postcard: Dolomite Road – Sella Joch. Photo: K. Federer. J. F. Amonn S. A. Bolzano*

1

Die ***Sella-Straße*** steigt von der obigen Straßenteilung in Windungen
unter den Mauern der Sellagruppe hin über Matten mit den Trümmern
4 eines Bergsturzes ('Steinerne Stadt'). Rechts prächtiger Blick auf den
Langkofel; Zeltplatz an einem kleinen See. — Nach 4 km rechts das

Sellajochhaus (*Rifugio Passo Sella*,
2176 m; s. Teil D), in prächtiger
Lage am Fuß der Langkofelgruppe;
Schwebebahn vom Sellajochhaus
nordwestlich zur *Langkofelscharte*
(2681 m; *Forcella del Sassolungo*),
mit der *Demetz-Hütte*; von dort
1 Abstieg in 2 St. zur *Langkofel-*
hütte (S. 116).

Die Straße führt hinter dem Sellajochhaus durch eine große Biegung; an der Abzweigung zu dem nahebei rechts am tiefsten Punkt des Sellajochs gelegenen *Albergo Valentini* (s. Teil D beim Sellajoch) vorbei und vollends hinauf zum

Sellajoch (2240 m; Unterkunft s. Teil D), zwischen der Langkofel- und der Sellagruppe, mit schöner Aussicht; sehr lohnender Fußweg südwestlich in 1 St. über die *Forcella di Rodella* (2315 m; bis dorthin auch Skilift) auf die **Rodella* (2486 m; Sessellift nach Campitello, s. S. 120), mit dem *Rodella-Haus* (s. Teil D beim Sellajoch; vom Dach großartige Aussicht). — Vom Sellajoch ferner bequemer Weg in 3½ St. zur *Boèhütte* (2871 m; Wirtsch.); von hier in 1 St. (leicht) auf den *Boè* (3151 m), den höchsten Gipfel der Sellagruppe.

Die Straße führt vom Sellajoch in Windungen wieder ziemlich stark
bergab, unterhalb der gewaltigen Abstürze der Sella hin, mit prächtigem
Blick auf die eisgepanzerte Marmolata (S. 120) und das Pordoi-Joch
6½ (S. 120); rechts die Rodella (s. oben); dann in die waldige *Val Lasties*
und über den *Rio Antermont*; kurz darauf (1 km unterhalb des Sella-
jochs) links das hübsch gelegene *Rifugio Monti Pallidi* (1877 m). —
½ km weiter erreicht man an der *Alp Roa* (1850 m) die

Einmündung in die **Dolomitenstraße** (R 13); auf dieser rechts bergab nach *Canazei* (5 km) und *Bozen* (56 km), links über das *Pordoi-Joch* (7 km) und *Arabba* (16 km) nach *Cortina* (53 km), s. R 13.

2

3

Andreas Henke

Porsche 991 GT3
Baujahr / Built 2014

Das Fahrzeug gehört zu den ersten der Serienproduktion dieser Generation. Unfassbar präzise: Lenkung, Bremse, Schaltung. Du verschmilzt bei aberwitzigen Tempi und g-Kräften mit der Maschine – und dann der Sound! Auf Passstraßen oder Rennstrecken kenne ich kein Serienauto, das dir mehr gibt.

Was war dein erster Porsche? – Ein 928 S 1:18 Modellbausatz. Dann ein 911 Carrera Cabriolet – Polarsilber mit dunkelblauem Leder und Verdeck. Eine irre schöne Kombi für ein Cabrio.

Wann fährst du am liebsten in die Berge? – Mittlerweile nachts bei Schnee. Kein Verkehr, der Lichtkegel hinter der Schneewand kündigt den Gegenverkehr an – besser kann man es zum Querfahren nicht erwischen. Keinen Meter gerade, nur pendeln und gegenpendeln. Wie Ballett auf Eis: nahezu lautlos, ohne Verschleiß, mit viel Taktgefühl.

Welche Passfahrt ist dir besonders im Gedächtnis geblieben? – Bei minus 19 Grad offen im 918 Spyder über den frisch verschneiten Flüela, auf den Winterreifen eines SUV, erst zaghaft versuchend, dann von der Versuchung heimgesucht: knapp 900 PS, knapp 1300 Nm in einem Mittelmotorsportwagen sind eigentlich des Guten zuviel – würde einen der elektrische Allrad nicht in Sekundenbruchteilen aus absurd großen Schräglaufwinkeln zurückholen. Schwer vorstellbar, dieses Erlebnis jemals wieder übertreffen zu können.

Was macht mehr Spaß – bergauf oder bergab? – Keine Frage: bergauf. Beim Rausbeschleunigen aus Kurven kannst du dich gegen den Hang stemmen und den Bankwinkel der Kurve nutzen. Ein frühes eher unschönes Erlebnis beim Bergabdrift glücklicherweise ohne hässliche Folgen hat mich für immer kuriert. Und für das Material ist bergauf auch schonender.

Mit welchem Porsche würdest du gern einmal die Alpen überqueren? – Mit meinem 964 Cup, wenn er fertig restauriert ist.

The vehicle belongs to the first series production of this generation. Incredible precision: steering, brakes, gear shifting. At crazy speeds and g-forces, you become one with the machine – and that sound! On pass roads or race tracks I know no other production car that offers you more.

What was your first Porsche? – A 928 S 1:18 model kit. Then a 911 Carrera Cabriolet – polar silver with dark blue leather trim and soft-top. A stunning combination for a convertible.

When do you prefer driving in the mountains? – These days at night in snow. No traffic, the beams of light reflecting off the snow banks warn you of oncoming cars – going sideways doesn't get better than that: Never straight, only swinging one side to the other. It's like ballet on ice: virtually silent, no wear and tear, with a great sense of rhythm.

Which mountain pass is the most memorable for you? – Over the Flüela, with the top down, minus 19 degrees Celsius, in the 918 Spyder, after fresh snow, on SUV winter tyres, first cautious attempts, then give in to the temptation: just on 900 hp, just on 1,300 Nm in a mid-engine sports car is perhaps too much of a good thing – if the electric all-wheel drive didn't save you from being overtaken by the rear of your own car within fractions of a second. It's hard to imagine ever topping this experience.

What's more fun – uphill or downhill? – No question: uphill. When you fly out of corners you can use the banking as a counterbalance. An earlier and somewhat unpleasant experience in mountain sliding, luckily without any nasty consequences, cured me forever. And uphill is also not as tough on the material.

With which Porsche would you like to cross the Alps one day? – With my 964 Cup when restoration is complete.

1 km
50

tornante

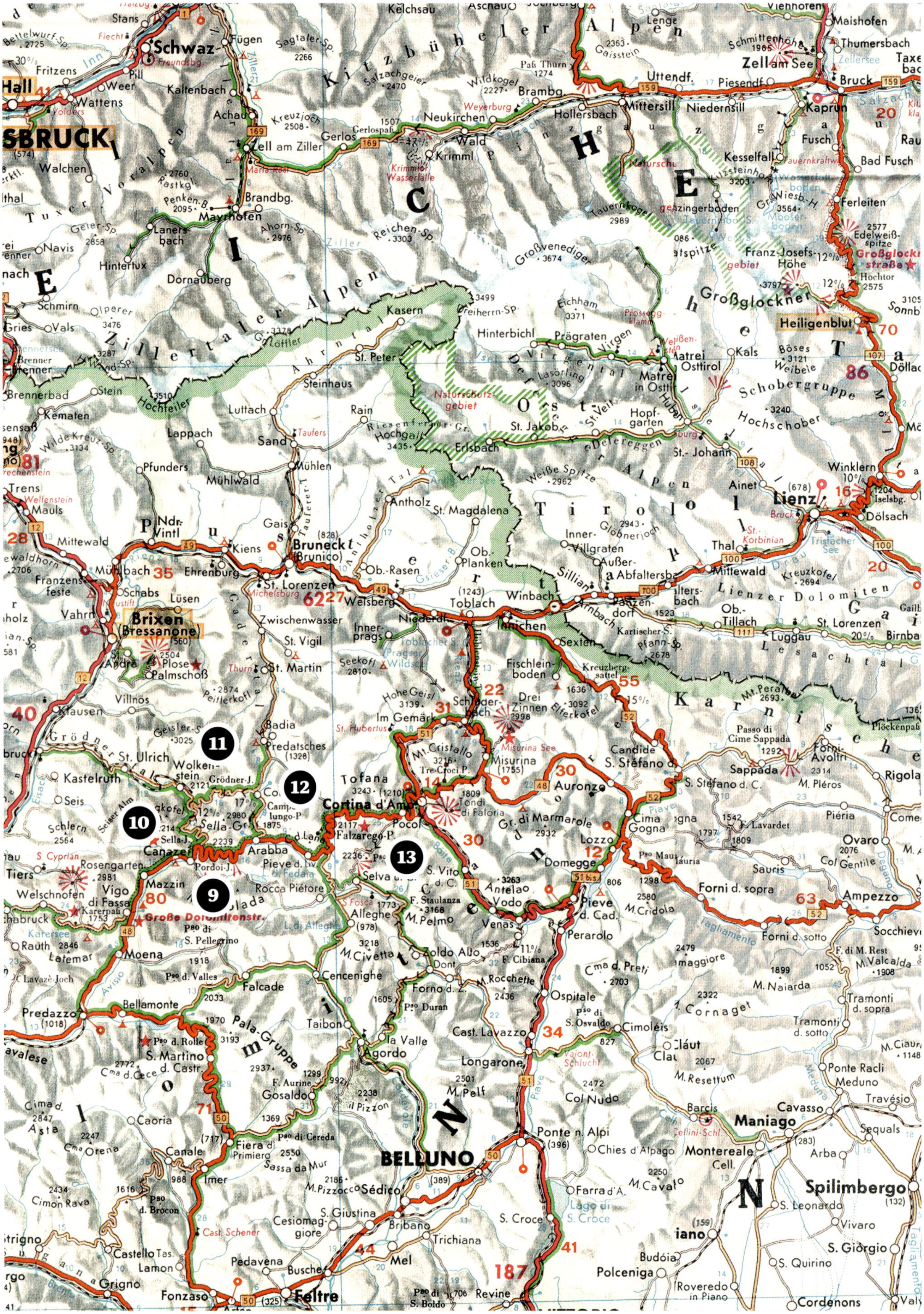

Schwaz
Zell am Ziller
Mayrhofen
Zell am See
Kaprun
Mittersill
Großvenediger
Großglockner
Heiligenblut
Zillertaler Alpen
Lienz
Bruneck (Brunico)
Toblach
Innichen
Brixen (Bressanone)
St. Ulrich
Wolkenstein
Grödner-J.
Sella-J.
Canazei
Cortina d'Ampezzo
Falzarego-P.
Misurina
Auronzo
Pieve d. Cad.
Moena
Predazzo
Agordo
Belluno
Feltre
Longarone
Große Dolomitenstr.
Maniago
Spilimbergo
9
10
11
12
13

Grödner Joch

*KARTE: Offizielle Strassenkarte des **ADAC im Massstab 1 : 850 000.** Alpen mit Österreich, Schweiz und **Oberitalien. Mairs Geographischer** Verlag Stuttgart*

MAP: Official ADAC road map at a scale 1:850.000. Alps with Austria, Switzerland and Northern Italy. Mairs Geographischer Verlag, Stuttgart

Von Plan de Grabla führt die Straße nun weiter zum Grödner Joch, der dritten Station der Sellarunde auf 2121 Meter Höhe. Schon vor mehr als 9000 Jahren waren hier Menschen unterwegs – mit dem Naturschutz nahmen es die steinzeitlichen Wanderer allerdings nicht sehr genau: Verstreute Tierknochen und ausgediente Feuersteine zeugen bis heute von den prähistorischen »Brotzeiten« am Joch. Bis die Reisenden hier oben mit ordentlicher Südtiroler Kost versorgt und gepflegt gebettet wurden, sollte es jedoch noch etwas dauern: Erst Ende des 19. Jahrhunderts entstand auf Bemühen des Alpenvereins das Grödner-Joch-Hospiz.

Mit Ausbruch des Krieges zwischen Italien und Österreich-Ungarn begannen im Jahr 1915 schließlich die Bauarbeiten einer Schmalspurbahn, um die Truppen am Berg mit Nachschub versorgen zu können. In einem kaum vorstellbaren Kraftakt wurde die 44 Kilometer lange Grödnerbahn bei Schnee und Sturm in den Berg gehauen, die Züge verkehrten mitunter im Minutentakt. Auch nach Kriegsende blieb die Feldbahn noch über Jahrzehnte im Einsatz. Die Fahrstraße selbst wurde ebenfalls während des Ersten Weltkrieges als Transportweg für die Dolomitenfront angelegt. Asphaltiert und damit für die gemäßigten Alpentouristen interessant wurde die Strecke allerdings erst im Jahr 1960.

From Plan de Grabla the road now heads to the Gardena Pass, the third station of the Sella circuit at an altitude of 2,121 metres. People were already moving throughout this region more than 9,000 years ago – but the Stone Age trekkers obviously didn't take nature conservation very seriously: as evidenced by scattered animal bones and old flint stones on the pass – the remains of their prehistoric snacks. But it would be quite some time before travellers would find a home and hearth up here in true South Tyrolean style. Only in the late 19th century, thanks to the efforts of the Alpine Club, was the Passo Gardena hospice built.

With the outbreak of war between Italy and the Austrian-Hungarian monarchy, construction finally began in 1915 on a narrow-gauge railway in order to supply the troops on the mountain. In unimaginably harsh conditions, hampered by blizzards, engineers and labourers carved the 44-kilometre long Val Gardena railway into the mountain. For a time, the trains even ran every minute. After the war, the light railway continued to run for many decades. The road, too, was built during World War I, as a supply route to the Dolomite front. The passage, however, was only paved in 1960, making it more attractive for the more cautious Alpine motorists.

In 17 eng geschnittenen Spitzkehren, die jedem Kurvenfreund ein Lächeln aufs Gesicht zaubern, führt die Straße schließlich unter den steilen Felswänden der Murfreittürme und Murfreitspitzen hinab ins beschauliche Dorf Corvara im Gadertal.

Through 17 tight hairpins - guaranteed to bring a smile to the face of every bend buff - the road finally sweeps down the steep rocky walls of the Murfreit tower and Murfreit group of peaks, and further into the peaceful village of Corvara in Val Badia.

Und es ist eine spektakuläre Fahrt: Nirgends sonst kommt man den schroffen Felswänden des Sellastockes so nah wie auf dieser Etappe. Von Gröden bei Wolkenstein kommend, führt die Straße in sanften Schwüngen und mit gemächlicher Steigung hinauf, die mächtige Breitseite des Langkofel im Rückspiegel, die Rot- und Tschierspitzen zur Linken, das Joch voraus. Besonders eindrucksvoll ist der Blick jenseits der Passhöhe nach Osten, hinüber zum Passo di Valparola, zum Passo di Falzarego und zur Tofanagruppe am Horizont.

In 17 eng geschnittenen Spitzkehren, die jedem Kurvenfreund ein Lächeln aufs Gesicht zaubern, führt die Straße schließlich unter den steilen Felswänden der Murfreittürme und Murfreitspitzen hinab ins beschauliche Dorf Corvara im Gadertal. Von hier zweigt die Straße weiter nach Süden ab, hinauf auf den mit 1875 Metern vergleichsweise niedrigen Campolungopass. Wir lassen den vierten und am wenigsten imposanten Pass der Sella-runde jedoch aus und biegen stattdessen nach Nordosten, um über den Valparolapass und die schroff-wilde Gegend der Tra i Sassi - Ladinisch für »zwischen den Felsen« - den Falzaregopass anzusteuern.

It is a spectacular drive; nowhere else on this stage can you get closer to the sheer craggy rock walls of the Sella group. Coming from Gardena Valley, the road flows leisurely upwards in rhythmic esses, with the flank of the Langkofel in the rearview mirror, the Rotspitze and Tschierspitze looming on the left, and the Col straight ahead. At the top of the pass to the east we are treated to a particularly stunning view over the Passo di Valparola to Passo di Falzarego, and to the Tofana group on the horizon.

Through 17 tight hairpins - guaranteed to bring a smile to the face of every bend buff - the road finally sweeps down the steep rocky walls of the Murfreit tower and Murfreit group of peaks, and further into the peaceful village of Corvara in Val Badia. From here, the road forks off to the south, up to the comparatively low Campolungo Pass at 1,875 metres. We skip the fourth and least-impressive pass of the Sella Ronde, and instead turn to the northeast, over the Valparola Pass and the ruggedly wild region of Tra i Sassi - Ladin for "between the rocks" - and head to Falzarego Pass.

1 — *Karte aus: Baedekers Autoreiseführer Oberitalien. 1962. Siebente Auflage*
Map from: Baedekers car travel guide Northern Italy. 1962. 7th edition

2 — *Postkarte: Passo gerdena. Grödner Joch. Foto. Editioni Ghedina, Cortina*
Postcard: Gardena Pass
Photo: Editioni Ghedina, Cortina

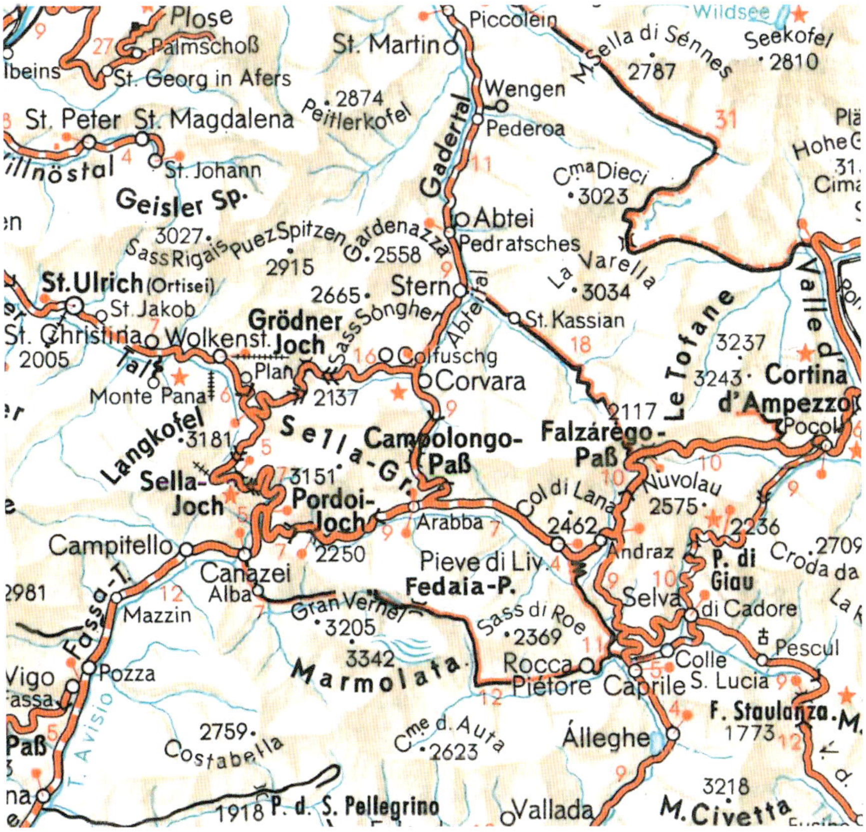
Plose
Palmschoß
St. Georg in Afers
St. Martin
Piccolein
Wildsee
Sella di Sénnes
2787
Seekofel
2810
St. Peter
St. Magdalena
2874
Peitlerkofel
Wengen
Pederoa
Gadertal
Villnöstal
St. Johann
Geisler Sp.
Cma Dieci
3023
Abtei
Pedratsches
3027
Sass Rigais
Puez Spitzen
2915
Gardenazza
2558
La Varella
3034
St. Ulrich (Ortisei)
St. Jakob
2665
Stern
Abteital
St. Kassian
Le Tofane
Valle d'
Grödner Joch
Sass Songher
St. Christina
Wolkenst.
2005
Plan
Colfuschg
Corvara
3237
3243
Cortina d'Ampezzo
Monte Pana
2137
2117
Pocol
Langkofel
3181
Sella-Gr.
Campolongo-Paß
Falzárego-Paß
Sella-Joch
3151
Pordoi-Joch
Col di Lana
Nuvolau
2575
Arabba
2462
2236
Campitello
2250
Andraz
P. di Giau
Croda da
2709
Canazei
Pieve di Liv.
Fedaia-P.
Selva
di Cadore
2981
Alba
Mazzin
Gran Vernel
3205
Sass di Roe
2369
Fassa-T.
3342
Colle
Pescul
Marmolata
Rocca
Piétore
Caprile
S. Lucia
Vigo
Pozza
F. Staulanza
1773
2759
Cme d. Auta
2623
Álleghe
Costabella
T. Avisio
3218
1918
P. d. S. Pellegrino
Vallada
M. Civetta

1

RIFUGIO CIR

2

Thomas Beckmann

Porsche 918 Spyder Baujahr / Built 2014

Mein Auto ist der zweite 918 Spyder, der in Deutschland zugelassen wurde. Ich habe ihn zusammen mit meinem Sohn am 5. Juni 2014 in Leipzig übernommen. Das, was wir dort an Schönem und Besonderem erlebt haben, macht die Abholung des Fahrzeugs zu einem unvergesslichen Ereignis!

Was war dein erster Porsche? – Ein Cayenne Turbo Baujahr 2003. Neun Jahre lang und viele, viele tausend Kilometer ein treuer Begleiter.

Wann fährst du am liebsten in die Berge? Am frühen Morgen oder wenn es Abend wird. Dann sind die Straßen frei, und die Landschaft wird vom Sonnenlicht in warme und weiche Farbtöne gehüllt

Welche Passfahrt ist dir besonders im Gedächtnis geblieben? – Meine erste Alpenüberquerung mit dem 918 Spyder über den Julier- und Malojapass. Trotz jahrelanger alpiner Erfahrung mit italienischen Supersportwagen waren das Erlebnis und das Ergebnis, die der Porsche auf die Straße brannte, unschlagbar.

Was macht mehr Spaß – bergauf oder bergab? – Beides gleichermaßen: Bergauf kommt die gesamte Leistung von Verbrennungsmotor und E-Maschinen zum Einsatz und sorgt so für gewaltigen Vorschub und phänomenale Geräuschkulisse. Bergab geht es ausschließlich elektrisch, das »Segeln« durch die Kurven wird so zu einem ganz besonderen Ereignis. Und im Tal ist die speicherstarke Lithium-Ionen-Batterie dann wieder komplett aufgeladen.

Mit welchem Porsche würdest du gern einmal die Alpen überqueren? – Ich bin mit dem 918 Spyder wunschlos glücklich. Besser geht es nicht!

My car is the second 918 Spyder to be registered in Germany. I collected it from Leipzig with my son on June 5, 2014. The beauty and rarities that we witnessed there makes picking up your car an unforgettable experience!

What was your first Porsche? – A Cayenne Turbo from 2003. A faithful companion for nine years and many, many thousands of kilometres.

When do you prefer driving in the mountains? – Early mornings or evenings. The roads are free and the landscape is cloaked in the warm, soft hues of sunlight.

Which mountain pass is the most memorable for you? – My first Alpine crossing with the 918 Spyder over Julier and Maloja passes. Despite many years of Alpine know-how with Italian super sports cars, the experience and performance that the Porsche burned into the tarmac was unbeatable.

What's more fun – uphill or downhill? – Both equally: Uphill, the entire performance of the combustion engine and electric motors kick in with a massive thrust and a phenomenal sound. Downhill uses only electric power, "sailing" down through the corners is a very special experience. And in the valley, the lithium-ion battery has fully recharged.

With which Porsche would you like to cross the Alps one day? – I'm completely happy with the 918 Spyder. It couldn't be better!

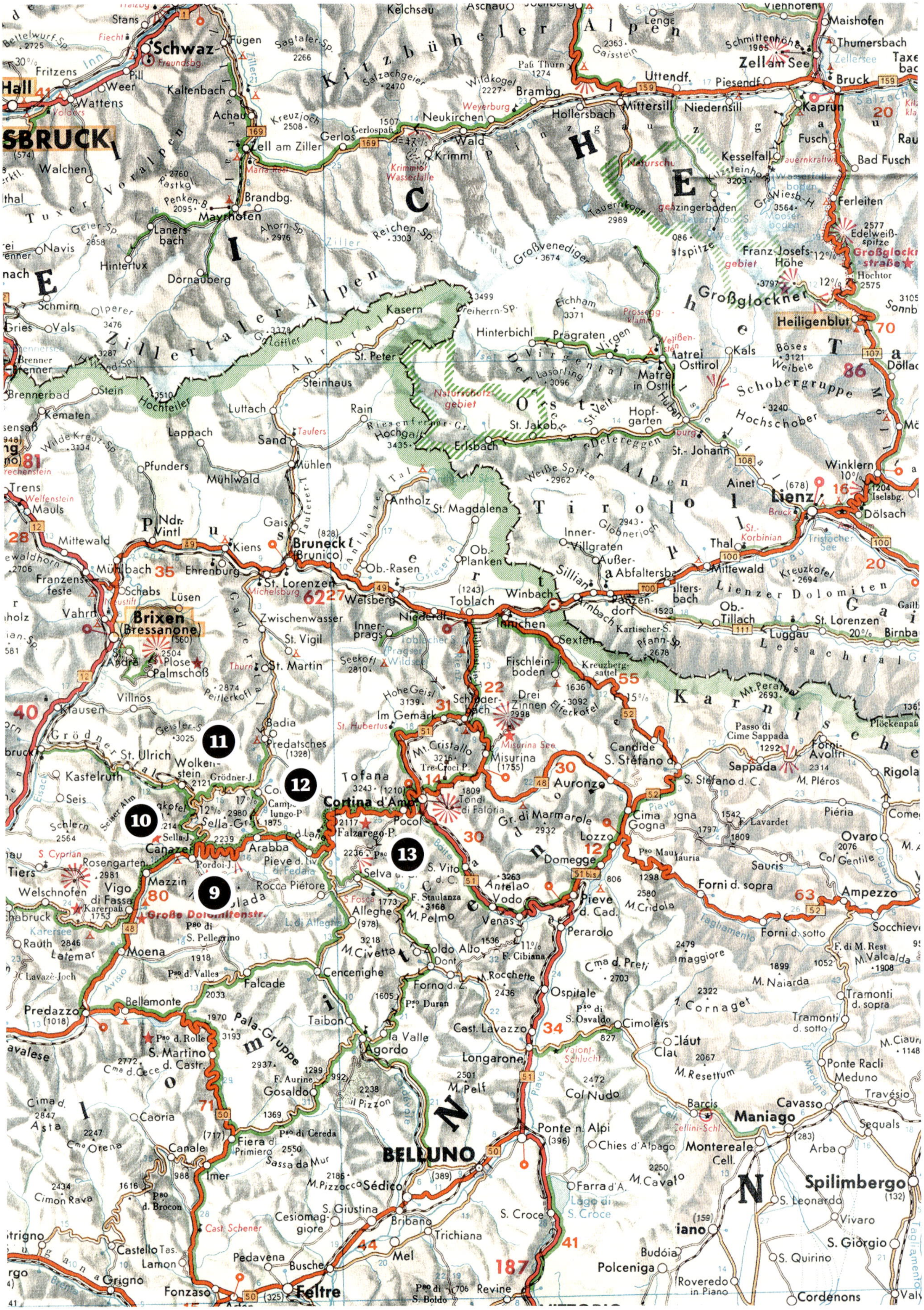
9
10
11
12
13
Schwaz
Zell am See
Bruck
Kitzbüheler Alpen
Zell am Ziller
Mayrhofen
Mittersill
Kaprun
Großglockner
Heiligenblut
Zillertaler Alpen
Brenner
Sand
Bruneck (Brunico)
Lienz
Brixen (Bressanone)
Toblach
Innichen
Sexten
St. Ulrich
Kastelruth
Wolkenstein
Canazei
Arabba
Cortina d'Ampezzo
Falzarego-P.
Misurina
Auronzo
Pieve d. Cad.
Große Dolomitenstr.
Moena
Predazzo
Falcade
Agordo
Alleghe
Longarone
BELLUNO
Feltre
Maniago
Spilimbergo
Ampezzo
Lienzer Dolomiten
Karnische Alpen
Tirol
Pala-Gruppe

Passo di Falzarego

KARTE: Offizielle Strassenkarte des ADAC im Massstab 1 : 850 000. Alpen mit Österreich, Schweiz und Oberitalien. Mairs Geographischer Verlag Stuttgart

MAP: Official ADAC road map at a scale 1:850.000. Alps with Austria, Switzerland and Northern Italy. Mairs Geographischer Verlag, Stuttgart

Wer sich mit der Kultur der Ladiner auseinandersetzt, stößt früher oder später auf die Sage vom Reich der Fanes. Das ladinische Nationalepos erzählt von einem frühzeitlichen Geschlechterkampf, in dem sich die männlichen Angehörigen des Königshauses mit dem Volk der Adler verbündeten, während sich die Frauen mit den Murmeltieren zusammenschlossen. Die Handlung ist kaum weniger komplex und fantastisch als die von J. R. R. Tolkiens »Herr der Ringe« – da ist etwa der Zauberer Spina del Mul, der die Gestalt eines halb verwesten Maultiers annimmt, oder die Königstochter Dolasilla, die über unfehlbare Pfeile und eine weiße Rüstung verfügt. Einen strahlenden Gewinner kennt die Sage allerdings nicht: Während die Fanesleute aufseiten der Königin ihre Schlacht verlieren und fortan mit den Murmeltieren unter der Erde leben, verrät der König sein Volk und wird zu Stein. Im Felsmassiv des Lagazuoi am Falzaregopass – »Fauzo Rego« bedeutet auf Altladinisch »falscher König« – ist der korrupte Herrscher in seiner geologischen Gestalt bis heute zu sehen.

Der Passo di Falzarego wurde 1909 als letztes Teilstück der Großen Dolomitenstraße eröffnet und gilt bis heute als straßenbautechnisches Meisterwerk. In 38 Kehren verbindet er Andráz im Cordevoletal und Cortina d'Ampezzo im Valle del Boite. Auch die Automobilisten früherer Tage schätzten den Pass für seine sportlichen Kurven – von 1947 bis 1956 gehörte der Falzaregopass zur Strecke der Coppa d'Oro delle Dolomiti, einem höchst anspruchsvollen italienischen Automobilrennen, dass von Cortina d'Ampezzo über 300 Kilometer quer durch die spektakulä-

Those who delve a little deeper into the Ladin culture will sooner or later stumble upon the saga of the Kingdom of Fanes. The national epic of the Ladinians tells of an ancient battle of the sexes, in which the male members of the royal family ally themselves with the eagle folk, and the women band together with the marmots. The plot, which is no less convoluted and fantastical than that of J.R.R. Tolkien's Lord of the Rings, includes the sorcerer Spina de Mul, who takes the form of a half-decayed mule, and the princess Dolasilla, who wears impenetrable ermine armour and shoots unfailing arrows. But there is no glorious winner in this saga: whilst the people of Fanes and their Queen lose the battle and are forced to live underground with the marmots, the Eagle King betrays his people and turns to stone. In the rocky massif of the Lagazuoi at the Falzarego Pass – in old Ladinian »Fauzo Rego« meaning "fake king" – you can still see the corrupt ruler in his geological form.

In 1909, the Passo di Falzarego was the last section of the Great Dolomite Road to be opened. Today it is still regarded as a technical masterpiece of road construction. Through 38 bends, it links Andraz in the Val Cordevole with Cortina d'Ampezzo in the Valle del Boite. Earlier motorists also appreciated the pass for its sporty curves: from 1947 to 1956, the Falzarego Pass was part of the Coppa d'Oro delle Dolomiti, one of Italy's most gruelling car races. It began at Cortina d'Ampezzo and traversed more than 300 kilometres, through the spectacular mountains of the Dolomites. Legendary racing drivers such as Tazio Nuvolari contested this event, against entirely unknown ama-

Auch die Automobilisten früherer Tage schätzten den Pass für seine sportlichen Kurven – von 1947 bis 1956 gehörte der Falzaregopass zur Strecke der Coppa d'Oro delle Dolomiti, einem höchst anspruchsvollen italienischen Automobilrennen, dass von Cortina d'Ampezzo über 300 Kilometer quer durch die spektakuläre Berglandschaft der Dolomiten führte.

Earlier motorists also appreciated the pass for its sporty curves: from 1947 to 1956, the Falzarego Pass was part of the Coppa d'Oro delle Dolomiti, one of Italy's most gruelling car races. It began at Cortina d'Ampezzo and traversed more than 300 kilometres, through the spectacular mountains of the Dolomites.

re Berglandschaft der Dolomiten führte. Rennfahrerlegenden wie Tazio Nuvolari starteten hier gegen völlig unbekannte Amateure in ihren Alfas, Ferraris, Lancias und Maseratis. Seit einigen Jahren gibt es eine Neuauflage der historischen Coppa d'Oro als Gleichmäßigkeitsrallye, die sich auch im offiziellen Kalender der FIA wiederfindet.

Vom Grödner Joch aus kommend, passieren wir zunächst das Gadertal und den Valparolapass, vorbei an den berückend morbiden Festungsruinen und Schützengräben der Alpenkriege, bevor wir einige hundert Meter weiter die Falzaregopasshöhe auf 2105 Metern Höhe erreichen. Wer nun neben freier Zeit auch überschüssige Energie mitgebracht hat, kann von dem mit Felsbrocken übersäten Joch noch weiter hinauf auf den Kleinen Lagazuoi kraxeln – das Dolomitenpanorama vom Gipfel mit Marmolata, Monte Averau und den fünf Zacken der Cinque Torri ist schlichtweg atemberaubend. Weniger sportliche Reisende kommen derweil mit der Seilbahn ans Ziel. Wir verschieben den Ausflug auf unseren nächsten Besuch – als sportliche Herausforderung vor dem Tiroler Abendessen dient uns der Umweg über die abenteuerlichen Serpentinen der Westrampe und den nicht weniger kurvenreichen Passo di Giau.

teurs in their Alfas, Ferraris, Lancias and Maseratis. Recent years have brought a revival of the historic Coppa d'Oro, and the rally is now a regularity rally which is also part of the official FIA calendar.

Coming from the Gardena saddle, we first pass through the Val Badia and Valparola, past the impressive fortress ruins and trenches of the Alpine wars, before reaching the Falzarego Pass summit several hundred metres further on, at an altitude of 2,105 metres. Those who have the time and energy might like to scramble over the scattered boulders around the Col and venture further up to Little Lagazuoi, where the vista over the peaks of Marmolada, Monte Averau and the five tips of the Cinque Torri is simply breathtaking. Less athletic travellers can catch the cable car. We postpone the excursion for the next trip – as a sporting challenge heading to our Tyrolean dinner, we take a detour through the adventurous serpentines of the west ramp and over the no less twisty Giau Pass.

1 — ***Doppelseite aus: Baedekers Autoreiseführer Oberitalien. 1962. Siebente Auflage*** – *Double page from: Baedekers car travel guide Northern Italy. 1962. 7th edition*

2 — ***Postkarte: Menardi´s Falzarego Passhotel. Joh. F. Amonn. Bozen*** *Postcard: Menardi´s Falzarego Pass Hotel. Joh. F. Amonn. Bolzano*

3 — ***Aufkleber. Unbekannte Herkunft*** *Sticker: unknown origin*

4 — ***Postkarte: Obelisk am Falzaregopass. Josef Werth. Olang, Tirol*** *Postcard: Obelisk at the Falzarego Pass. Josef Werth. Olang, Tyrol*

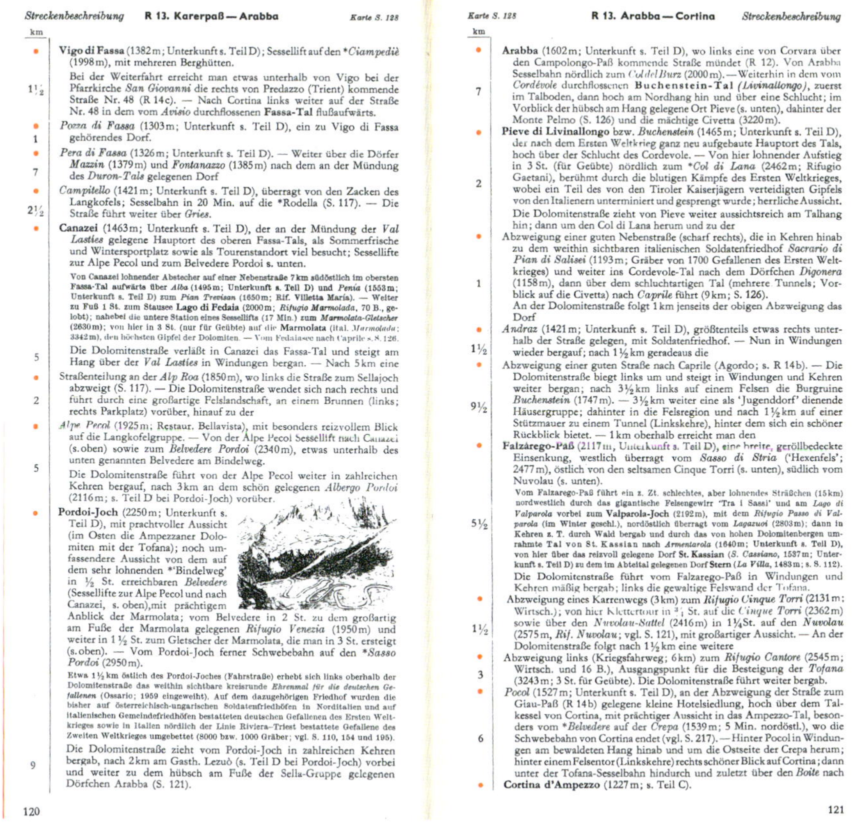

Streckenbeschreibung **R 13. Karerpaß — Arabba** *Karte S. 128*

km

Vigo di Fassa (1382 m; Unterkunft s. Teil D); Sessellift auf den **Ciampediè* (1998 m), mit mehreren Berghütten.

1½ Bei der Weiterfahrt erreicht man etwas unterhalb von Vigo bei der Pfarrkirche *San Giovanni* die rechts von Predazzo (Trient) kommende Straße Nr. 48 (R 14c). — Nach Cortina links weiter auf der Straße Nr. 48 in dem vom *Avisio* durchflossenen **Fassa-Tal** flußaufwärts.

Pozza di Fassa (1303 m; Unterkunft s. Teil D), ein zu Vigo di Fassa
1 gehörendes Dorf.

Pera di Fassa (1326 m; Unterkunft s. Teil D). — Weiter über die Dörfer
7 *Mazzin* (1379 m) und *Fontanazzo* (1385 m) nach dem an der Mündung des *Duron-Tals* gelegenen Dorf

Campitello (1421 m; Unterkunft s. Teil D), überragt von den Zacken des
2½ Langkofels; Sesselbahn in 20 Min. auf die *Rodella (S. 117). — Die Straße führt weiter über *Gries*.

Canazei (1463 m; Unterkunft s. Teil D), der an der Mündung der *Val Lasties* gelegene Hauptort des oberen Fassa-Tals, als Sommerfrische und Wintersportplatz sowie als Tourenstandort viel besucht; Sessellifte zur Alpe Pecol und zum Belvedere Pordoi s. unten.

Von Canazei lohnender Abstecher auf einer Nebenstraße 7 km südöstlich im obersten Fassa-Tal aufwärts über *Alba* (1495 m; Unterkunft s. Teil D) und *Penía* (1553 m; Unterkunft s. Teil D) zum *Pian Trevisan* (1650 m; Rif. Villetta María). — Weiter zu Fuß 1 St. zum Stausee **Lago di Fedaia** (2000 m; *Rifugio Marmolada*, 70 B., gelobt); nahebei die untere Station eines Sessellifts (17 Min.) zum *Marmolata-Gletscher* (2630 m); von hier in 3 St. (nur für Geübte) auf die **Marmolata** (ital. *Marmolada*; 3342 m), den höchsten Gipfel der Dolomiten. — Vom Fedaiasee nach Caprile s. S. 126.

5 Die Dolomitenstraße verläßt in Canazei das Fassa-Tal und steigt am Hang über der *Val Lasties* in Windungen bergan. — Nach 5 km eine

Straßenteilung an der *Alp Roa* (1850 m), wo links die Straße zum Sellajoch abzweigt (S. 117). — Die Dolomitenstraße wendet sich nach rechts und
2 führt durch eine großartige Felslandschaft, an einem Brunnen (links; rechts Parkplatz) vorüber, hinauf zu der

Alpe Pecol (1925 m; Restaur. Bellavista), mit besonders reizvollem Blick auf die Langkofelgruppe. — Von der Alpe Pecol Sessellift nach Canazei (s. oben) sowie zum *Belvedere Pordoi* (2340 m), etwas unterhalb des unten genannten Belvedere am Bindelweg.

5 Die Dolomitenstraße führt von der Alpe Pecol weiter in zahlreichen Kehren bergauf, nach 3 km an dem schön gelegenen *Albergo Pordoi* (2116 m; s. Teil D bei Pordoi-Joch) vorüber.

Pordoi-Joch (2250 m; Unterkunft s. Teil D), mit prachtvoller Aussicht (im Osten die Ampezzaner Dolomiten mit der Tofana); noch umfassendere Aussicht von dem auf dem sehr lohnenden *'Bindelweg' in ½ St. erreichbaren *Belvedere* (Sessellifte zur Alpe Pecol und nach Canazei, s. oben), mit prächtigem Anblick der Marmolata; vom Belvedere in 2 St. zu dem großartig am Fuße der Marmolata gelegenen *Rifugio Venezia* (1950 m) und weiter in 1½ St. zum Gletscher der Marmolata, die man in 3 St. ersteigt (s. oben). — Vom Pordoi-Joch ferner Schwebebahn auf den **Sasso Pordoi* (2950 m).

Etwa 1½ km östlich des Pordoi-Joches (Fahrstraße) erhebt sich links oberhalb der Dolomitenstraße das weithin sichtbare kreisrunde *Ehrenmal für die deutschen Gefallenen* (Ossario; 1959 eingeweiht). Auf dem dazugehörigen Friedhof wurden die bisher auf österreichisch-ungarischen Soldatenfriedhöfen in Norditalien und auf italienischen Gemeindefriedhöfen bestatteten deutschen Gefallenen des Ersten Weltkrieges sowie in Italien nördlich der Linie Riviera–Triest bestattete Gefallene des Zweiten Weltkrieges umgebettet (8000 bzw. 1000 Gräber; vgl. S. 110, 154 und 195).

Die Dolomitenstraße zieht vom Pordoi-Joch in zahlreichen Kehren
9 bergab, nach 2 km am Gasth. Lezuò (s. Teil D bei Pordoi-Joch) vorbei und weiter zu dem hübsch am Fuße der Sella-Gruppe gelegenen Dörfchen Arabba (S. 121).

120

Karte S. 128 **R 13. Arabba — Cortina** Streckenbeschreibung

km

Arabba (1602 m; Unterkunft s. Teil D), wo links eine von Corvara über den Campolongo-Paß kommende Straße mündet (R 12). Von Arabba Sesselbahn nördlich zum *Col del Burz* (2000 m). — Weiterhin in dem vom
7 *Cordévole* durchflossenen **Buchenstein-Tal** *(Livinallongo)*, zuerst im Talboden, dann hoch am Nordhang hin und über eine Schlucht; im Vorblick der hübsch am Hang gelegene Ort Pieve (s. unten), dahinter der Monte Pelmo (S. 126) und die mächtige Civetta (3220 m).

Pieve di Livinallongo bzw. *Buchenstein* (1465 m; Unterkunft s. Teil D), der nach dem Ersten Weltkrieg ganz neu aufgebaute Hauptort des Tals, hoch über der Schlucht des Cordevole. — Von hier lohnender Aufstieg in 3 St. (für Geübte) nördlich zum **Col di Lana* (2462 m; Rifugio
2 Gaetani), berühmt durch die blutigen Kämpfe des Ersten Weltkrieges, wobei ein Teil des von den Tiroler Kaiserjägern verteidigten Gipfels von den Italienern unterminiert und gesprengt wurde; herrliche Aussicht.

Die Dolomitenstraße zieht von Pieve weiter aussichtsreich am Talhang hin; dann um den Col di Lana herum und zu der

Abzweigung einer guten Nebenstraße (scharf rechts), die in Kehren hinab zu dem weithin sichtbaren italienischen Soldatenfriedhof *Sacrario di Pian di Salisei* (1193 m; Gräber von 1700 Gefallenen des Ersten Weltkrieges) und weiter ins Cordevole-Tal nach dem Dörfchen *Digonera*
1 (1158 m), dann über dem schluchtartigen Tal (mehrere Tunnels; Vorblick auf die Civetta) nach *Caprile* führt (9 km; S. 126).

An der Dolomitenstraße folgt 1 km jenseits der obigen Abzweigung das Dorf

Andraz (1421 m; Unterkunft s. Teil D), größtenteils etwas rechts unterhalb der Straße gelegen, mit Soldatenfriedhof. — Nun in Windungen
1½ wieder bergauf; nach 1½ km geradeaus die

Abzweigung einer guten Straße nach Caprile (Agordo; s. R 14b). — Die Dolomitenstraße biegt links um und steigt in Windungen und Kehren weiter bergan; nach 3½ km links auf einem Felsen die Burgruine *Buchenstein* (1747 m). — 3½ km weiter eine als 'Jugenddorf' dienende
9½ Häusergruppe; dahinter in die Felsregion und nach 1½ km auf einer Stützmauer zu einem Tunnel (Linkskehre), hinter dem sich ein schöner Rückblick bietet. — 1 km oberhalb erreicht man den

Falzárego-Paß (2117 m, Unterkunft s. Teil D), eine breite, geröllbedeckte Einsenkung, westlich überragt vom *Sasso di Stria* ('Hexenfels'; 2477 m), östlich von den seltsamen Cinque Torri (s. unten), südlich vom Nuvolau (s. unten).

Vom Falzarego-Paß führt ein z. Zt. schlechtes, aber lohnendes Sträßchen (15 km) nordwestlich durch das gigantische Felsengewirr 'Tra i Sassi' und am *Lago di Valparola* vorbei zum **Valparola-Joch** (2192 m), mit dem *Rifugio Passo di Val-*
5½ *parola* (im Winter geschl.), nordöstlich überragt vom *Lagazuoi* (2803 m); dann in Kehren z. T. durch Wald bergab und durch das von hohen Dolomitenbergen umrahmte **Tal von St. Kassian** nach *Armentarola* (1640 m; Unterkunft s. Teil D), von hier über das reizvoll gelegene Dorf **St. Kassian** (*S. Cassiano*, 1537 m; Unterkunft s. Teil D) zu dem im Abteital gelegenen Dorf **Stern** (*La Villa*, 1483 m; s. S. 112).

Die Dolomitenstraße führt vom Falzarego-Paß in Windungen und Kehren mäßig bergab; links die gewaltige Felswand der Tofana.

Abzweigung eines Karrenwegs (3 km) zum *Rifugio Cinque Torri* (2131 m; Wirtsch.); von hier Klettertour in ¾ St. auf die *Cinque Torri* (2362 m)
1½ sowie über den *Nuvolau-Sattel* (2416 m) in 1¼ St. auf den *Nuvolau* (2575 m, *Rif. Nuvolau*; vgl. S. 121), mit großartiger Aussicht. — An der Dolomitenstraße folgt nach 1½ km eine weitere

Abzweigung links (Kriegsfahrweg; 6 km) zum *Rifugio Cantore* (2545 m;
3 Wirtsch. und 16 B.), Ausgangspunkt für die Besteigung der *Tofana* (3243 m; 3 St. für Geübte). Die Dolomitenstraße führt weiter bergab.

Pocol (1527 m; Unterkunft s. Teil D), an der Abzweigung der Straße zum Giau-Paß (R 14b) gelegene kleine Hotelsiedlung, hoch über dem Talkessel von Cortina, mit prächtiger Aussicht in das Ampezzo-Tal, besonders vom **Belvedere* auf der *Crepa* (1539 m; 5 Min. nordöstl.), wo die
6 Schwebebahn von Cortina endet (vgl. S. 217). — Hinter Pocol in Windungen am bewaldeten Hang hinab und um die Ostseite der Crepa herum; hinter einem Felsentor (Linkskehre) rechts schöner Blick auf Cortina; dann unter der Tofana-Sesselbahn hindurch und zuletzt über den *Boite* nach

Cortina d'Ampezzo (1227 m; s. Teil C).

121

1

2

3

4

Max von Braunmühl

Porsche 911 2.7 RS
Baujahr / Built 1972

Erste Zulassung im Dezember 1972. Das Auto wurde vor allem in Österreich bewegt und in den 1980er-Jahren als Rally Cross Auto eingesetzt.

First registered in December 1972. The car clocked up most of its miles in Austria and was run as a rally cross car in the eighties.

Was war dein erster Porsche? – Ein Porsche 993 4S in Silber.

Wann fährst du am liebsten in die Berge? – In die Berge fahre ich am liebsten im Sommer.

Welche Passfahrt ist dir besonders im Gedächtnis geblieben? – Col de Turini im 911er bei Regen bergauf. Spannend.

Was macht mehr Spaß – bergauf oder bergab? – Definitiv bergauf.

Mit welchem Porsche würdest du gern einmal die Alpen überqueren? – Porsche 550 Spyder!

What was your first Porsche? – A silver Porsche 993 4S.

When do you prefer driving in the mountains? – I like driving in the mountains in summertime.

Which mountain pass is the most memorable for you? – Col de Turini uphill in the rain at the wheel of the 911. Exhilarating.

What's more fun – uphill or downhill? – Definitely uphill.

With which Porsche would you like to cross the Alps one day? – Porsche 550 Spyder!

PASSO FALZAREGO m. 2117
CAFFÈ • BAR • PANINOTECA
PANINOTECA

PASSO FALZAREGO m. 2117
CARTOLINE ANSICHTSKARTEN
PANINOTECA

comunita
montana
AGORDINA
13 m
3 m
20

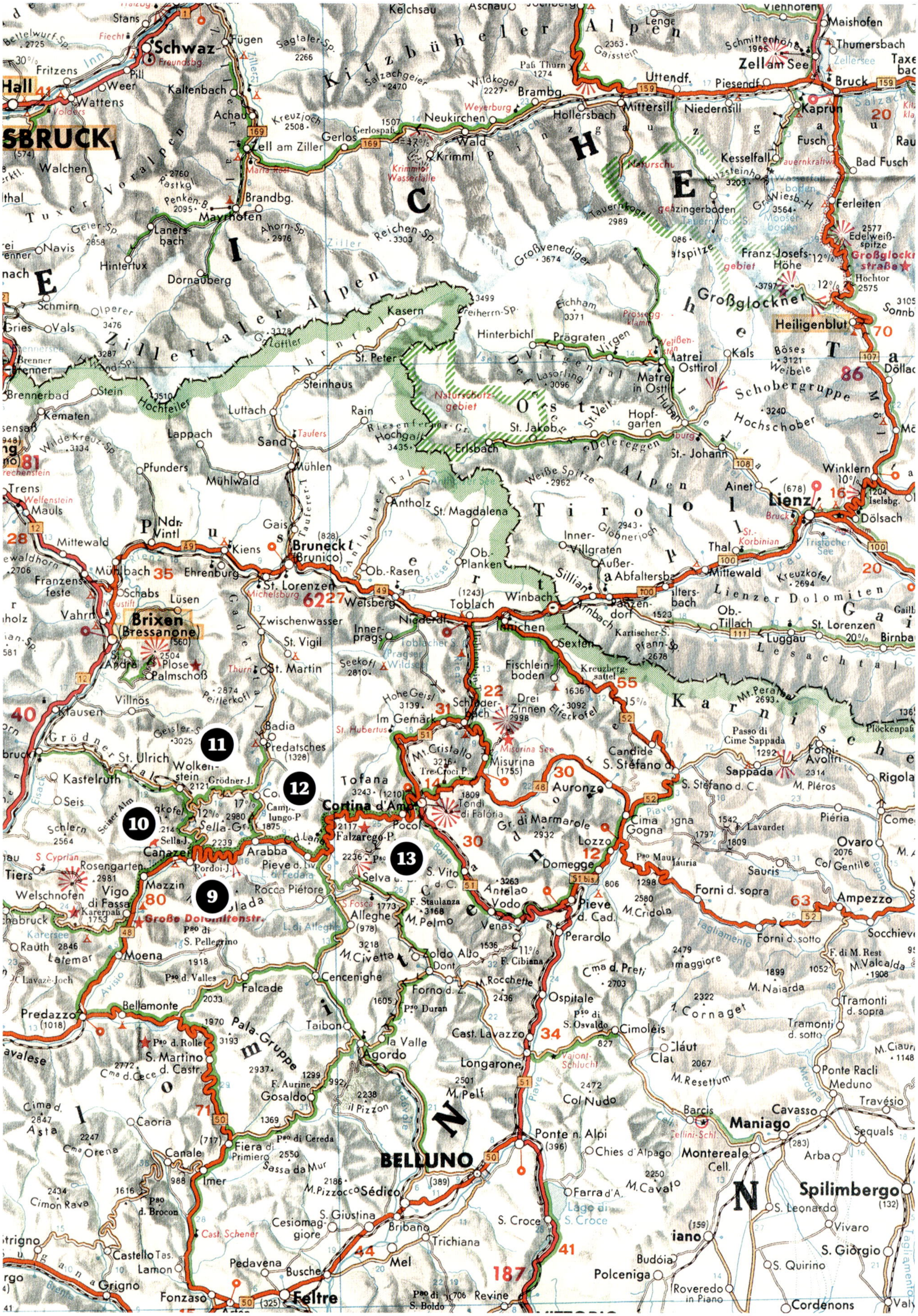

9
10
11
12
13
Schwaz
Zell am Ziller
Mayrhofen
Kitzbüheler Alpen
Zillertaler Alpen
Zell am See
Mittersill
Kaprun
Bruck
Großglockner
Heiligenblut
Großvenediger
Matrei in Osttirol
Lienz
Brixen (Bressanone)
Bruneck (Brunico)
Toblach
Innichen
Sexten
Welsberg
Klausen
St. Ulrich
Wolkenstein
Kastelruth
Canazei
Arabba
Cortina d'Amp.
Falzarego-P.
Mt. Cristallo
Misurina
Drei Zinnen
Auronzo
S. Stefano
Pieve d. Cad.
Sappada
Tofana
Moena
Predazzo
Vigo di Fassa
Große Dolomitenstr.
Alleghe
M. Civetta
M. Pelmo
Antelao
Agordo
Longarone
Belluno
Feltre
Sédico
Pala-Gruppe
Fiera di Primiero
S. Martino d. Castr.
Maniago
Spilimbergo
Ampezzo
Forni d. sopra
Forni d. sotto
Lienzer Dolomiten
Karnische Alpen

Passo di Giau

KARTE: Offizielle Strassenkarte des ADAC im Massstab 1 : 850 000. Alpen mit Österreich, Schweiz und Oberitalien. Mairs Geographischer Verlag Stuttgart

MAP: Official ADAC road map at a scale 1:850.000. Alps with Austria, Switzerland and Northern Italy. Mairs Geographischer Verlag, Stuttgart

Von Norden her über den Passo di Falzarego kommend, lohnt sich ein Abstecher zur mächtigen Burg von Andráz, die im 11. Jahrhundert zur Sicherung der regionalen Eisenstraßen erbaut wurde und heute noch als Ruine über das Dörfchen wacht. Doch bevor die Straße nach Andráz abzweigt, biegen wir nach links ab: Die letzte Etappe unserer Tagestour führt uns schließlich über einen der spannendsten Pässe der Dolomiten – den Passo di Giau. Von Selva di Cadore im Südwesten windet sich die Straße über die Passhöhe auf 2233 Metern nach Pocol im Nordosten und weiter nach Cortina d'Ampezzo. Doch der Passo di Giau ist mehr als eine Verbindung zwischen A und B: Kenner schwärmen von 27 Kilometern feinstem Asphalt und 55 sinnlichen Kehren, die zu allem Überfluss noch deutlich weniger befahren sind als die meisten anderen Dolomitenpässe.

Auch der Passo di Giau wurde als Transportweg im Ersten Weltkrieg angelegt. Anders als viele der ehemaligen Militärstraßen durch die Dolomiten verfiel er nach Kriegsende jedoch rasch und war kaum noch zu befahren. Noch in den 1960er-Jahren warnten Reiseführer davor, die Bergfahrt bei schlechtem Wetter zu wagen – die Straße werde dann schnell unpassierbar. Erst nachdem im Jahr 1968 ein Unwetter große Teile der Passstraße völlig zerstört hatte, wurde mit dem Umbau und der Trassierung der Strecke begonnen. Doch auch wenn die Straße heute bestens ausgebaut ist, verirren sich deutlich weniger Urlauber auf den Passo di Giau als beispielsweise auf die nahe gelegene Sellarunde. Tatsächlich sind es gerade die Einsamkeit dieser Gegend, ihre eindrucksvoll urtümliche Landschaft und ihre Abgeschlossenheit, die den Pass zu einem ganz besonderen Erlebnis machen.

Coming from the north over the Falzarego Pass, the imposing Castle of Andráz is well worth a detour. Dating back to the 11th century, this fortress was built to safeguard the regional iron trade and still watches over the village today, albeit as a ruin. But before the road veers off to Andráz, we take a left turn: the final leg of our day brings us to the most exciting pass in the Dolomites – the Giau Pass or Passo di Giau. From Selva di Cadore in the southwest, the road winds over the pass summit at 2,233 metres, on to Pocol in the northeast, and further to Cortina d'Ampezzo. But the Passo di Giau is more than just a link between A and B: aficionados rave about the 27-kilometre stretch of ultra-smooth asphalt and the 55 voluptuous bends, which, as the icing on the cake, are significantly less busy than most other Dolomite passes.

The Giau Pass, too, was built as a transport route during World War I. Unlike many of the former military roads through the Dolomites, however, the Giau quickly fell into disrepair after the war and became difficult to navigate. Even up to the 1960s, travel guides warned against attempting the mountain route in bad weather, which made the road impassable. Only when a storm completely destroyed the pass road in 1968 did reconstruction and rerouting of the passage begin.

Although the road is well developed now, significantly fewer tourists find their way to the Passo di Giau than to, for example, the nearby Sella Ronda. It is precisely the secluded isolation of the region, with its strikingly pristine landscape, that makes this pass a very special experience. Coming from the south, 24 serpentines bring us to the summit. Some of the bends are nicely banked, offering a perfect opportunity for bikers to open the throttle a touch

Auch wenn einem die Kurvenjagd den Puls in die Höhe treibt, lohnt es sich, kurz innezuhalten und beim Blick in das steile Codalongatal nochmals die Meisterleistung der italienischen Straßenbauer zu bewundern.

Even though it might seem tempting to tear hell for leather through the corners, it's worth taking a moment to glance down into the steep Codalonga valley and again admire the master stroke of Italian road construction.

Von Süden kommend, zählt man bis zur Scheitelhöhe ganze 24 Serpentinen. Teils wurde der Außenradius der Kurven erhöht, was von Motorradfahrern zum Anlass genommen wird, die ein- oder andere Kehre noch ein wenig sportlicher zu nehmen als sonst. Zunächst durchfährt man Mischwälder, im mittleren Teil dann einige Lawinengalerien, bis sich die Straße schließlich in kunstvollen Serpentinenkombinationen in Richtung der Passhöhe windet. Auch wenn einem die Kurvenjagd den Puls in die Höhe treibt, lohnt es sich, kurz innezuhalten und beim Blick in das steile Codalongatal nochmals die Meisterleistung der italienischen Straßenbauer zu bewundern. Vom Scheitel unterhalb des markanten Nuvolau-Gipfels bietet sich schließlich ein wunderbares Panorama – mit Marmolata und Sellagruppe im Westen, den Drei Zinnen im Osten, Averau und Nuvolau im Norden und dem Col Piombin im Süden. Wer sich von der Pracht der Berge nicht zu sehr fesseln lässt, der kann abseits der Straße noch eine Art Motorradmarterpfahl mitsamt einer historischen Maschine entdecken, die wohl den Zweiradpilgern dieses Alpenpfades gewidmet ist.

Die Nordostrampe biete mit 31 Kehren ebenfalls sportliches Terrain, allerdings ist die Abfahrt zu gut zwei Dritteln dicht bewaldet – hat man zunächst über sattgrüne Almen auf die Bergkette der Corda da Lago geblickt, reicht die Sicht bald nur noch bis zur nächsten Kurve. Wir für unseren Teil haben heute genug gesehen und freuen uns auf ein ausgiebiges Nachtmahl in Cortina d'Ampezzo, bevor wir morgen früh mit dem Sonnenaufgang zur letzten Etappe unserer Alpentour starten.

more. At first we encounter mixed forest, followed by some avalanche galleries around the midway mark, until finally the road snakes gracefully up to the summit. Even though it might seem tempting to tear hell for leather through the corners, it's worth taking a moment to glance down into the steep Codalonga valley and again admire the master stroke of Italian road construction.

From the saddle just below the distinctive Nuvolau peak, a magnificent panorama opens up, with Marmolada and the Sella Group pinnacles in the west, the Drei Zinnen in the east, Averau and Nuvolau to the north and the Col Piombin in the south. Those who manage to tear themselves away from the grandeur of the mountains can explore a type of motorbike monument including a historic bike that is very likely a dedication to the two-wheeled pilgrims on this Alpine route.

With 31 switchbacks, the northeast ramp is tantalisingly tempting, with a good two-thirds of the descent passing through dense forest. Having enjoyed sweeping views across the lush green pastures of the Corda da Lago mountain range, our outlook is now reduced to the next corner ahead. For our part, we have seen enough today and look forward to a hearty supper in Cortina d'Ampezzo before we set out at sunrise tomorrow to tackle the final leg of our Alpine tour.

Marcus Holzinger

Porsche 993 Turbo Baujahr / Built 1997

Das Fahrzeug wurde zunächst auf den Kanaren gefahren, dann nach Madrid überführt. Dort hat ein Apotheker den Turbo übernommen und 2012 restauriert. 2014 haben mein Vater und ich den Wagen über einen Zwischenhändler gekauft.

Was war dein erster Porsche? – Ein schwarzes 993 Carrera 3.8L Coupe. Ich habe es 2003 gekauft und fahre es noch heute fast täglich.

Wann fährst du am liebsten in die Berge? – Außerhalb der Schulferien, früh morgens oder am frühen Abend.

Welche Passfahrt ist dir besonders im Gedächtnis geblieben? – Mein schönstes Passerlebnis war vor zwei Jahren in Italien. Ich fuhr die Passmasters Scouting Tour 2013. Das abendliche Panorama der Südtiroler Alpen und die menschenleeren Straßen waren atemberaubend.

Was macht mehr Spaß – bergauf oder bergab? – Bergauf. Man kann das Fahrzeug schön auf Zug halten und dabei sogar noch die Bremse schonen.

Mit welchem Porsche würdest du gern einmal die Alpen überqueren?
1. 991 GT3 RS
2. 993 RS Clubsport
3. 356 A 1600 GS Carrera GT Speedster 1959

The vehicle was first driven on the Canary Islands before being relocated to Madrid. A pharmacist owned the Turbo and restored it in 2012. My father and I bought the car from a dealer in 2014.

What was your first Porsche? – A black 993 Carrera 3.8L Coupe. I bought it in 2003 and still drive it almost every day.

When do you prefer driving in the mountains? – Outside school holidays, early mornings or evenings.

Which mountain pass is the most memorable for you? – My most wonderful pass experience was in Italy two years ago. I took part in the 2013 Passmasters Scouting Tour. The views over the South Tyrolean Alps in the evening and the deserted roads were breathtaking.

What's more fun – uphill or downhill? – Uphill. You can maintain momentum and at the same time go easy on the brakes.

With which Porsche would you like to cross the Alps one day?
1. 991 GT3 RS
2. 993 RS Clubsport
3. 356 A 1600 GS Carrera GT Speedster 1959

IX

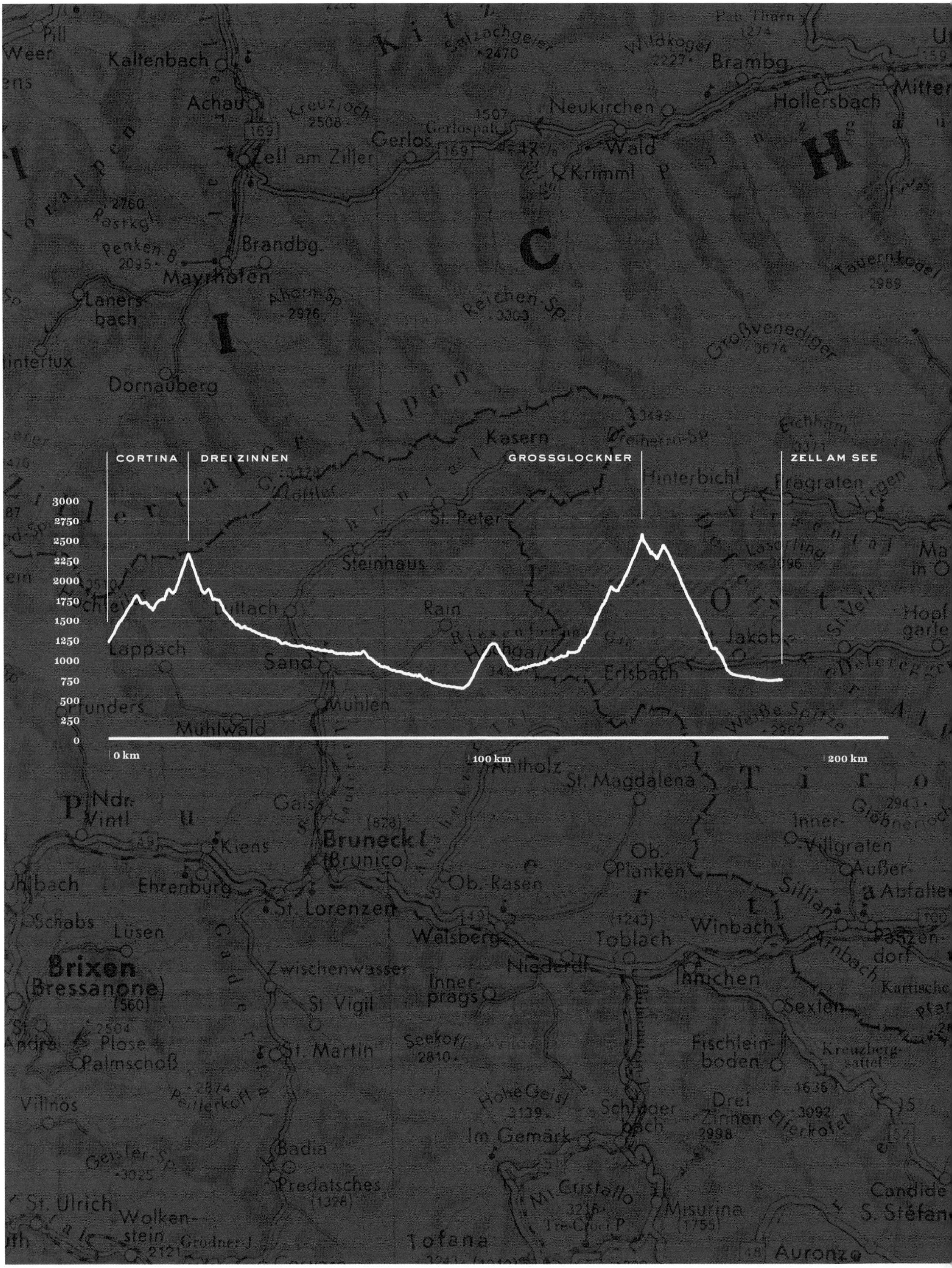
CORTINA
DREI ZINNEN
GROSSGLOCKNER
ZELL AM SEE
3000
2750
2500
2250
2000
1750
1500
1250
1000
750
500
250
0
0 km
100 km
200 km

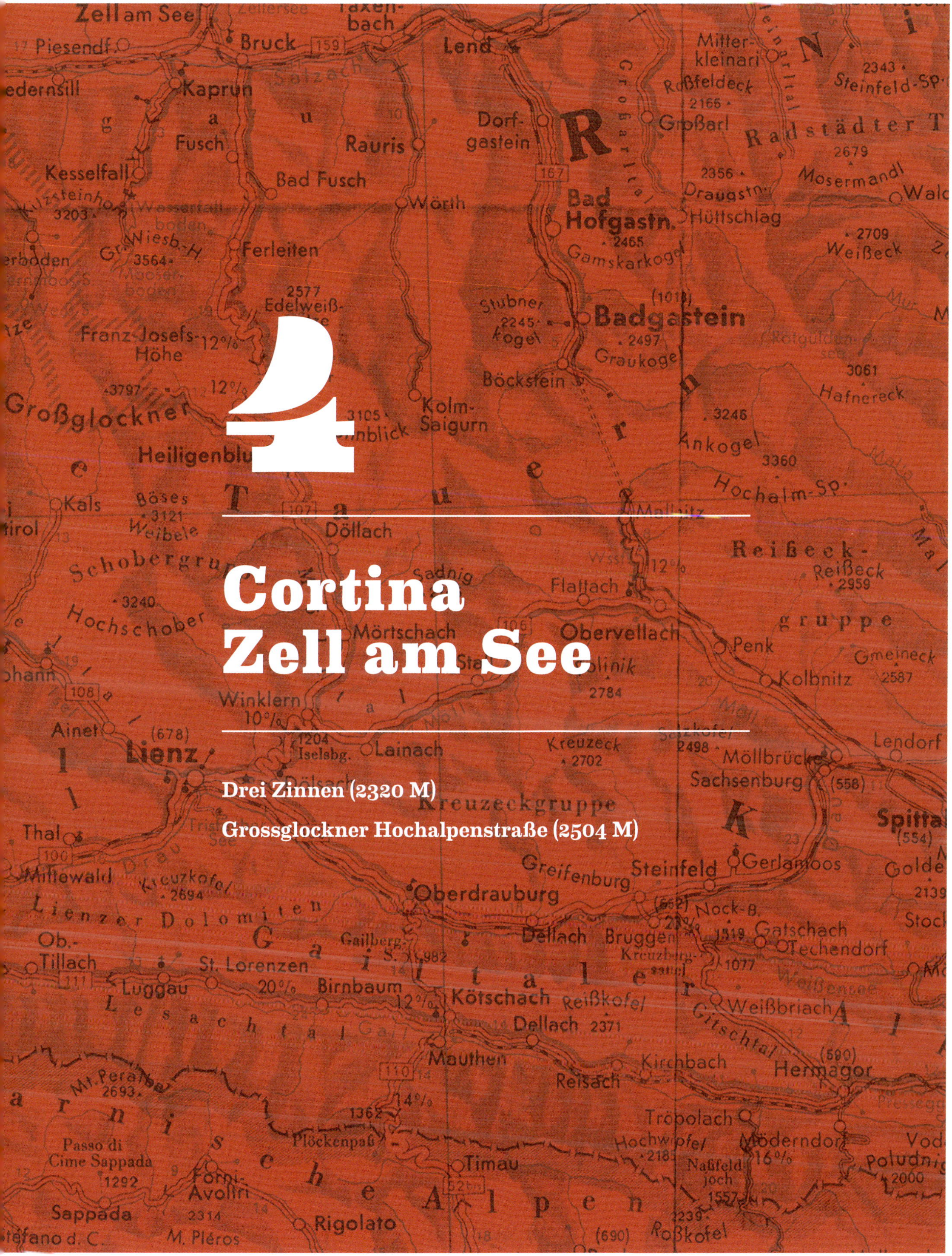

4

Cortina Zell am See

Drei Zinnen (2320 M)

Grossglockner Hochalpenstraße (2504 M)

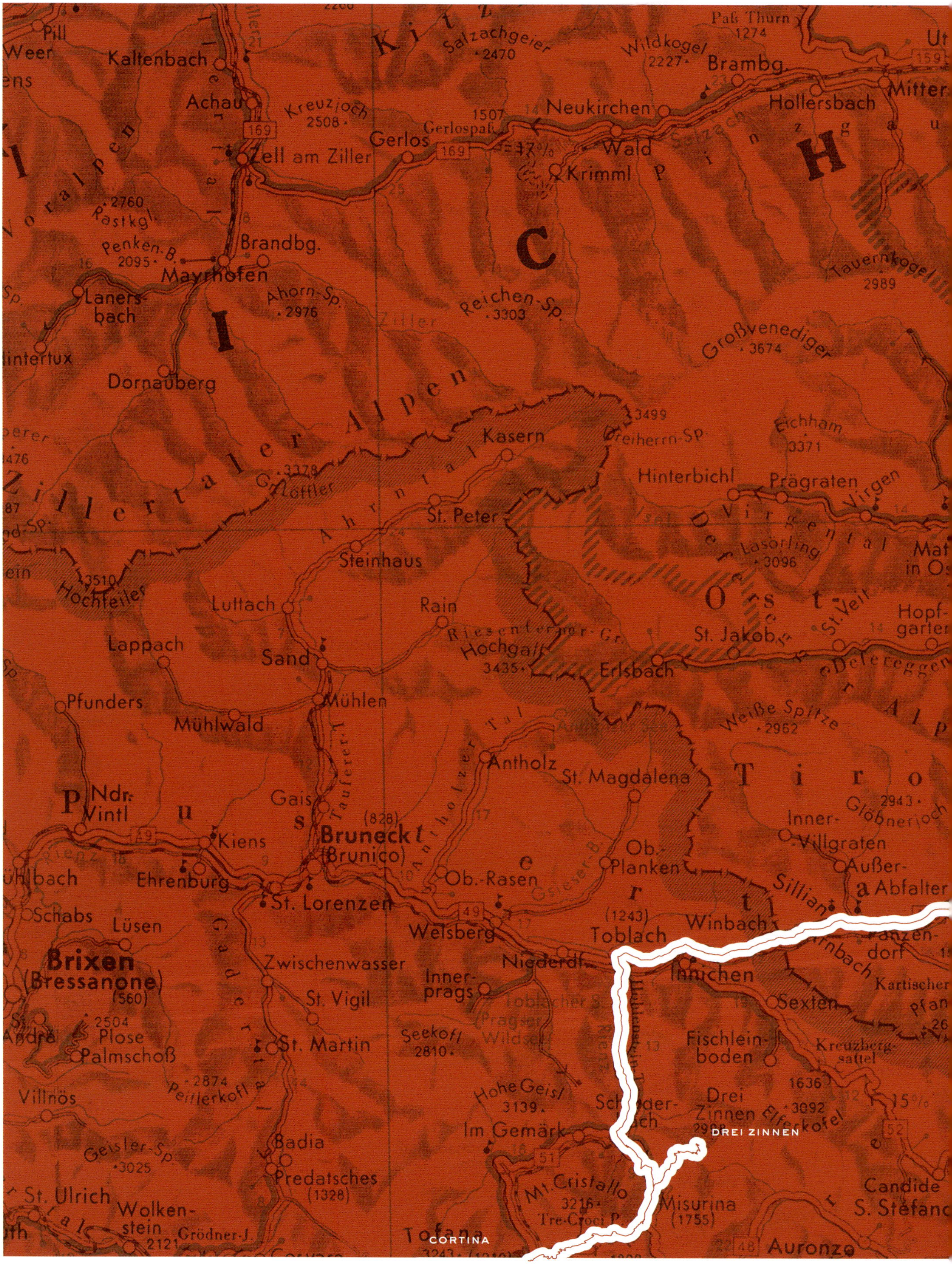

DREI ZINNEN
CORTINA
Pill
Weer
Kaltenbach
Achau
Zell am Ziller
Gerlos
Gerlospaß
Kreuzjoch
2508
Salzachgeier
2470
Wildkogel
2227
Paß Thurn
1274
Brambg.
Neukirchen
Hollersbach
Mitter
Wald
Krimml
Rastkgl.
2760
Penken-B.
2095
Brandbg.
Mayrhofen
Lanersbach
Hintertux
Ahorn-Sp.
2976
Reichen-Sp.
3303
Tauernkogel
2989
Großvenediger
3674
Dornauberg
Zillertaler Alpen
Kasern
3499
Dreiherrn-Sp.
Eichham
3371
Hinterbichl
Prägraten
Virgen
Löffler
3378
Ahrntal
St. Peter
Steinhaus
Virgental
Lasörling
3096
3510
Hochfeiler
Luttach
Rain
Riesenferner-Gr.
Hochgall
3435
St. Jakob
St. Veit
Lappach
Sand
Erlsbach
Pfunders
Mühlen
Mühlwald
Weiße Spitze
2962
Antholz
St. Magdalena
Tirol
Antholzer Tal
Ndr. Vintl
Gais
(828)
Bruneck
(Brunico)
Tauferer T.
Kiens
Ehrenburg
St. Lorenzen
Ob.-Rasen
Ob.-Planken
(1243)
Toblach
Winbach
Inner-Villgraten
Außer-Villgraten
Abfalter
Sillian
Welsberg
Niederdf.
Innichen
Sexten
Brixen
(Bressanone)
(560)
Lüsen
Schabs
Zwischenwasser
St. Vigil
Inner-prags
Plose
2504
Palmschoß
St. Martin
Seekofl
2810
Fischleinboden
Kreuzbergsattel
1636
Villnös
2874
Peitlerkofl
Hohe Geisl
3139
Drei Zinnen
Elferkofel
3092
Im Gemärk
Badia
Predatsches
(1328)
Geisler-Sp.
3025
St. Ulrich
Wolkenstein
2121
Grödner-J.
Mt. Cristallo
3216
Tre Croci P.
Misurina
(1755)
Candide
S. Stefano
Auronzo
Tofana

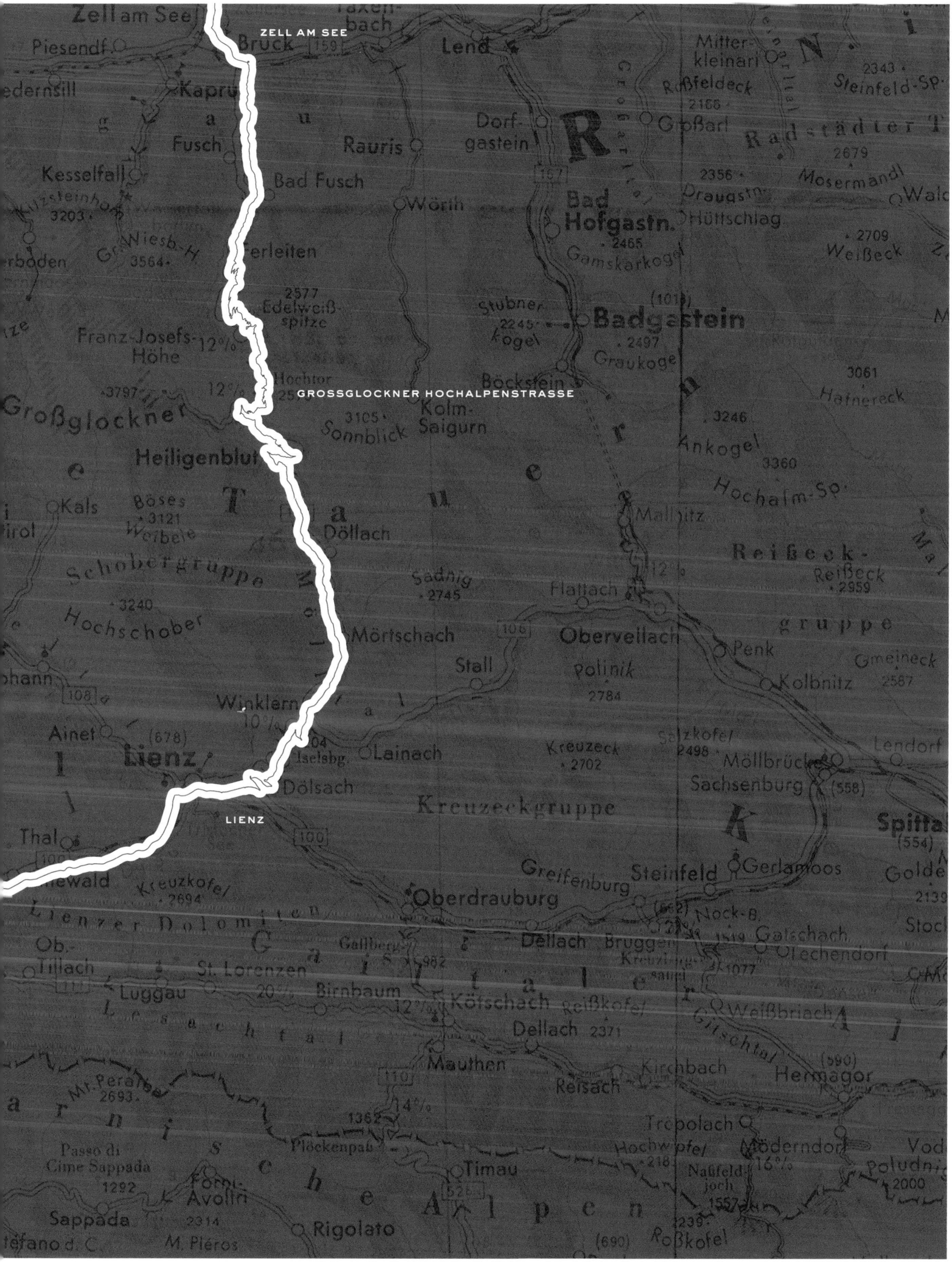
ZELL AM SEE
GROSSGLOCKNER HOCHALPENSTRASSE
LIENZ
Zell am See
Piesendf.
Bruck
Lend
Kaprun
Fusch
Rauris
Dorf-
gastein
Kesselfall
Bad Fusch
Wörth
Bad
Hofgastn.
Ferleiten
Edelweiß-
spitze
Franz-Josefs-
Höhe
Badgastein
Böckstein
Hochtor
Großglockner
Sonnblick
Kolm-
Saigurn
Heiligenblut
Ankogel
Kals
Döllach
Mallnitz
Schobergruppe
Hochschober
Sadnig
Flattach
Obervellach
Mörtschach
Stall
Penk
Kolbnitz
Winklern
Ainet
Lienz
Iselsbg.
Lainach
Dölsach
Kreuzeck
Möllbrücke
Sachsenburg
Kreuzeckgruppe
Spittal
Thal
Steinfeld
Gerlamoos
Greifenburg
Oberdrauburg
Lienzer Dolomiten
Dellach
Bruggen
Tillach
St. Lorenzen
Luggau
Birnbaum
Kötschach
Dellach
Weißbriach
Gitschtal
Mauthen
Reisach
Kirchbach
Hermagor
Tröpolach
Plöckenpaß
Timau
Möderndorf
Passo di
Cime Sappada
Sappada
Forni-
Avoltri
Rigolato
Roßkofel
Karnische Alpen

Schwaz
Hall
SBRUCK
Zell am Ziller
Mayrhofen
Kitzbüheler Alpen
Zell am See
Mittersill
Kaprun
Bruck
Zillertaler Alpen
Großvenediger
Großglockner
Heiligenblut
Großglockner-straße
Hochtor
Matrei in Osttirol
Lienz
Schobergruppe
Defereggen
Tirol
Bruneck (Brunico)
Brixen (Bressanone)
Toblach
Innichen
Sexten
Drei Zinnen
Lienzer Dolomiten
Karnische Alpen
14
15
Cortina d'Ampezzo
Misurina
Auronzo
Gr. di Marmarole
Pieve d. Cad.
Antelao
M. Pelmo
M. Civetta
Marmolada
Canazei
Große Dolomitenstr.
Pala-Gruppe
Agordo
Belluno
Feltre
Longarone
Maniago
Spilimbergo
Ampezzo
Sappada
Predazzo
Moena
Falcade
Ortisei
St. Ulrich
Kastelruth
Seis
Schlern
Rosengarten
Sella-J.
Pordoi-J.
Falzarego-P.

Drei Zinnen

KARTE: Offizielle Strassenkarte des ADAC im Massstab 1 : 850 000. Alpen mit Österreich, Schweiz und Oberitalien. Mairs Geographischer Verlag Stuttgart

MAP: Official ADAC road map at a scale 1:850,000. Alps with Austria, Switzerland and Northern Italy. Mairs Geographischer Verlag, Stuttgart

Der letzte Tag unserer Tour beginnt in Cortina d'Ampezzo – der inoffiziellen Hauptstadt der Dolomiten und dem wahrscheinlich einzigen Ort der Alpen, in dem man behaupten kann, in jeder Himmelsrichtung auf einen Dreitausender zu blicken. Schon Ende des 19. Jahrhunderts war das Dorf im Valle del Boite als mondäne Wintersportdestination bekannt, spätestens seit den Olympischen Winterspielen 1956 galt Cortina d'Ampezzo dann als einer der ultimativen Sehnsuchtsorte des internationalen Jetsets. Vollends geadelt wurde der Ort schließlich Anfang der 1980er-Jahre durch Roger Moore in der Rolle des Agenten James Bond, der im weinroten Lotus Esprit Turbo samt Skiträgern »in tödlicher Mission« durch die Ampezzaner Berge brauste.

Und natürlich bekommt man in Cortina d'Ampezzo morgens einen exzellenten italienischen Kaffee serviert. Wirklich nötig haben wir ihn allerdings nicht – zum Aufwachen reicht uns die Fahrt über den Tre-Croci-Pass völlig. In zahlreichen, wild geschwungenen Kehren geht es durch kühle Lärchenwälder, vom Nebel und Tau der Nacht noch benetzt, hinauf zur Passhöhe auf 1809 Meter. Kurz darauf erreicht man bereits den Misuriasee, über dessen dunklem Wasser die berühmten Drei Zinnen in den Morgensonnestrahlen. Die Berge gehören zu den eindrucksvollsten Gipfeln der Alpen – vor allem die 500 Meter hohe, senkrechte und zum Teil sogar überhängende Nordwand der Großen Zinne gilt als ultimative Herausforderungen für Bergsteiger. Während der Gipfel auf 2999 Metern über leichtere Routen bereits ab 1869 bestiegen wurde, gelang die Erstbesteigung der Nordwand erst 1933 durch Emilio Comici und Angelo Dimai. Drei Tage und zwei Nächte benötigte das Bergsteigerduo für die gefährliche Tour. 1937 wiederholt Comici den Aufstieg

The last day of our tour begins in Cortina d'Ampezzo, the unofficial capital of the Dolomites and, so it is said, the only place in the Alps where you can spot a three-thousander in every direction. Even back in the late 19th century, the village nestled in Valle del Boite was famous as a fashionable winter sports destination, with the 1956 Winter Olympics turning Cortina d'Ampezzo into a top spot for the international jet set. But it was the 1981 James Bond movie For Your Eyes Only that put this location well and truly on the map. In the film, secret agent 007, played by Roger Moore, barrels through the Ampezzo Mountains at the wheel of a burgundy Esprit Turbo with a ski rack on top.

And, of course, we can't leave Cortina d'Ampezzo without an exquisite cup of Italian coffee. Truth be told, however, we don't really need the caffeine – the drive over the Tre Croci Pass is more than enough to kick-start our day. Wildly twisting esses lead through cool larch forests still dripping from the night's mist and dew, up to the pass summit at 1,809 metres. Very soon we reach Lake Misurina, with the famous Drei Zinnen reflected in its still, dark waters. These mountains are among the most impressive pinnacles of the Alps. Mountain climbers consider the 500-metre vertical, and in places overhanging, north wall of the tallest peak, the Cima Grande, as the ultimate challenge. Whilst the summit, at 2,999 metres, was first conquered in 1869 via easier routes, ascent via the north face wasn't achieved until 1933, when climbing duo Emilio Comici and Angelo Dimai took a perilous three days and three nights to reach the summit. In 1937, Comici repeated this feat solo – and for the most part without ropes. However, the Cima Grande only became a pilgrimage site for free climbers in the 1970s.

im Alleingang – und großteils ohne Seil. Zum Wallfahrtsort der Freikletterbewegung wurde die Große Zinne jedoch erst in den 1970er-Jahren.

Doch nicht nur gegenüber Bergsteigern geben sich die Drei Zinnen unzugänglich – auch den zahlreichen Touristen, die im Sommer in den Naturpark pilgern, zeigt sich das Wahrzeichen der Dolomiten nur widerwillig in seiner ganzen Pracht. Möchte man nämlich die charakteristische Nordseite bewundern, muss man zunächst vom Misuriasee einer steilen, etwa 7,5 Kilometer langen Stichstraße folgen, die in Serpentinen den Berg hinaufführt und südlich des Massivs auf einem Hochplateau auf 2320 Meter endet. Auf dem Parkplatz der Rifugio Auronzo, einer Schutzhütte des italienischen Alpenvereins, lässt man sein Auto zurück und marschiert zu Fuß über den Paternsattel zur Dreizinnenhütte nordöstlich der Drei Zinnen. Erst hier tut sich der Blick auf die Prachtseite des Gebirgsstocks auf. Der Weg entlang des Schuttkegels ist nicht nur sehr eindrucksvoll, sondern auch für ungeübte Wanderer problemlos zu meistern und entsprechend beliebt. Vor allem im Sommer gilt deshalb oft: Vorsicht, Stau!

Auch um die Drei Zinnen herum wurde im Ersten Weltkrieg gekämpft. Die Front verlief entlang der Linie Paternkofel – Paternsattel – Drei Zinnen – Forcella Col di Mezzo, während die Große Zinne als strategisch bedeutender Beobachtungspunkt galt. Den italienischen Gebirgsjägern gelang es sogar, einen Scheinwerfer am Gipfel zu installieren, um die österreichischen Stellungen auszuleuchten. Noch heute kann man am Berg die Ruinen der militärischen Befestigungen aus dieser Zeit entdecken. Auch die heutige Mautstraße zur Auronzohütte hatte zunächst militärische Bedeutung. Erst nach dem Zweiten Weltkrieg wurde sie für den aufkommenden Alpentourismus ausgebaut. Eine Verlängerung der Straße bis zur Dreizinnenhütte wurde bisher aber erfolgreich verhindert.

Schon Ende des 19. Jahrhunderts war das Dorf im Valle del Boite als mondäne Wintersportdestination bekannt.

Even back in the late 19th century, the village nestled in Valle del Boite was famous as a fashionable winter sports destination.

The Drei Zinnen prove inaccessible to tourists, too, with the Dolomites landmark reluctant to show itself in all its glory to the masses of tourists making the pilgrimage to the national park every summer. Those eager to gaze upon the distinctive north face must first drive from Lake Misurina over a steep 7.5-kilometre access road that twists up through switchbacks and ends south of the massif on a high plateau at 2,320 metres. At the parking area of the Rifugio Auronzo, a refuge belonging to the Italian Alpine Club, visitors leave their cars and walk over the Patern Pass to the Drei Zinnen Hut northeast of the Drei Zinnen. Only here can you get a clear view of the massif's most impressive side. The path over the scree is an easy hike, even for novices, and is therefore very popular, but a word of warning, especially in summer: heavy traffic!

During World War I, battles were fought around the Drei Zinnen. The front line stretched along the Paternkofel – Paternsattel – Drei Zinnen – Forcella Col di Mezzo, with the largest Cima Grande peak favoured as a strategically important observation point. Italian mountain troops even managed to install a spotlight at the summit to illuminate the Austrians' positions. Today, visitors can explore the ruins of the military fortifications from this time.

The current toll road to the Auronzo hut also held military significance; only after World War II was the road rebuilt for burgeoning Alpine tourism. As yet, building of an extension road up to the Drei Zinnen Hut has been successfully averted.

1 — *Postkarte: Le Tre Cime di Lavaredo. Photo: Wolfram Knoll. J.F. Amonn, S. A. Bozen – Postcard: Le Tre Cime di Lavaredo. Photo: Wolfram Knoll. J.F. Amonn, S. A. Bolzano.*

2 — *Postkarte: Die Drei Zinnen mit Riental. Edition Photoglob, Zürich Postcard: The Drei Zinnen with Riental. Edition Photoglob, Zürich*

1

2

Ilen Reinrod

Porsche 911 E Coupe
Baujahr / Built 1969

Der Porsche hat die 3,2-Liter-Maschine eines Carreras und das Fahrwerk und die Bremsen eines 964er Turbo. Er ist seit 1988 in meinem Besitz.

Was war dein erster Porsche? – Nicht schwer zu beantworten: Dieser 911 E, den ich aus erster Hand von einer Vorbesitzerin aus Nürnberg übernommen habe. Er hat heute ca. 260 PS, sieht aber, was mir sehr wichtig war, immer noch aus wie das alte F-Modell. Neben diesem Fahrzeug habe ich noch zwei weitere Porsche, einen 930er Turbo und einen 996 Cup als reines Rennfahrzeug.

Wann fährst du am liebsten in die Berge? – Eigentlich im Frühjahr, Ende Mai.

Welche Passfahrt ist dir besonders im Gedächtnis geblieben? – Die erste Tour über den Klausenpass mit meiner damaligen Freundin, meiner heutigen Frau, war einfach nur wunderschön. Es ging eher gemächlich zu, denn ich hatte doch mehr Augen für sie als für die Straße.

Was macht mehr Spaß – bergauf oder bergab? – Beides hat seinen Reiz. Aber bei Nässe mag ich es bergauf lieber.

Mit welchem Porsche würdest du gern einmal die Alpen überqueren? – Mit einem aktuellen 911 Targa 4 GTS, natürlich in Silber.

The Porsche is mounted with the 3.2-litre engine of a Carrera and the suspension and brakes of a 964 Turbo. I've owned it since 1988.

What was your first Porsche? – That's easy to answer: This 911 E. I bought it directly from the original owner in Nuremberg. It puts out about 260 hp but still looks like the old F-model, which is very important for me. I have two other Porsche, a 930 Turbo and a thoroughbred 996 Cup racer.

When do you prefer driving in the mountains? – I'd say in springtime, end of May.

Which mountain pass is the most memorable for you? – My first trip over the Klausen Pass with my girlfriend at that time, she's now my wife, was just wonderful. We took it slowly because, quite frankly, I only had eyes for her rather than the road.

What's more fun – uphill or downhill? – Both are appealing. But in the rain I prefer uphill.

With which Porsche would you like to cross the Alps one day? – With the latest 911 Targa 4 GTS, in silver of course.

AURONZO

Schwaz
Zell am See
Kaprun
Mittersill
Neukirchen
Krimml
Zell am Ziller
Mayrhofen
Kitzbüheler Alpen
Zillertaler Alpen
Großvenediger
Großglockner
Heiligenblut
Großglockner-straße
Edelweiß-spitze
Hochtor
Ferleiten
Fusch
Bruck
Matrei in Osttirol
Kals
Schobergruppe
Lienz
Dölsach
Sillian
Innichen
Toblach
Bruneck (Brunico)
Brixen (Bressanone)
Klausen
Sand in Taufers
Cortina d'Ampezzo
Tre Croci P.
Drei Zinnen
Auronzo
Pieve d. Cad.
Canazei
Moena
Predazzo
Agordo
Longarone
BELLUNO
Feltre
Fiera di Primiero
Maniago
Spilimbergo
Forni di sopra
Ampezzo
Sappada
Karnische Alpen
Lienzer Dolomiten
Große Dolomitenstr.
Marmolada
Pala-Gruppe
14
15

Großglockner Hochalpenstraße

KARTE: Offizielle Strassenkarte des ADAC im Massstab 1 : 850 000. Alpen mit Österreich, Schweiz und Oberitalien. Mairs Geographischer Verlag Stuttgart

MAP: Official ADAC road map at a scale 1:850.000. Alps with Austria, Switzerland and Northern Italy. Mairs Geographischer Verlag, Stuttgart

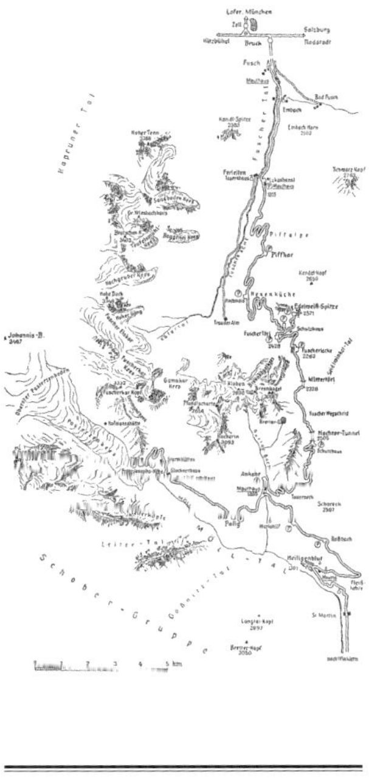

14 — DREI ZINNEN

15 — GROSSGLOCKNER HOCHALPENSTRASSE

Ein gutes Dutzend Pässe haben wir in den vergangenen drei Tagen überquert, darunter einige der schönsten und spannendsten Straßen der Alpen. Was kann einen nach solch einem Serpentinenfeuerwerk schon noch überraschen? Richtig – die Grossglockner Hochalpenstraße, mit der wir unsere Tour am vierten Tag hinterm Steuer krönen wollen. Als höchstgelegene befestigte Passstraße Österreichs und Zufahrt zum Wahrzeichen des Landes, dem 3798 Meter hohen Großglockner mit seinem eindrucksvollen Pasterzengletscher, gehört die 47,8 Kilometer lange Strecke über den Alpenhauptkamm zum Pflichtprogramm jedes anspruchsvollen Bergfahrers. Anders als die meisten großen Alpenpässe wurde die Nord-Süd-Verbindung über das Tauernmassiv allerdings nicht primär als Handels- oder Militärstraße konstruiert, sondern bereits als Panoramastraße für Automobilisten angelegt. Zu Zeiten der Habsburger noch Jagdrevier des Kaisers, wurde 1905 eine erste befahrbare Verbindung zwischen Heiligenblut im Süden und dem Großglocknerhaus unterhalb des Gletschers als Kaiserin-Elisabeth-Straße eröffnet. Die Pläne für eine Verbindung zwischen Salzburg und Kärnten waren damit nicht vom Tisch. 1924 wurde der Ingenieur und Alpinist Franz Wallack mit der Planung der Großglockner-Hochalpenstraße betraut.

We have traversed no less than a dozen passes over the past three days, including some of the most beautiful and exhilarating roads of the Alps. What more could we expect after such a serpentine spectacle? Ah yes, the Grossglockner High Alpine Road. This passage marks the crowning glory on the fourth and last day of our expedition behind the wheel.

As the highest paved pass road in Austria and the doorway to the country's landmark, the 3,798-metre Grossglockner, with its stunning Pasterzen Glacier, the 47.8-kilometre route over the Alpine divide has become a must for every zealous mountain motorist. Unlike many of the other Alpine passes, the north south connection over the Tauern massif was not built primarily for trade or military purposes, but as a road of spectacular beauty for drivers. Used for hunting by the Emperor during the time of the Hapsburgs, the first driveable stretch, between Heiligenblut in the south and the Grossglocknerhaus mountain hut under the glacier, was opened in 1905, and named Kaiserin-Elisabeth-Straße after the Emperor's consort. Plans for a route linking Salzburg and Carinthia were still on the table. In 1924, engineer and alpinist Franz Wallack was entrusted

Ende der 1920er-Jahre trieb schließlich der Salzburger Landeshauptmann und leidenschaftliche Autofahrer Franz Rehrl das Projekt voran. Nach weiteren Querelen wurde der Bau im August 1930 mit einem Sprengschuss eröffnet, Ende 1932 die Nordrampe der Öffentlichkeit übergeben. Am 22. September 1934 überquerte Franz Rehrl mit seinem Steyr 100 als erster Automobilist die Hohen Tauern.

Doch das Mammutprojekt kam nicht recht vom Fleck. Ende der 1920er-Jahre trieb schließlich der Salzburger Landeshauptmann und leidenschaftliche Autofahrer Franz Rehrl das Projekt voran. Nach weiteren Querelen wurde der Bau im August 1930 mit einem Sprengschuss eröffnet, Ende 1932 die Nordrampe der Öffentlichkeit übergeben. Am 22. September 1934 überquerte Franz Rehrl mit seinem Steyr 100 als erster Automobilist die Hohen Tauern. Angesteckt vom Automobilfieber des NS-Regimes im Nachbarland, entschied sich bald auch die diktatorische österreichische Regierung Dollfuß, mehr Geld in die Automobilisierung des Landes zu pumpen: Kraftwagenabgaben wurden abgeschafft, Automobilrennen gefördert – und auch die Großbaustelle am Glockner mit ihren rund 3200 Arbeitern bekam ausreichende Mittel zur Hand.

Dann ging alles ganz schnell: Am 3. August 1935 wurde die Großglockner-Hochalpenstraße nach fünfjähriger Bauzeit eröffnet. Schon einen Tag später fand auf der Strecke der Große Bergpreis von Österreich für Automobile und Motorräder statt. Im selben Jahr fuhren bereits 135 000 Menschen über die Straße – und auch nach dem Zweiten Weltkrieg hielt die Euphorie an: 1956 waren es schon 776 000 Personen, die sich am Steuer ihres Autos oder Motorrades des

with the planning of the Grossglockner High Alpine Road, but the mammoth project never really got off the ground. Finally, in the late 1920s, Salzburg's provincial governor, a passionate motorist named Franz Rehrl, pressed ahead with the venture. Several disputes had to be resolved, but building eventually began with a blast in August 1930, with the first motorists crossing the north ramp in late 1932. On September 22, 1934, Franz Rehrl climbed into his Steyr 100 and became the first motorist to cross the Hohe Tauern.

Influenced by the automobile mania of the Nazi regime in the neighbouring country, the Austrian dictator Dollfuss soon decided to pump more funds into the automobilisation of the country: vehicle taxes were abolished, automobile races were sponsored – and the major construction site at the Glockner, with around 3,200 workers, received a healthy financial injection.

From then on things progressed quickly, and on August 3, 1935, the Grossglockner High Alpine Road opened after five years of construction. The very next day, the Grossglockner Grand Prix was contested for cars and motorcycles. That same year, the road attracted 135,000 motor-

1 — *Doppelseiten aus: Baedekers Österreich. 1926. Dreissigste Auflage*
Double spreads from: Baedekers Austria. 1926. 30th edition

2, 3, 4 — *Die Grossglockner Hochalpenstrasse. Bergverlag Rudolf Rother. Hans Fischer. 1950. 13. Auflage*
The Grossglockner High Alpine Road. Bergverlag Rudolf Rother. Hans Fischer. 1950. 13th edition

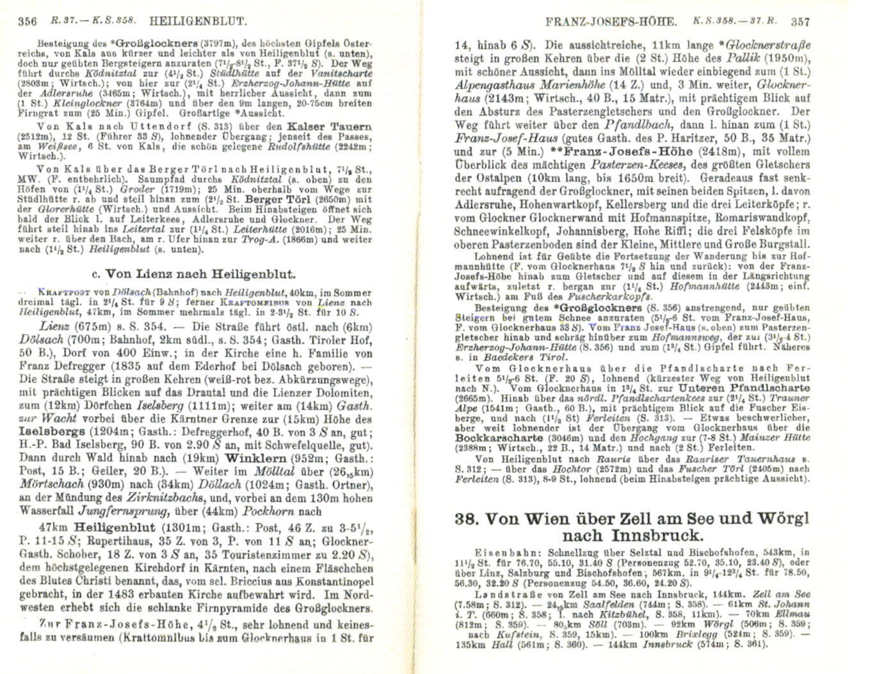

356 *R. 37. — K. S. 358.* HEILIGENBLUT.

Besteigung des ***Großglockners** (3797m), des höchsten Gipfels Österreichs, von Kals aus kürzer und leichter als von Heiligenblut (s. unten), doch nur geübten Bergsteigern anzuraten ($7\frac{1}{2}$-$8\frac{1}{2}$ St., F. $37\frac{1}{2}$ *S*). Der Weg führt durchs *Ködnitztal* zur ($4\frac{1}{2}$ St.) *Stüdlhütte* auf der *Vanitscharte* (2803m; Wirtsch.); von hier zur ($2\frac{1}{4}$ St.) *Erzherzog-Johann-Hütte* auf der *Adlersruhe* (3465m; Wirtsch.), mit herrlicher Aussicht, dann zum (1 St.) *Kleinglockner* (3764m) und über den 9m langen, 20-75cm breiten Firngrat zum (25 Min.) Gipfel. Großartige *Aussicht.

Von Kals nach Uttendorf (S. 313) über den **Kalser Tauern** (2512m), 12 St. (Führer 33 *S*), lohnender Übergang; jenseit des Passes, am *Weißsee*, 6 St. von Kals, die schön gelegene *Rudolfshütte* (2242m; Wirtsch.).

Von Kals über das Berger Törl nach Heiligenblut, $7\frac{1}{2}$ St., MW. (F. entbehrlich). Saumpfad durchs *Ködnitztal* (s. oben) zu den Höfen von ($1\frac{1}{4}$ St.) *Groder* (1719m); 25 Min. oberhalb vom Wege zur Stüdlhütte r. ab und steil hinan zum ($2\frac{1}{2}$ St. **Berger Törl** (2650m) mit der *Glorerhütte* (Wirtsch.) und Aussicht. Beim Hinabsteigen öffnet sich bald der Blick l. auf Leiterkees, Adlersruhe und Glockner. Der Weg führt steil hinab ins *Leitertal* zur ($1\frac{1}{4}$ St.) *Leiterhütte* (2016m); 25 Min. weiter r. über den Bach, am r. Ufer hinan zur *Trog-A.* (1866m) und weiter nach ($1\frac{1}{2}$ St.) *Heiligenblut* (s. unten).

c. Von Lienz nach Heiligenblut.

Kraftpost von *Dölsach* (Bahnhof) nach *Heiligenblut*, 40km, im Sommer dreimal tägl. in $2\frac{1}{4}$ St. für 9 *S*; ferner Kraftomnibus von *Lienz* nach *Heiligenblut*, 47km, im Sommer mehrmals tägl. in 2-$3\frac{1}{2}$ St. für 10 *S*.

Lienz (675m) s. S. 354. — Die Straße führt östl. nach (6km) *Dölsach* (700m; Bahnhof, 2km südl., s. S. 354; Gasth. Tiroler Hof, 50 B.), Dorf von 400 Einw.; in der Kirche eine h. Familie von Franz Defregger (1835 auf dem Ederhof bei Dölsach geboren). — Die Straße steigt in großen Kehren (weiß-rot bez. Abkürzungswege), mit prächtigen Blicken auf das Drautal und die Lienzer Dolomiten, zum (12km) Dörfchen *Iselsberg* (1111m); weiter am (14km) *Gasth. zur Wacht* vorbei über die Kärntner Grenze zur (15km) Höhe des **Iselsbergs** (1204m; Gasth.: Defreggerhof, 40 B. von 3 *S* an, gut; H.-P. Bad Iselsberg, 90 B. von 2.90 *S* an, mit Schwefelquelle, gut). Dann durch Wald hinab nach (19km) **Winklern** (952m; Gasth.: Post, 15 B.; Geiler, 20 B.). — Weiter im *Mölltal* über ($26_{,5}$km) *Mörtschach* (930m) nach (34km) *Döllach* (1024m; Gasth. Ortner), an der Mündung des *Zirknitzbachs*, und, vorbei an dem 130m hohen Wasserfall *Jungfernsprung*, über (44km) *Pockhorn* nach

47km **Heiligenblut** (1301m; Gasth.: Post, 46 Z. zu 3-$5\frac{1}{2}$, P. 11-15 *S*; Rupertihaus, 35 Z. von 3, P. von 11 *S* an; Glockner-Gasth. Schober, 18 Z. von 3 *S* an, 35 Touristenzimmer zu 2.20 *S*), dem höchstgelegenen Kirchdorf in Kärnten, nach einem Fläschchen des Blutes Christi benannt, das, vom sel. Briccius aus Konstantinopel gebracht, in der 1483 erbauten Kirche aufbewahrt wird. Im Nordwesten erhebt sich die schlanke Firnpyramide des Großglockners.

Zur Franz-Josefs-Höhe, $4\frac{1}{2}$ St., sehr lohnend und keinesfalls zu versäumen (Krattomnibus bis zum Glocknerhaus in 1 St. für

FRANZ-JOSEFS-HÖHE. *K. S. 358. — 37. R.* 357

14, hinab 6 *S*). Die aussichtreiche, 11km lange **Glocknerstraße* steigt in großen Kehren über die (2 St.) Höhe des *Pallik* (1950m), mit schöner Aussicht, dann ins Mölltal wieder einbiegend zum (1 St.) *Alpengasthaus Marienhöhe* (14 Z.) und, 3 Min. weiter, *Glocknerhaus* (2143m; Wirtsch., 40 B., 15 Matr.), mit prächtigem Blick auf den Absturz des Pasterzengletschers und den Großglockner. Der Weg führt weiter über den *Pfandlbach*, dann l. hinan zum (1 St.) *Franz-Josef-Haus* (gutes Gasth. des P. Haritzer, 50 B., 35 Matr.) und zur (5 Min.) ****Franz-Josefs-Höhe** (2418m), mit vollem Überblick des mächtigen *Pasterzen-Keeses*, des größten Gletschers der Ostalpen (10km lang, bis 1650m breit). Geradeaus fast senkrecht aufragend der Großglockner, mit seinen beiden Spitzen, l. davon Adlersruhe, Hohenwartkopf, Kellersberg und die drei Leiterköpfe; r. vom Glockner Glocknerwand mit Hofmannspitze, Romariswandkopf, Schneewinkelkopf, Johannisberg, Hohe Riffl; die drei Felsköpfe im oberen Pasterzenboden sind der Kleine, Mittlere und Große Burgstall.

Lohnend ist für Geübte die Fortsetzung der Wanderung bis zur Hofmannhütte (F. vom Glocknerhaus $7\frac{1}{2}$ *S* hin und zurück): von der Franz-Josefs-Höhe hinab zum Gletscher und auf diesem in der Längsrichtung aufwärts, zuletzt r. bergan zur ($1\frac{1}{4}$ St.) *Hofmannhütte* (2443m; einf. Wirtsch.) am Fuß des *Fuscherkarkopfs*.

Besteigung des ***Großglockners** (S. 356) anstrengend, nur geübten Steigern bei gutem Schnee anzuraten ($5\frac{1}{2}$-6 St. vom Franz-Josef-Haus, F. vom Glocknerhaus 33 *S*). Vom Franz Josef-Haus (s. oben) zum Pasterzengletscher hinab und schräg hinüber zum *Hofmannsweg*, der zur ($3\frac{1}{2}$-4 St.) *Erzherzog-Johann-Hütte* (S. 356) und zum ($1\frac{3}{4}$ St.) Gipfel führt. Näheres s. in *Baedekers Tirol*.

Vom Glocknerhaus über die Pfandlscharte nach Ferleiten $5\frac{1}{2}$-6 St. (F. 20 *S*), lohnend (kürzester Weg von Heiligenblut nach N.). Vom Glocknerhaus in $1\frac{3}{4}$ St. zur **Unteren Pfandlscharte** (2665m). Hinab über das *nördl. Pfandlschartenkees* zur ($2\frac{1}{4}$ St.) *Trauner Alpe* (1541m; Gasth., 60 B.), mit prächtigem Blick auf die Fuscher Eisberge, und nach ($1\frac{1}{2}$ St) *Ferleiten* (S. 313). — Etwas beschwerlicher, aber weit lohnender ist der Übergang vom Glocknerhaus über die **Bockkarscharte** (3046m) und den *Hochgang* zur (7-8 St.) *Mainzer Hütte* (2388m; Wirtsch., 22 B., 14 Matr.) und nach (2 St.) Ferleiten.

Von Heiligenblut nach *Rauris* über das *Rauriser Tauernhaus* s. S. 312; — über das *Hochtor* (2572m) und das *Fuscher Törl* (2405m) nach *Ferleiten* (S. 313), 8-9 St., lohnend (beim Hinabsteigen prächtige Aussicht).

38. Von Wien über Zell am See und Wörgl nach Innsbruck.

Eisenbahn: Schnellzug über Selztal und Bischofshofen, 543km, in $11\frac{1}{2}$ St. für 76.70, 55.10, 31.40 *S* (Personenzug 52.70, 35.10, 23.40 *S*), oder über Linz, Salzburg und Bischofshofen; 567km, in $9\frac{1}{4}$-$12\frac{3}{4}$ St. für 78.50, 56.30, 32.20 *S* (Personenzug 54.50, 36.60, 24.20 *S*).

Landstraße von Zell am See nach Innsbruck, 144km. *Zell am See* (758m; S. 312). — $24_{,5}$km *Saalfelden* (744m; S. 358). — 61km *St. Johann i. T.* (660m; S. 358; l. nach *Kitzbühel*, S. 358, 11km). — 70km *Ellmau* (812m; S. 359). — $80_{,5}$km *Söll* (703m). — 92km *Wörgl* (506m; S. 359; nach *Kufstein*, S. 359, 15km). — 100km *Brixlegg* (524m; S. 359). — 135km *Hall* (561m; S. 360). — 144km *Innsbruck* (574m; S. 361).

1

2

3

4

Finally, in the late 1920s, Salzburg's provincial governor, a passionate motorist named Franz Rehrl, pressed ahead with the venture. Several disputes had to be resolved, but building eventually began with a blast in August 1930, with the first motorists crossing the north ramp in late 1932. On September 22, 1934, Franz Rehrl climbed into his Steyr 100 and became the first motorist to cross the Hohe Tauern.

Bergpanoramas erfreuten, 1961 verzeichneten die Behörden schließlich 1,24 Millionen Reisende pro Jahr. Dabei ist das Großglocknergebiet keinesfalls nur eine liebliche Berglandschaft für Sonntagsfahrer: Im Winter türmt sich der Schnee – 1953 wurde sogar eine Rekordschneehöhe von 21 Metern gemessen. Doch auch im Sommer kann es auf der Scheitelstrecke äußerst kalt und stürmisch werden.

Von Heiligenblut am oberen Ende des Mölltals folgt man der Großglocknerstraße in großen Schleifen rund 570 Höhenmeter den Berg hinauf, bevor man die Abzweigung nimmt und über die berühmte Gletscherstraße zum Glocknerhaus und zur Kaiser-Franz-Josefs-Höhe gelangt. Der Blick auf den nur noch wenige Kilometer entfernten Großglockner und die gewaltige Gletscherzunge der Pasterze ist überwältigend und gehört zu den eindrucksvollsten Panoramen der Alpen. Seit 2011 findet sich auf der Kaiser-Franz-Josefs-Höhe zudem das höchstgelegene Automobilmuseum der Welt – das immer einen Besuch wert ist. Zurück auf der Hauptstraße, folgt man einigen weiteren Serpentinen empor zum Hochtor, das man allerdings auf 2505 Metern Höhe in einem Tunnel durchfährt. Dann geht es hinab zur Fuscher Lacke, wo man beim berühmten Mankeiwirt am Ufer des kleinen Sees eine Rast einlegen und mit etwas Glück das zahme Murmeltier der Wirtsfamilie begrüßen kann. Schließlich steigt die Straße wieder auf zum Fuscher Törl, wo nach einem weiteren Tunnel eine Abzweigung zur zweiten wichtigen Exkursion der Großglockner-Hochalpenstraße führt – der Edelweißspitze. An klaren

ists – and the euphoria remained after World War II: in 1956, a whopping 776,000 people drove the route, enjoying the natural wonders of the mountain panorama. In 1961, that number swelled to 1.24 million. However, the Grossglockner region is by no means just a picturesque mountain landscape for Sunday drivers. In winter, snow piles high – in 1953, a record 21 metres of snow was recorded, and even in summer, conditions at the summit can become extremely cold and stormy.

From Heiligenblut at the upper end of the Möll valley, we follow the Grossglockner Road in sweeping arcs up to around 570 metres, before taking the turnoff over the famous Glacier Road to Glocknerhaus and on to the Kaiser Franz-Josefs Höhe. The view to the Grossglockner just a few kilometres away, and the mighty glacier tongue of the Pasterze, is overwhelming and is one of the most impressive panoramas in the Alps. Since 2011, visitors have also been able to explore the world's highest automobile museum, at the Kaiser Franz-Josefs Höhe – a highly recommended excursion. Back on the main road, we climb through several serpentines to the Hochtor, bypassed through a tunnel at an altitude of 2,505 metres. The route continues up to Fuscher Lacke, where we can take a break at the famous Mankeiwirt restaurant on the shore of a small lake, and, with a little luck, say hello to the host's tame marmot. In a last push, the route climbs to the Fuscher Törl, where another turnoff after a tunnel leads to the second high-

1 — *Karte aus: Baedekers Autoreiseführer Österreich. 1962. Vierte Auflage*
Map from: Baedekers car travel guide Austria. 1962. 4th edition

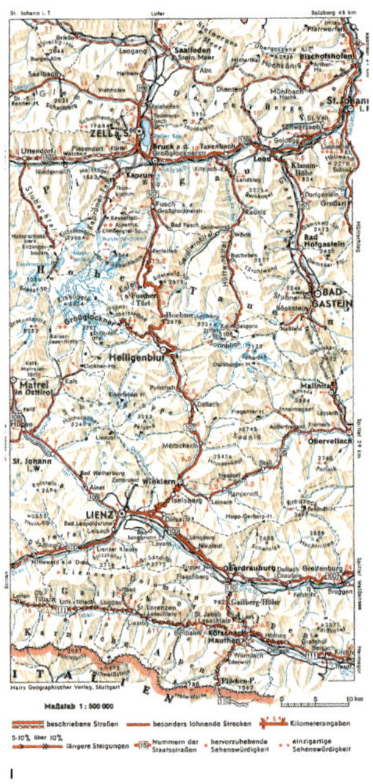

1

Tagen bietet sich von hier oben ein unvergessliches Panorama: Dann kann man nicht weniger als 37 Dreitausender und 19 Gletscher bestaunen. Tatsächlich steht die Großglocknerstraße mit ihren prächtigen Aussichten, den großzügig ausgebauten Kurven und Kehren sowie den zahlreichen Park- und Haltemöglichkeiten beispielhaft als eines der ersten touristischen Großprojekte der Alpen. Schließlich ermöglicht die Panoramastraße nicht nur den Zugang zur Bergwelt, sie steuert die Blicke und Emotionen der Reisenden auch derart gezielt, wie man es sonst nur aus Hollywood kennt. Glücklicherweise wird aber auch dem Erhalt des Alpenraumes ein hoher Stellenwert zugemessen – abseits der Straßen hat der Schutz des Nationalparks Hohe Tauern oberste Priorität. Den Serpentinen von der Edelweißspitze weiter ins Tal folgend, passiert man zunächst das Haus Alpine Naturschau, das Einblicke in die Geheimnisse des Hochgebirges gibt und auch von zahlreichen Universitäten zur Forschung genutzt wird, und durchquert dann auf etwa 2400 Metern Höhe die von Franz Wallack als »Hexenküche« bezeichnete Geröllhalde, bevor im hintersten Kessel des Fuscher Tals die ersten der bis zu 1000 Jahre alten Wetterlärchen die Straße säumen und die karge Berglandschaft bald von dichten Wäldern abgelöst wird.

Von Bruck, dem nördlichen Ausgangspunkt der Glocknerstraße, erreichen wir nach einigen letzten Kilometern schließlich das Ziel unserer viertägigen Tour – den kleinen Ort Zell am See. Hier schließt sich der Kreis gleich in doppelter Hinsicht, denn seit 1941 hat die Familie Porsche hier ihren Stammsitz. Damals hatte Ferdinand Porsche auf einer Alm am Zeller See das großzügige Schüttgut bezogen und dort sein Konstrukteursbüro eingerichtet. Auch Ferdinand Porsches Kinder Ferry und Louise sowie deren Mann Anton Piëch lebten und arbeiteten in Zell am See. Wie oft die Porsches und Piëchs mit ihren Automobilkonstruktionen auf den Pässen ihres Hausbergs unterwegs waren, ist nicht überliefert. Doch schon 1937 soll Ferdinand Porsche einen seltsam kugelförmigen Wagen über die 92 Kurven und 14 engen Haarnadelkehren der Großglockner Hochalpenstraße gescheucht haben. Ein Jahr später hatte Porsches Eigenkreation dann beim Großen Bergpreis ihre Publikumspremiere – er sollte als Volkswagen Käfer in die Geschichte eingehen. Auch die ersten, in Gmünd entwickelten Porsche-Sportwagen sollen am Glockner ausgiebig getestet worden sein, bevor die Familie im Jahr 1950 nach Zuffenhausen zurückkehrte. Wer an der Kaiser-Franz-Josefs-Höhe oder am Hochtor heute einen klassischen Porsche vorbeibrausen sieht, sollte jedoch noch immer genau hinsehen – denn vielleicht ist es ja Wolfgang Porsche, Enkel von Ferdinand Porsche und heutiger Hausherr des Schüttguts in Zell am See, der einem Familienerbstück etwas Höhenluft gönnt.

light of the Grossglockner High Alpine Road – the Edelweißspitze. On a clear day, this lofty vantage point offers visitors an unforgettable panorama encompassing no less than 37 three-thousander peaks and 19 glaciers. With its stunning vistas, its generously proportioned curves and switchbacks, and its many national parks and stopping possibilities, the Grossglockner Road is a shining example of one of the first major tourist projects in the Alps. The scenic route not only gives access to the mountain world, but also deliberately focuses travellers' attention and ignites their emotions like a Hollywood movie. Thankfully, preservation of the Alpine realm is considered of paramount importance, with the Hohe Tauern National Park being given the highest priority. Following the zigzagging road down from the Edelweißspitze and through the valley, we first pass the Alpine Nature Show Museum, which gives an insight into the secrets of the Alps and is also used by many universities for research. At about 2,400 metres above sea level, the road then crosses a scree field, which Franz Wallack named "Devil's Kitchen", before the first of the 1,000-year-old larch trees appears in the final, cauldron-shaped reach of the Fuscher valley, and the barren mountain landscape is soon replaced by dense forest.

Several kilometres out of Bruck, the northern departure point of the Glockner Road, we finally reach the destination of our four-day tour – the quaint village of Zell am See. We have come full circle – twice in fact – because it is here that the Porsche family has had its headquarters since 1941. Back then, Ferdinand Porsche acquired his Schüttgut estate on a meadow next to Lake Zell, and set up his design office. Porsche's children, Ferry and Louise, and Louise's husband, Anton Piëch, also lived and worked here in Zell am See. How often the Porsches and Piëchs drove their automotive designs over the local mountain passes is not known. But in 1937, Ferdinand Porsche is said to have roared over the 92 bends and 14 tight hairpins of the Grossglockner High Alpine Pass in a strange spherical car. One year later, Porsche's own creation was unveiled to the public at the Grossglockner Grand Prix – it would go down in history as the Volkswagen Beetle. And the first Porsche sports car developed in Gmünd reportedly underwent comprehensive tests on the Glockner before the family returned to Zuffenhausen in 1950. Those who see a classic Porsche hurtling by at the Kaiser Franz-Josefs Höhe or at the Hochtor should take a very close look at who is behind the wheel – it could very well be Wolfgang Porsche, the grandson of Ferdinand and the current owner of the Schüttgut property at Zell am See, taking one of his family heirlooms out for some fresh Alpine air.

Grossglockner Hochalpenstrasse. Offizieller Prospekt. H.C. Berann
Grossglockner High Alpine Pass. Official brochure. H.C. Berann

ZELL AM SEE
BRUCK
FUSCHER TAL
WALCHER GRABEN
FUSCH
FERLEITEN
KÄFER TAL
FERLEITENTAL
PIFFKAR
GAMSBODEN
GROSSGLOCKNER HOCHALPENSTRASSE
SALZBURG KÄRNTEN
OFFIZIELLER PROSPEKT DER GROSSGLOCKNER HOCHALPENSTRASSEN A.G.
H·C·BERANN
3454 m
3798 m
3722 m
3434 m
3460 m
3116 m
3401 m
2709 m
2972 m
46 Glocknerhaus 2131 m
47 Franz-Josefs-Höhe 2451 m
48 Freiwand 3034 m
49 Sonnenwelleck 3261 m
50 Fuscherkarkopf 3332 m
51 Fuscher-Eiskar
52 Breitkopf 3154 m
53 Hohe Dock 3348 m
54 Hochgruberkees
55 Klockerin 3419 m
56 Bratschenkopf 3413 m
57 Teufelsmühl-, 58 Bockeneikees
59 Großes Wiesbachhorn 3564 m
60 Kleines Wiesbachhorn 3283 m
61 Hoher Tenn 3368 m
62 Sandbodenkees
63 Schmittenhöhe 1968 m
64 Walcherfälle

LA STRADA ALTOALPINA DEL GROSSGLOCKNER
GROSSGLOCKNER HOCHALPEN STRASSE
THE GROSSGLOCKNER ALPINE ROAD
LA ROUTE ALPESTRE DU GROSSGLOCKNER

Stephan Fahr-Becker

Porsche 964 Coupe
Baujahr / Built 1992

Ich nenne meinen 964 liebevoll »die grüne Höhle«. Basis war ein handgeschalteter C2. Teppich raus, Bügel rein. Durch die extrem tiefe Sitzposition und das 993 GT2-Lenkrad sitzt man wie in Adams Schoß. Besonders gefällt mir die unübliche Farbkomination. Außen Tannengrün mit den goldenen E28 BBS und innen die vollbelederte, lindgrüne Amaturentafel. Ein wahrer Hooligan im Gentleman-Racer-Outfit.

I lovingly call my 964 "the green cave". The basis was a manual C2. Carpet out, roll cage in. Thanks to the extremely low seating position and the 993 GT2 steering wheel, it's simply perfect. I particularly like the unusual colour combination. Oak green on the outside with gold E28 BBS wheels and a full-leather, linden green dashboard inside. A real hooligan in gentleman racer outfit.

Was war dein erster Porsche? – Ich glaube, das war ein weißer 930 von SIKU.

Wann fährst du am liebsten in die Berge? – Bei blauem Himmel unter der Woche kurz nach Öffnung der Pässe..

Welche Passfahrt ist dir besonders im Gedächtnis geblieben? – Das Penserjoch von Bozen kommend. Immer ein schöner Flow ohne zu viele Haarnadelkurven.

Was macht mehr Spaß – bergauf oder bergab? – Bergauf. Für mich klar bergauf! Da fährt weniger die Angst mit.

Mit welchem Porsche würdest du gern einmal die Alpen überqueren?
1. 918
2. 964 RS 3.8
3. 991 GT3

What was your first Porsche? – I think it was a white 930 from SIKU.

When do you prefer driving in the mountains? – Under blue skies during the week just after the passes open...

Which mountain pass is the most memorable for you? – The Penser Joch coming from Bolzano. It flows beautifully without too many hairpin bends.

What's more fun – uphill or downhill? – Uphill. Definitely uphill! It's not as scary.

With which Porsche would you like to cross the Alps one day?
1. 918
2. 964 RS 3.8
3. 991 GT3 RS

Kehre 6

Kehre 3
Edelweissgrat
2503m ü.d.M.

VIELEN DANK/THANK YOU:

Ich danke allen, die mich in den letzten fünf Jahren begleitet und unterstützt haben. Ob daheim oder on the road: Ohne euch wären die Magazine und Bücher der letzen Jahre nie entstanden. Unseren isländischen Freunden Sigfús, Pétur und Pétur – unser gemeinsamer Trip war die Inspiration zu diesem Buch. Meinem Freund Michi, der auf allen Reisen ein guter Weggefährte ist – und meiner Frau Micha, die die Kurven des Alltags zu Hause mit den Kids während meiner Reisen allein bewältigt. Danke an alle Fans auf Skateboards, Bikes, Motorrädern und in Autos, die unsere Leidenschaft teilen.

I would like to thank all of you who have accompanied and supported me over the last five years. Whether at home or on the road: Without you the magazines and books of recent years would never have taken flight. Our Icelandic friends Sigfús, Pétur and Pétur – our trip together was the inspiration for this book. Thanks to Michi, my friend and trusty companion on all these excursions, and especially to my wife Micha, who handled all the chicanes and hairpins of everyday life with the kids while I was on my travels. And thank you to all the fans on skateboards, bikes, motorbikes and in cars who share our passion.

–

JAN KARL BAEDEKER – VIELEN DANK/THANK YOU:

Für Anton, in Vorfreude auf die ersten gemeinsamen Serpentinen. Und für Laura, meine liebste Reisebegleiterin. Ein herzlicher Dank auch an meine Mutter Elke Baedeker für die »Briefe aus dem Archiv« und meinen Vater Florian Baedeker, der mir Fernweh und Autobegeisterung in die Wiege gelegt hat.

For Anton, in anticipation of our first serpentine together. And for Laura, my favourite travel companion. My heartfelt thanks, as well, to my mother Elke Baedeker for sharing the "letters from the archive", and to my father Florian Baedeker, who instilled wanderlust and a passion for cars in me right from the cradle.

VIELEN DANK/THANK YOU:
Hans Gerd Bode
Eckhard Eybl
Andreas Henke
Dem Team beim Porsche Archiv

Jan Baedeker
Michael Daiminger
Michael Dorn
Michaela Bogner
Ben Winter

Den Gentlemans Drivers München
für die Unterstützung – besonders
Bernd, Malte, Heinrich und Matthias

Passmaster Stevie

Stephanie Mair-Huydts
Reinhold Knödel

Nadja Kneissler
Birgit Radebold
Jörn Heese
Kaye Mueller
Eva Grieger
Edwin Baaske

Swiss Helicopters
Elikos Helikopters
Heli Bernina
Wucher Helikopter

Boris, Frank & dem Team bei fpm
Get out and ride!

–

Raus aus Excel, rein in Carrera!
Get out of Excel and into Carrera!

KONZEPT/CONCEPT:
Stefan Bogner,
Curves Magazin

EINBANDGESTALTUNG UND LAYOUT/
COVER DESIGN AND LAYOUT:
Stefan Bogner

TEXT:
Jan Karl Baedeker

ÜBERSETZUNG INS ENGLISCHE/
TRANSLATION:
Kaye Mueller

FOTOS/PHOTOS:
Stefan Bogner

BILDBEARBEITUNG/ARTWORK
Michael Dorn

ILLUSTRATIONEN/ILLUSTRATIONS:
Annette Granados Hughes

Bibliografische Information der Deutschen Nationalbibliothek
Die Deutsche Nationalbibliothek verzeichnet diese Publikation in der Deutschen Nationalbibliografie; detaillierte bibliografische Daten sind im Internet über http://dnb.dnb.de abrufbar.

Bibliographic information published by the Deutsche Nationalbibliothek. The Deutsche Nationalbibliothek lists this publication in the Deutsche Nationalbibliografie; detailed bibliographic data is available at the Internet at http://dnb.dnb.de.

9. Auflage / 9th Edition
ISBN 978-3-667-10289-8

Projektleitung/project management: Birgit Radebold
Druck/printing: Print Best, Viljandi
Printed in Estonia 2025

Delius Klasing Verlag, Siekerwall 21, D-33602 Bielefeld
Tel.: 0521/559-0, Fax: 0521/559-115
E-Mail: info@delius-klasing.de
www.delius-klasing.de

DIE STRASSE ALS MITTEL. PUNKT.

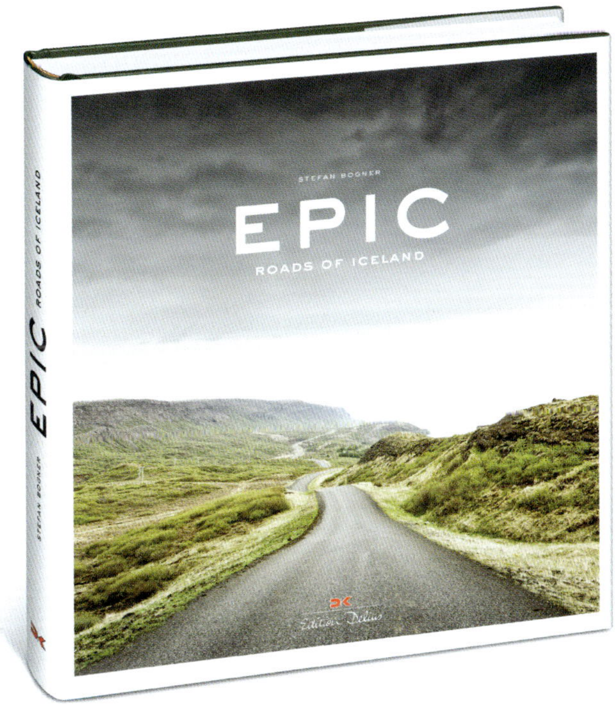

STEFAN BOGNER
Epic – Roads of Iceland
ISBN 978-3-7688-3883-2

Die raue und ausdrucksstarke Welt von Island. Puristisch und schön, dabei episch wie das Land, fotografiert Stefan Bogner die Straßen dieser Insel und entführt in eine Welt, die niemanden unberührt lässt.

Die App

MATTHIAS HAUPT / CHRISTIAN VELTEN
Epic – Gravelroads of Iceland
Erhätlich unter: www.delius-klasing.de

Die App bildet das Kontrastprogramm zum puristischen Bildband und ergänzt das Buch vortrefflich. Die App zieht jeden Abenteuerlustigen in ihren Bann und zeigt die wilde Seite der Insel.

PÄSSE UND KURVEN. PUR.

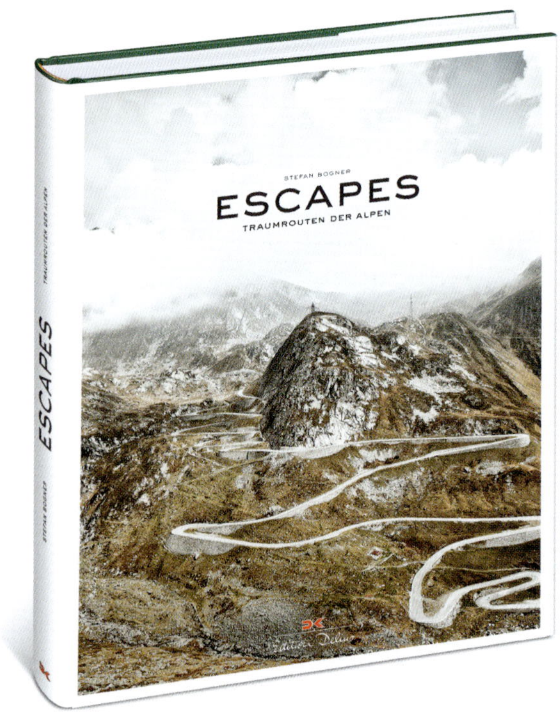

STEFAN BOGNER
Escapes – Traumrouten der Alpen
ISBN 978-3-7688-3532-9

Foto für Foto Pässe, Kurven, Berglandschaften: ein Traumbildband für alle Passliebhaber, die beim Blättern den kühlen Hauch der Bergluft spüren und einmal mehr der Faszination einer atemberaubenden Streckenführung erliegen werden.

STEFAN BOGNER
Tracks – Nürburgring Nordschleife
ISBN 978-3-7688-3681-4

Das Buch ist eine detailverliebte Dokumentation eines Mythos der Motorsportgeschichte, voller nützlicher Informationen und unterhaltsamer Fakten rund um diesen legendären Racetrack.

SOULFUL DRIVING.

Curves
Lausanne – Nizza: Route des Grandes Alpes
ISBN 978-3-667-10368-0

Curves
Borders: Entlang der Schweizer-Italienischen Grenze
ISBN 978-3-7688-3859-7

Curves
Norditalien: Lombardei, Venetien, Südtirol
ISBN 978-3-7688-3658-6

Curves
Pyrenäen: Entlang der französisch-spanischen Grenze
ISBN 978-3-7688-3783-5

Curves
Österreich: Von Reutte nach Triest
ISBN 978-3-7688-3918-1

Soulful Driving
CURVESURFER
CURV